令和元年改正対応

図解

新会社法のしくみ 第4版

弁護士・青山学院大学法学部教授
浜辺陽一郎

東洋経済新報社

はじめに

本書は、わが国における会社法全体の概要を、図解を使いながら分かりやすく解説しようとするものだ。

平成二六年改正以来、中規模程度の本格的な会社法改正が令和元年一二月に成立した。これを本書では「令和元年改正」という。今回の改正の目玉には、株主総会資料の電子提供制度、株式交付制度の創設等が含まれており、企業法務にも大きな影響を及ぼすものである。

この機を捉えて、本書第4版の改訂では、会社法の基本的なテキストとして、より多くの初心者の方々も一から理解できるように全面的に見直しを行い、さらなるブラッシュアップを図った。会社法全体を体系的に理解できるだけでなく、周辺領域や資本市場の問題にも触れながら、企業法務における会社法の位置づけが理解できるように工夫を凝らした。このため、順序を一部入れ替えて、新たな解説項目も追加した。

もとより会社法に関する知識や諸論点を網羅すると、基本的な事項だけに限ったとしても、相当な分量になってしまう。そこで、本書では、誰であっても、どうしても知っておくべき重要な事項のうち、特に第2章から第7章までは株式会社を中心として「これくらいは知っておかないと、その先の議論についていけない」「特に最近問題になっているから知っておきたい」と思われる事項に絞って、基礎的な解説を試みている。

ただ、会社法は数多くのバリエーションを許容しているため、すべてのケースを網羅することは不可能である。そのため、会社法に含まれている数多くの技術的な定めを網羅してはいない。しかし、基本的な会社法の概要を知ることによって、他の会社法関連の書物や記事・論文を理解し、読みこなす材料は得られるはずだ。

本書の形としては、各項目につき二頁完結で、簡潔にポイントをまとめている。本書中の条文数は、特に断りのない限り、会社法の条文である。また、法律の基礎知識がない読者のために、最初に法律・民事法・会社法入門的な観点からの解説も加えている。

会社法の全体イメージを短時間でざっくりと把握し、重要項目の基本的な知識を整理するために、本書を役立てていただければ幸いである。

令和二年三月吉日

著　者

本書で使用する記号

目次／令和元年改正対応　図解　新会社法のしくみ（第4版）

第4章 株式会社の役員等の義務と責任

第5章 大規模会社のガバナンス

第6章 株式・社債制度

●令和元年改正の施行時期について

本書は、既に施行されている現行会社法の内容を解説するものである。令和元年改正の多くは令和三年三月一日から施行され、株主総会資料の電子提供制度及び支店所在地における登記の廃止の部分については、令和四年九月一日に施行された。

第1章

会社法の基本的なしくみ

1

会社とは何か

——事業を目的とする営利社団法人

事業を目的とする組織

会社とは、事業を目的とする法人である。会社は、本来的に事業をするために設立するものであるから、何らかの事業目的を定める必要がある。事業目的を追求するための組織が会社組織である。

そして、事業によって利益が得られた場合には、それを配当できる「営利性」に会社の特徴がある。会社に出資する人がなぜ会社に出資するかといえば、それはその「見返り」を期待しているからだろう。

出資した人の集まり

会社は「社団法人」の一種であると説明されることもある。法人格をもった「人の集まり」なので、「社団法人」だ。ただし、最近は一人会社（115項）も多く、社団法人であると説明する意味は乏しくなっている。

ここで意味する「人の集まり」とは、従業員の人たちのことではない。あくまでも会社に「出資した人」（＝社員、9項参照）の集まりのことを指す。経営者は会社を動かす人であり、従業員（労働者）は、法人格を有する会社に使われる人たちにすぎない。会社は、実際に働く人々によって運営されているが、そういう人たちの集まりを指して「会社が社団法人だ」というわけではない。

一方、会社自身が、「出資した人」とは別の法人格を認めてもらえるという点にも、重要な意味がある。本来は、人格というのは人間に認められたものだ。ところが、法律が会社にも人格を認めたことから、出資している人たちとは別の「法人格」が認められる。

これによって、「法人格」を

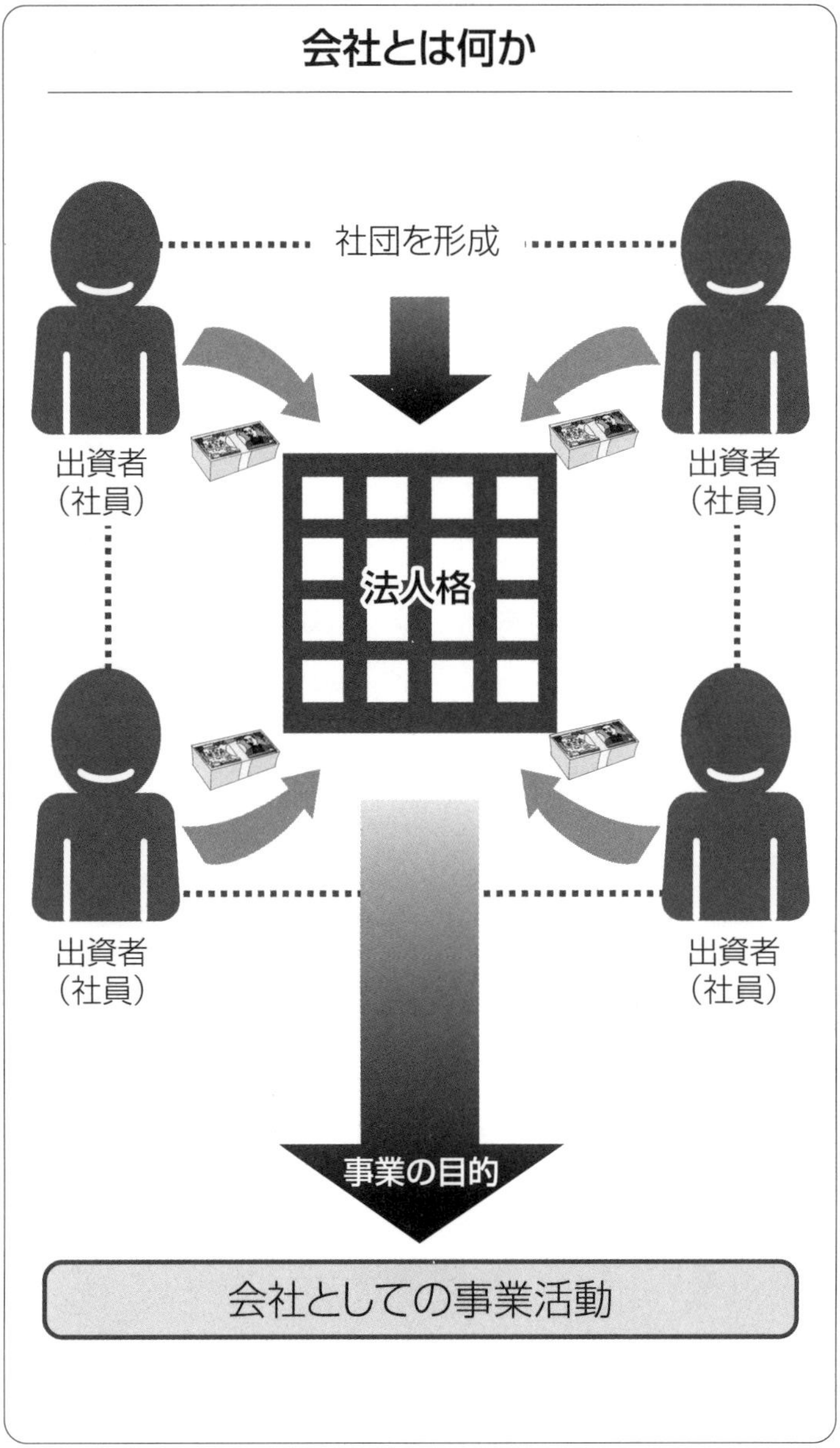

もつ会社は、まるで生きている人（＝自然人）と同じように権利を有したり、義務を負ったりすることができる（❷項）。

個人事業主とは別に会社という制度ができたのは、個人とは切り離された法人格をもって事業活動をしやすくするためだと考えるべきだろう。

2

法人としての会社

権利や義務の帰属主体

会社としての実在性

会社は、個人事業やヒトの寄り集まりのレベルを脱却した企業組織体を想定している。個人と企業組織体（会社）とは、別々の人格だと考えられる。

一般的な考え方によれば、会社は社会的に存在するものだ。決して法技術的に観念の世界だけで認められるものではなく、社会に会社として実在するものという理解から出発する。会社法は、会社が実在するからこそ、会社に「法人格」を与えたのだと説明される。

権利や義務のために必要

権利をもったり、義務を負ったりすることができるのは、法人格があるものに限られる。法人格が認められない動物とか無生物などは、本来、権利や義務の主体にはなりえない。

単なるヒトの集まりも、権利を有したり、義務を負ったりできないから、法人格はない。そこで、ヒトがただ単に集まっても、それだけでは権利や義務の帰属主体にはなりえない。

しかし、何かの目的をもって活動するために、きちんと手続を取れば法人格を取得できる。その法人格の取得が「法人の設立」だ（7項）。法人を設立するためには、法律の定める手続に従って、これこれの法人を作りましたという登記をすると、法律が法人格を認めてくれる。

これはちょうど、普通のヒト（自然人）が戸籍を持っているのと似ていて、ヒトの戸籍簿にあたるのが法人の商業登記簿だ。ただ、ヒトの戸籍簿はプライバシー保護のために誰もが勝手に見ることはできないが、法人の商業登記簿は誰でも見るこ

利益計上法人・欠損法人・資本金総額の推移

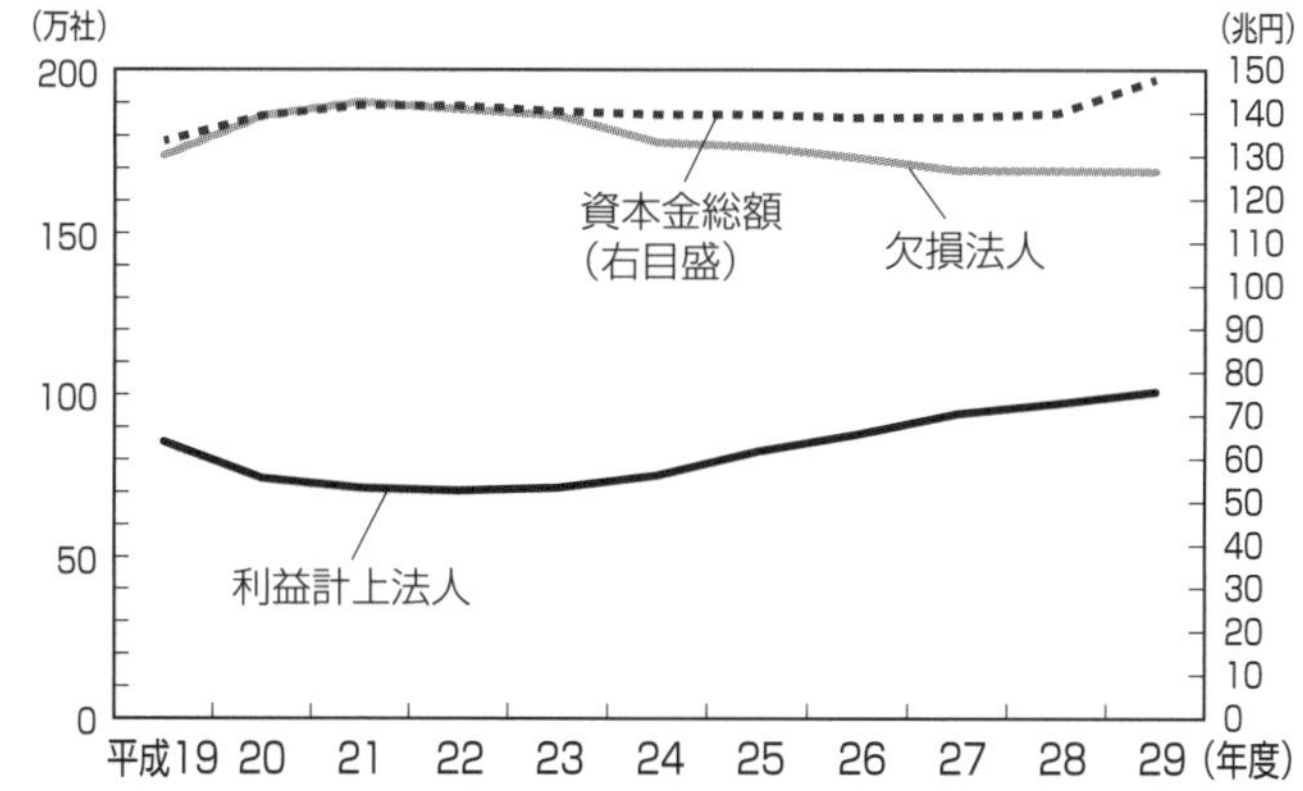

出所：国税庁長官官房企画課編『税務統計から見た法人企業の実態』各年版より作成

新設法人数(2015～2018年)

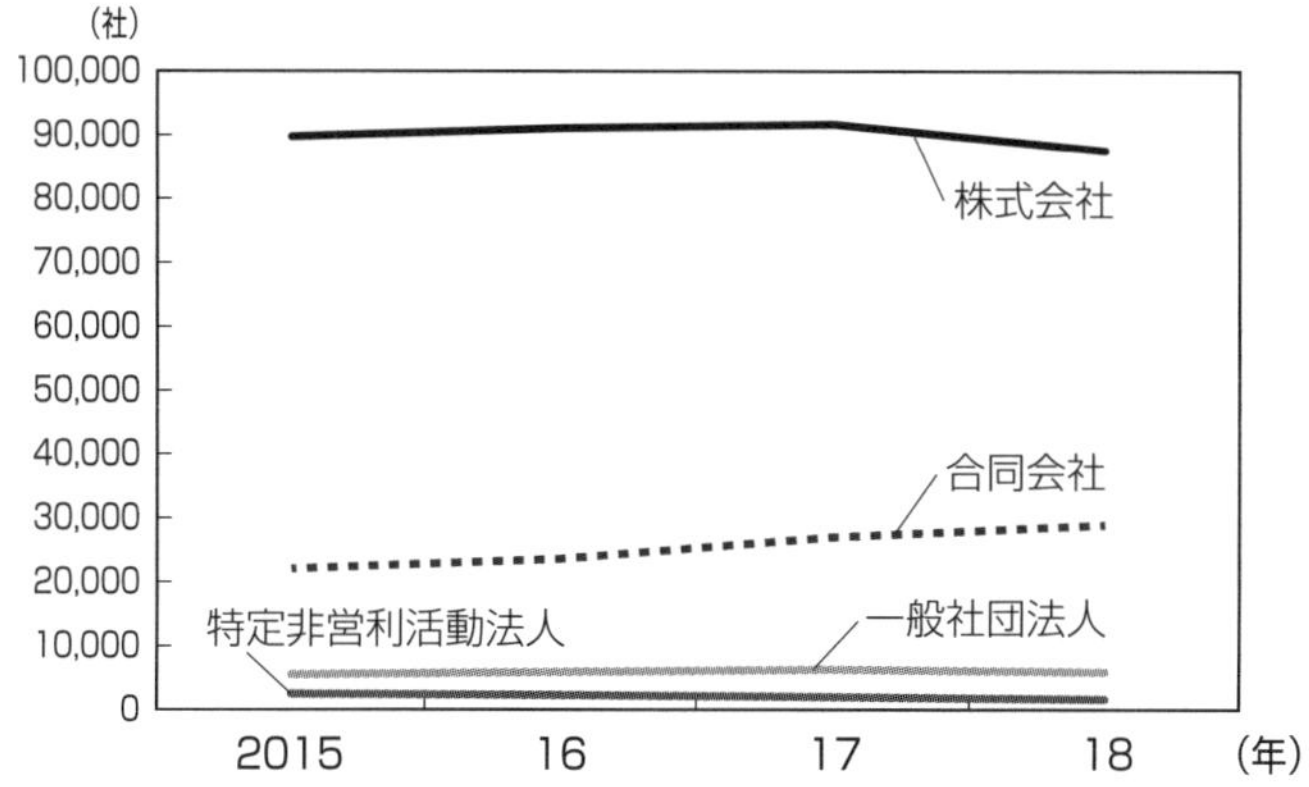

出所：東京商工リサーチ「全国新設法人動向」調査より作成

とができる。登記簿には役員等の個人名も記載されるが、法人情報は個人情報ではない。

法人にはいろいろな種類があるが、近時の組織別の新設法人数は左下のとおりである。

3

ビジネスを規制する法律
――事業を安全に進めるために

会社法の意義

　本書は、会社法（平成一七年法律第八六号・令和元年改正）を基本に解説している。ただ、広義では、「会社法の施行に伴う関係法律の整備等に関する法律」（以下「整備法」という）や会社法の法務省令、政令等も含まれる（❺項）。さらに、金融商品取引法その他の関連する法令や数多くの特別法等も視野に入れる必要がある。これらを広い意味での「会社法」と呼ぶ。

　会社法は、閉鎖的な小規模な会社からグローバルなビジネスを展開する上場会社に至るまで、また結合企業の関係に至るまで幅広い領域を規律するが、判例実務の動向も併せて理解することが求められる。

ビジネス関係の法律

　ビジネスを規制する法律は、会社法だけではない。会社と取引する事業者や消費者等の利益を保護するために各種の法律がある。また、リスクが高すぎるビジネスを禁止したり、制限をしたりすることもある。

　たとえば、不特定多数の人たちからお金を集めるようなことは出資法で規制されたり、国民の生命・身体の安全を守るために医療や薬品を取り扱うビジネスには規制があるというように、さまざまな業界の法規制が消費者等の保護の観点から作られている。こうした規制によって、ビジネス・リスクも、ある程度は抑えられている。

　しかし、最近は規制緩和が叫ばれ、自由競争の重要性と自己責任の原則の下に、各自の判断でビジネスを発展させるべきだという考え方が強まっている。そのため、各会社において、企業倫理やコンプライアンスの問題に会社として取り組む必要がある。従って、いったん何か問題が生じた場合には、民事裁判や刑事裁判等で決着をつけなければならないようなトラブルの発生するリスクがありうることも十分に踏まえて、会社を経営する必要がある。

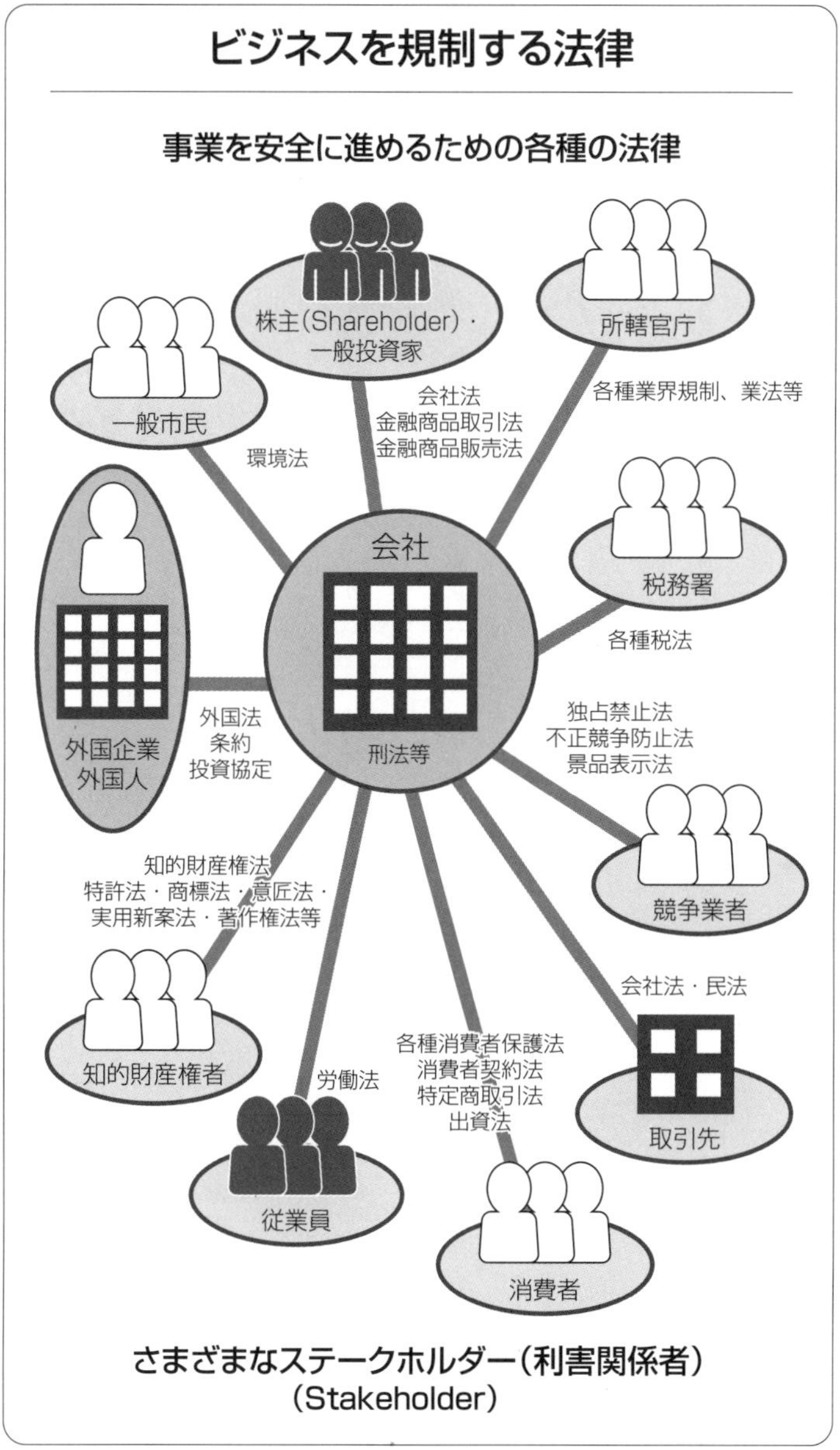

4

会社法の構成

整備法や会社法施行規則などの法務省令にも注目

八編からなる

現行会社法は、左図のように八編と附則から構成されている。

まず総則では、基本的な重要用語の定義規定を設けるとともに、通則的な定めを置く。

第二編では、会社法の中心となる株式会社に関する事項を定め、株式に関する事項や株主総会や取締役等の役員に関する事項等、株式会社に関する基本的なルールが定められている。従って、本書の大半は、この編の解説ということになる。なお、有限会社が、特例有限会社（127項）として特別の取扱いを受ける部分は整備法に定めがあり、それ以外は、会社法による株式会社として取り扱われる。

これに対して第三編では、合名会社、合資会社、合同会社という三種類の持分会社について、共通の規律を設けている（122項）。

第四編では、第三編までの定めを受けて、株式会社も持分会社も発行できる「社債」について定める。また、第五編では、株式会社と持分会社のすべてを含む会社間の組織再編に関する規定が続く。

第六編では、以上の枠組みの外にある外国会社について定める。

第七編の雑則では、訴訟、非訟、登記、公告などの定めがまとめられており、それらの事項については、ここをチェックしなければならない。また、第八編では、会社法に違反した場合の罰則をまとめて規定している。

整備法、法務省令と政令

もっとも、会社法に関するルールは、会社法以外にも、会社法の施行前から存続してきた会社であれば整備法が重要であり、さまざまな経過措置等が定められている。そのほか会社法施行規則等の各種の法務省令や政令等も参照しなければならない。すべてが会社法という法律レベルで定められていないのは、細目的・技術的な事項も取り扱うもので、機動的な改正が可能となるようにするためだ。

会社法の構成

会社法
- 第一編　総則
- 第二編　株式会社
- 第三編　持分会社
- 第四編　社債
- 第五編　組織変更、合併、会社分割、株式交換及び株式移転
- 第六編　外国会社
- 第七編　雑則（訴訟、非訟、登記、公告）
- 第八編　罰則
- 附則

会社法の施行に伴う関係法律の整備等に関する法律（整備法）

法務省令
- ①会社法施行規則（以下「会施規」と略す）
- ②会社計算規則
- ③電子公告規則

その他の関連法令

金融商品取引法

上場会社等を対象とする規律が含まれており、本書では会社法と関係する重要部分に限って言及する。

産業競争力強化法による特例

主務大臣の認定等により、会社法の特例を認める特別法がある。本書でこの関連の解説は、一部を除き割愛する。

5

会社法の性質

守らなければならない枠組み

強行法規性

会社法は利害の対立する多くの人々の関係を調整する法律だから、一部の人たちによって勝手に曲げられては困る。

経済的な利害について定めている基本的な法律といえば民法だが、民法の多くの規定は関係者の合意で特別に変更することが認められる。つまり、民法に定めた内容と異なる合意を当事者間の約束ですることも、契約自由の原則によって、かなり広く認められる（もっとも、公序良俗違反など、例外的に許されないこともあるが、それはひとまずおく）。

それに対して、会社法の世界では多くの人々が関係しているため、簡単に一部の人たちの意向で曲げることはできない。また、社会的な影響も考える必要があろう。それゆえ、会社法のルールは、関係当事者が変えたい、変えようと思っても、容易には変えられないような性質がある。こうした性質のことを会社法の強行法規性という。

強行法規は公の秩序に関するものだから、当事者の意思にかかわらず適用されることになる。

定款自治の拡大

もっとも、会社法の新しい規定には、それぞれの会社が自由に選択したり自由に決めたりできる範囲がかなり広く認められるものも多い。会社が定款で自由に定めることができる事項を会社法が増やしていることを「定款自治の拡大」と呼ぶ。ただ、これは会社法の新しい傾向であり、会社法の基本的な性質は強行法規なのだ。

そこで、会社の運営に携わる際には、会社法の強行法規性を

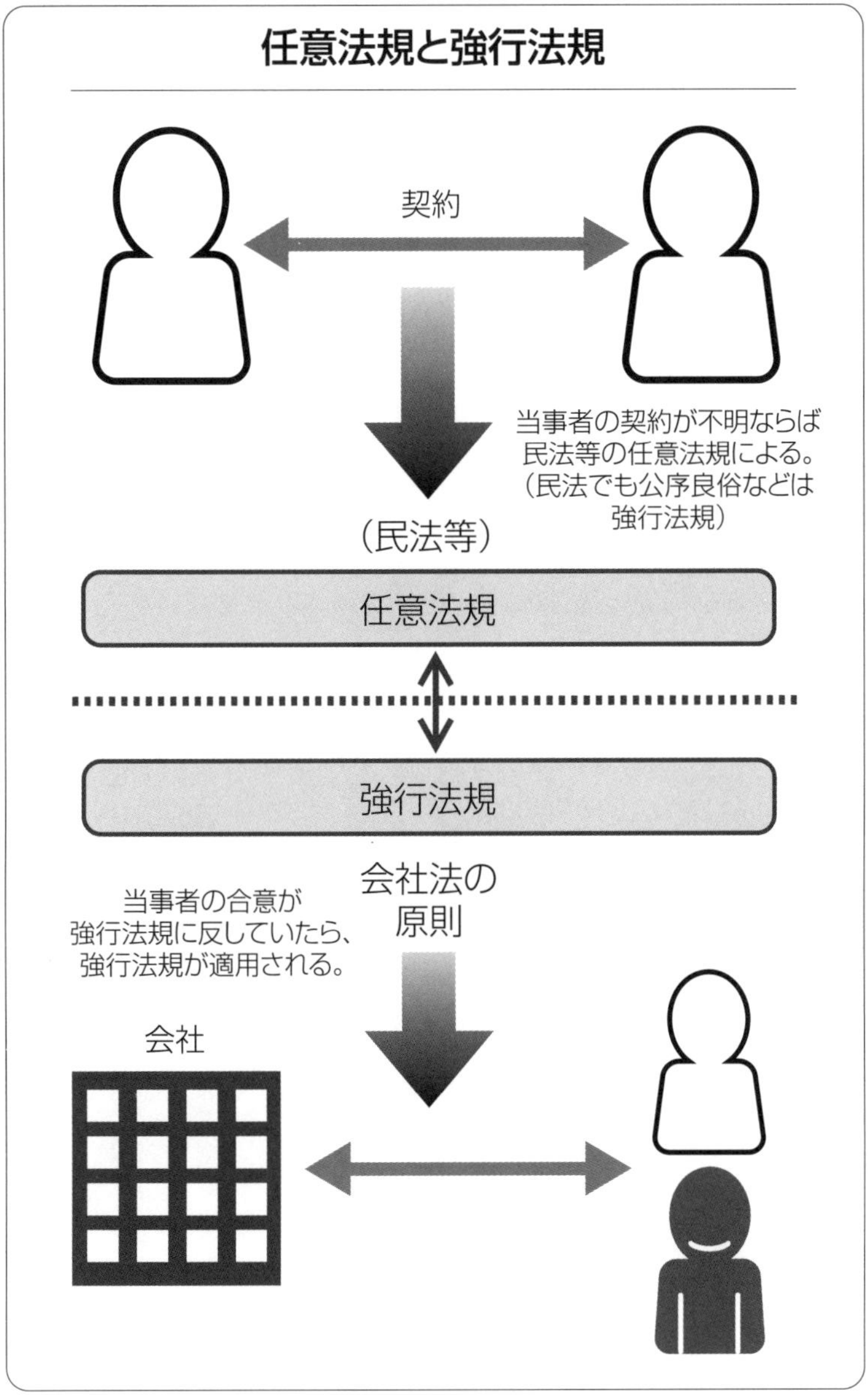

踏まえつつも、定款の規定のほか、株主間契約、Ｍ＆Ａをめぐる取引、競業避止契約など、会社関係の契約等をどう作成し、交渉するかについて創意工夫を凝らしていく余地がある。

6 会社の分類

社員の個性など さまざまな基準による分類

株式会社と持分会社

会社法は、株式会社と、三種類の持分会社（122項）という合計四種類の基本的な会社類型に関するルールが中心だ。ほかにも左図のような会社の分類方法がある。

株式会社は、自由に譲渡できる株式を発行している公開会社と、そのような株式を一切発行しない非公開会社とで規律が大きく異なる（17項）。公開会社のうち、発行する株式を証券取引所に上場する会社が**上場会社**と呼ばれる。

それに対して、非公開会社は、**全株式譲渡制限会社**とか、単に**譲渡制限会社**と呼ばれることもあり、一般的には閉鎖的な会社だ。また、株式会社はその規模に応じて、大会社とそうでない会社（中小会社）に分かれる（16項）。

さらに、株式会社は、機関設計に応じて、取締役会設置会社、監査役（会）設置会社、会計監査人設置会社、会計参与設置会社、委員会型の会社（三七頁参照）などの分類もあり、それぞれ異なった規律が適用される。

物的会社と人的会社

「人的会社」とは、会社の出資者の個性が重視される会社である。つまり、社員が誰かによって信用を判断するのが人的会社だ。合名会社がその典型である。それに対して、会社の出資者の個性が重視されない会社を「物的会社」という。物的会社では、出資者の個性の代わりに、会社財産をどの程度保有しているのかが重視される。株式会社がその典型だ。ただ、会社法では、こうした区別にあまり意味がなくなっている。

同族・非同族など

同族会社とは、税法上の概念で、法人税法上の特別な取り扱いがなされる。同族会社ではない会社が非同族会社となる。このほか、銀行法、保険業法、信託業法などの特別法に基づく会社や特定の会社だけの特殊会社等の区別もある。

会社の分類

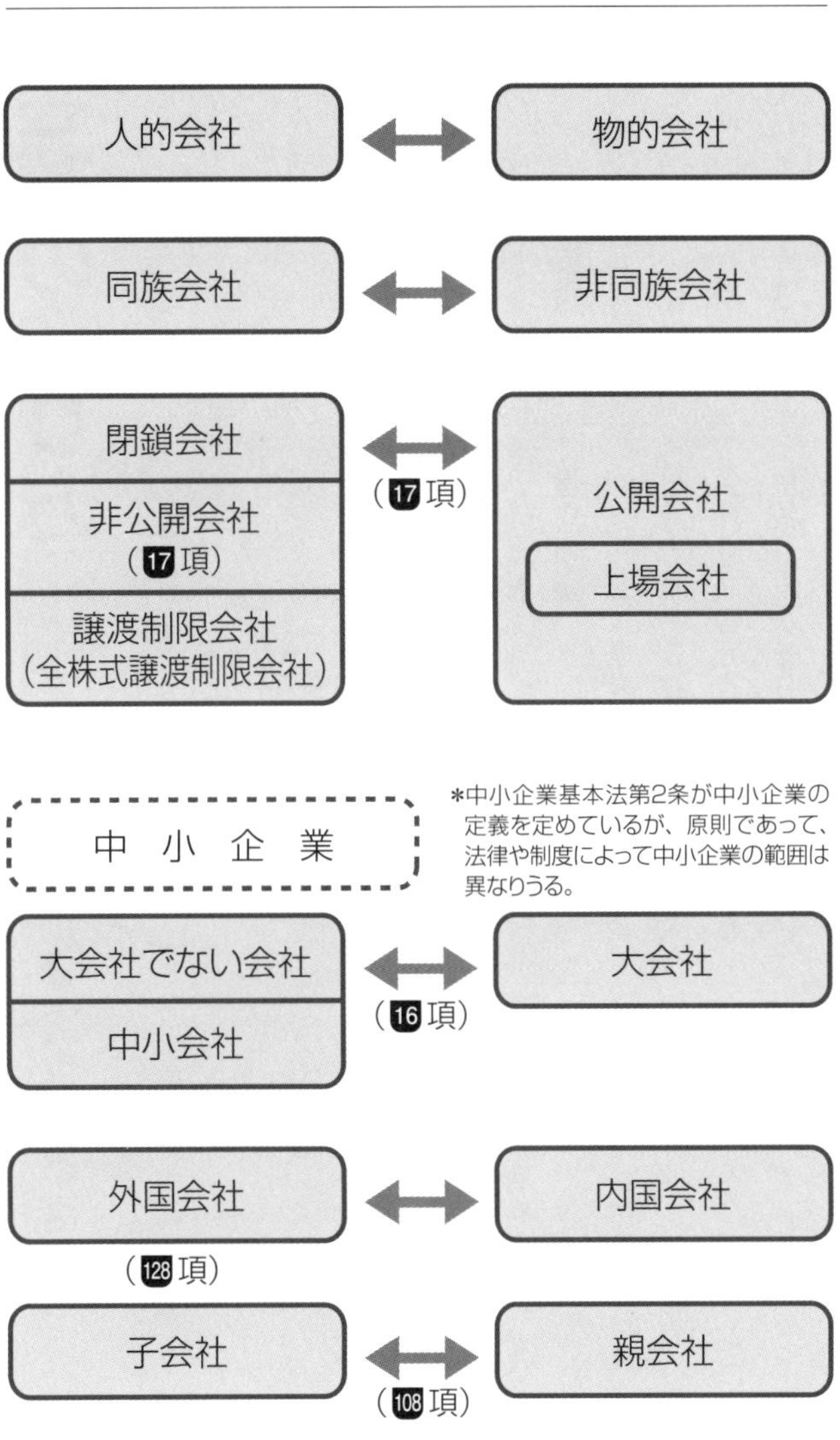

7

会社の作り方

——法人格を取得するまでの設立手続

会社の設立

新しく会社を作ることを「会社の設立」という。会社を設立するには、会社の根本規則である定款を作り、その社員となる出資者を決め、会社を経営する役員等を決めて、法務局で設立登記をする必要がある。この登記により法人格が付与される。

持分会社では社員となる者が全員で定款を作るが、株式会社では発起人が定款を作り、発起人全員が定款に署名または記名押印する。このため、株式会社では、発起人が会社設立のための事務を行い、発起人が作成した原始定款には公証人の認証が必要となる。これに対して、持分会社の定款には公証人の認証が不要だ。

設立手続

株式会社を設立する場合、発起人一人でも設立できる。株式会社設立の方式には発起設立と募集設立があり、その設立手続の概要は左頁のとおりである。**発起設立**とは、会社設立に際して発行する株式を全部発起人が引き受けるものだ。**募集設立**とは、発起人が一部の株式しか引き受けないために残りの株式は発起人以外の者が引き受けるものだ。

発起設立の場合、発起人による出資の履行について、払込金保管証明でなく、銀行等での残高証明でも認められる。このため、発起設立ならば、会社設立の日までその金銭を使用できないという規制もない。これに対して、募集設立の場合は、まだ会社の機関がきちんとできない間に金銭のやりとりをするので、払込取扱機関への金銭の払込みがあることの証明のため、

株式会社の設立の流れ

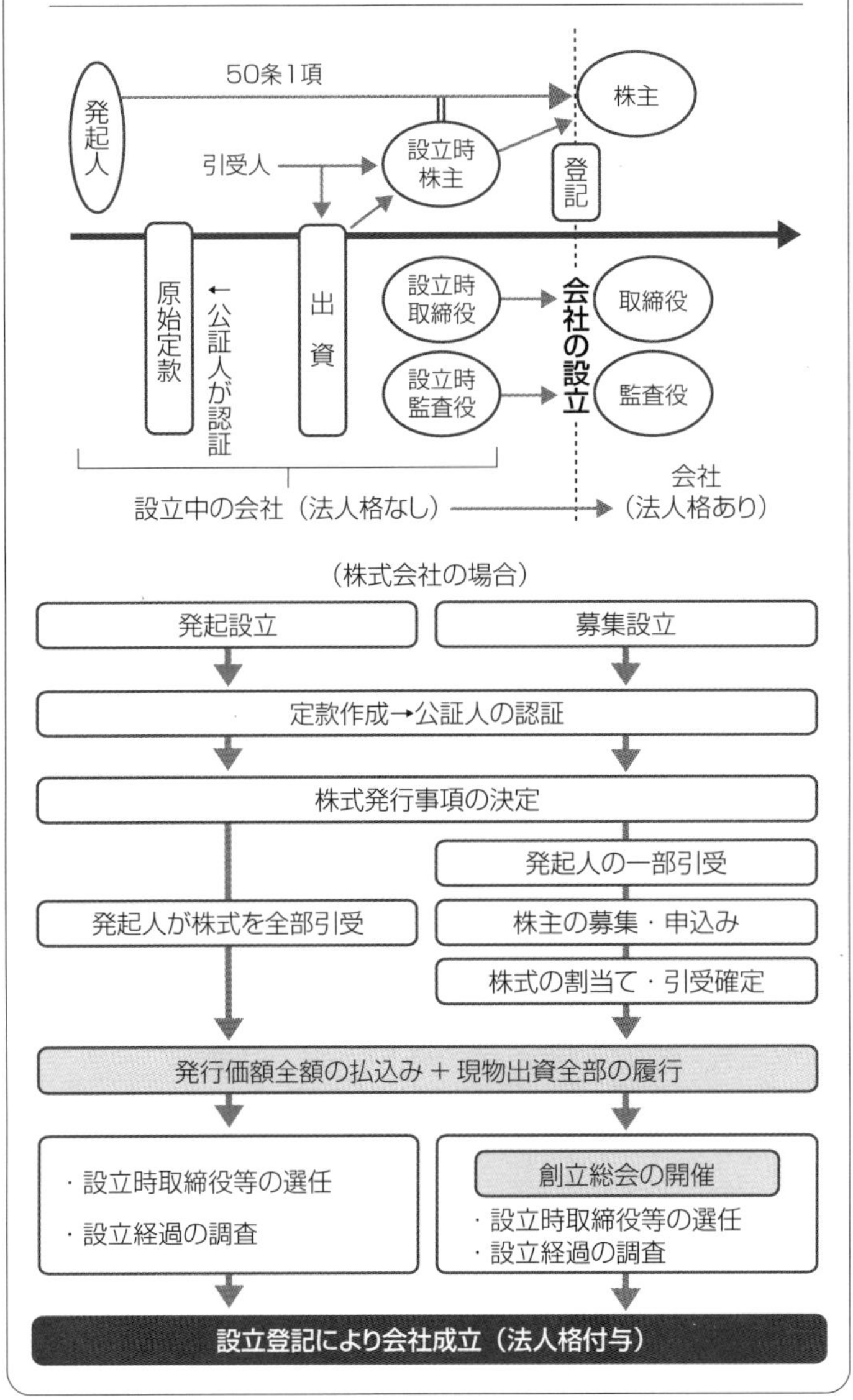

払込金保管証明が必要とされ、発起人の責任も免れにくいなど、規制が厳しくなっている。

なお、オンラインによる設立手続をより容易にするため、令和元年改正で、法人の登記申請で印鑑届の提出が任意化された。

8

会社の定款

——各会社で設けられる自治ルール

原始定款を作成して会社を設立

定款とは、会社の組織・活動の根本規則のことだ。会社を設立するには定款を作成する必要があり、設立の後の会社の運営も定款に従って行われる。

会社設立後も、定款は適宜変更することができ、会社の自治法規として働くことになる。

定款変更の手続

定款は会社の根本規則だから、その変更には厳重な手続が必要だろう。株式会社の場合、定款を変更するには原則として株主総会の**特別決議**が必要だ。

ただし、定款変更に必要な手続には、いくつか例外がある。まず、例外的に株主に有利な変更について取締役会決議だけで定款変更できる場合等がある。逆に、株主に重大な不利益を及ぼす恐れがあるとして、株主全員の同意が必要とされる場合や通常の特別決議よりも要件の厳しい特殊決議等が必要とされているケースもある。

たとえば、定款変更によって株式に譲渡制限を設ける場合は、総株主の過半数で総株主の議決権の三分の二以上にあたる多数決という**特殊決議**が必要となる。また、会社が数種の株式を発行する場合、定款変更がある種類の株主に損害を及ぼすときは、全体の株主総会決議に加えて、その種類株主総会の特別決議が必要となる。これらの場合、さらに株式買取請求の手続を要することもある（七八頁参照）。

定款自治の範囲

会社法としては、会社の自主性も重んじる必要があるから、そんなに細部までは規定できない。法令に反しない限り、各企業の好きなように定めればよいという面がある。そこで、会社がそれぞれのニーズに応じて定款を作ることになっている。

一般的には、株式会社よりも持分会社の方が定款自治の範囲は広い。ただ、株式会社でも、数多くの事項が会社の定款の自治に委ねられている。これによって各会社による大幅な選択が可能になった。こうした定款自治の拡大は、経営者の責任において関係当事者の合意によって自由に決定できる領域が拡大したことを意味する。

定款の記載事項

絶対的記載事項（又は必要的記載事項）

・定款に記載・記録しなければならない最低限度必要な事項

相対的記載事項

・効力を認められるには定款に記載しなければならない事項

任意的記載事項

・定款に記載しなくても効力が認められるが、定款に記載してもよい事項

絶対的記載事項	
株式会社における原始定款（27条）	持分会社における定款（576条）
①目的	①目的
②商号	②商号
③本店所在地	③本店所在地
④設立に際して出資される財産の価額又はその最低額	④社員の氏名又は名称と住所
⑤発起人の氏名又は名称と住所	⑤社員が無限責任社員又は有限責任社員のいずれであるかの別
↓ 公証人の認証（30条）	⑥社員の出資の目的（有限責任社員は金銭等に限る）とその価額又は評価の標準

9

会社への出資

——財貨と信用と労働の出資がある

出資する方法

人が会社に出資するには、いくつかの方法がある。お金などの財貨、労働、信用だ。この出資によって、会社の財産が作られ、出資者は株式又は持分を取得するので、株主又は持分権者となる。

お金の出資は、その金額が明確だが、モノで出資する方法もある。これは現物出資等と呼ばれ、その価額評価で不正も起きやすいので、株式会社の設立時における現物出資（89項）や財産引受は、「変態設立事項」として定款の記載が必要とされる等の規制があるが、持分会社にはこうした規制がない。

お金やモノによる出資が財貨の出資である。このうち、金銭以外の財産は、「現物出資財産」と呼ばれる。それに対して、財貨でないもので出資するものとして、信用や労働がある。持分会社の場合、無限責任社員は労務・信用による出資も考えられるが、有限責任社員の出資は金銭等の財貨に限られる（五七六条一項六号）。

このように出資した人たち（株主または持分権者）のことを、会社の「社員」と呼ぶ。会社法で「社員」とは、一般にイメージされる従業員ではない。本書では、社員といったら、出資者であって、従業員とは区別して理解してほしい。

所有と経営の分離

会社を実質的に所有しているのは、「出資した人たち」（株主または持分権者）だという説明がされる。

しかし、会社を動かしているのは、所有している人（＝オーナー）とは限らず、会社を動か

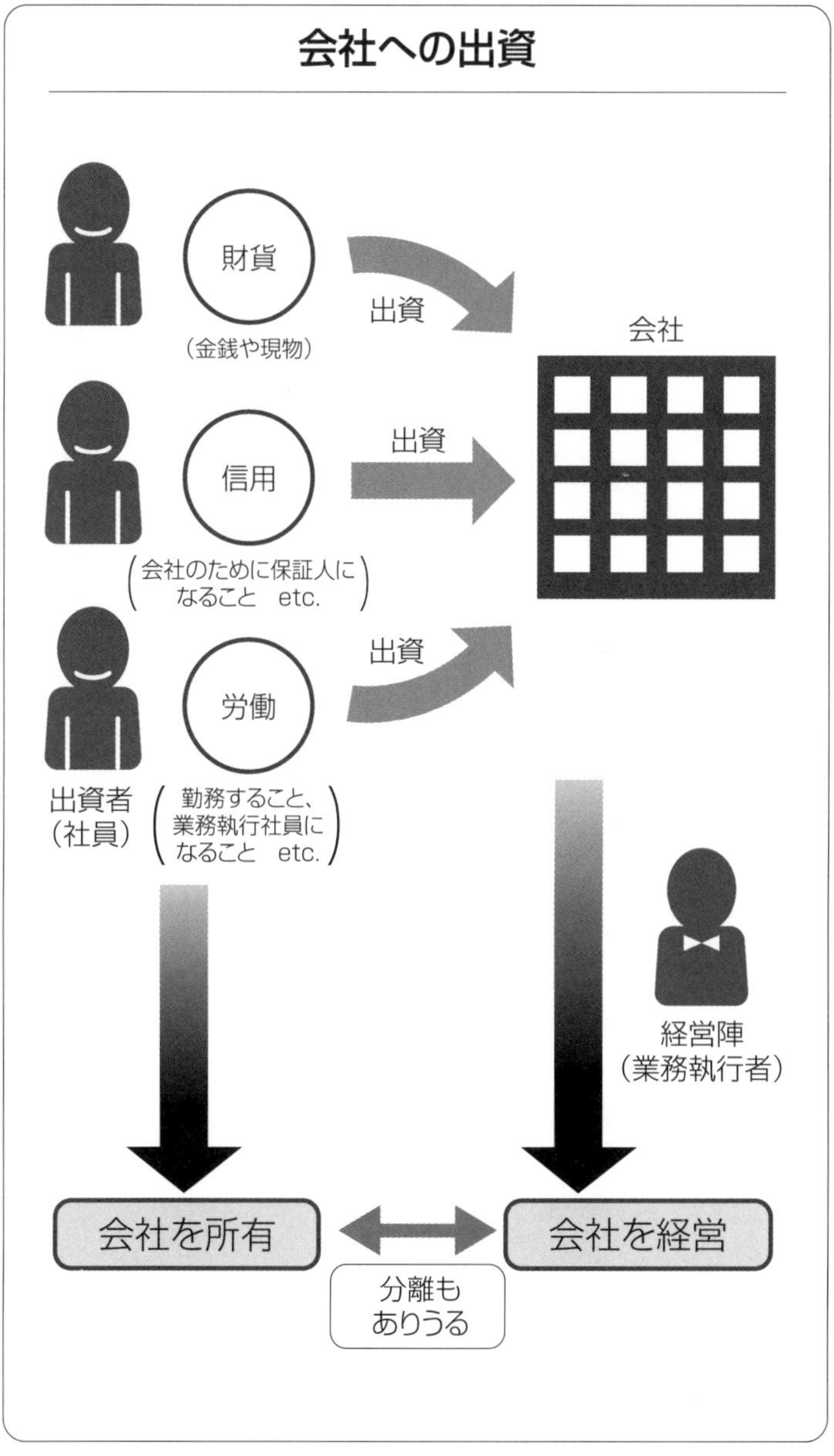

している人（＝経営している人）は別であることもある。所有している人と経営する人が別々であることを会社における「所有と経営の分離」という。実質的に経営と所有が分離しているかどうか、また分離の程度がどうかは、出資者と業務執行者の関係によって異なる。

10

社員の直接無限責任と間接有限責任

——株主には「間接有限責任の原則」がある

社員がどの程度のリスクを負うか

合名会社の社員や合資会社の無限責任社員は、会社の債務について金額の制限なく、無限に責任を負う。しかも、その責任は社員が直接に会社債権者に対して負うものだ。そのため、事業上のリスクは、会社だけでなく社員も負うことになる。

しかし、事業のリスクはあくまでも会社のリスクで、社員がそのリスクを負わなくてもいいことにした方が、より多くの出資を集められるだろう。そこで、株式会社や合同会社の出資者の責任は、原則として出資金額に限定される。これが有限責任だ。

どちらが大規模な事業にふさわしいか

たとえば、ビジネスに失敗して訴えられ、莫大な賠償責任を負わなければならないとしても、会社が責任を負うだけで、出資者は有限責任だとなれば、思い切って大きな事業にも挑戦できよう。そこで、元来、大規模な事業に適するように考案された株式会社の場合、その出資者たる株主は、会社債権者に対して何らの責任も直接負うことはないものとされる。社員の個性は関係なく、多数の人々が簡単に参加できるように考案されたのが株式なのだ。

株主は、株式の引受価額の限度で、会社に対して出資する義務を負う。株主の経済的な責任は、その範囲に限定された「有限責任」だ。しかも、その責任は会社債権者に対して直接負うものではなく、会社を通して間接的に負うものだから、株主の責任は「間接責任」となる。

こうした「株主の間接有限責

任の原則」は、会社が倒産しても、株主は株式に出資した分を損するだけで、それ以上の責任は負わなくてよいということを意味する。こうした制度が、一般大衆からの大規模な資金調達をも可能にしているのだ。

もっとも、株主有限責任の原則の例外として、株主が出資額以上の責任を負うこともあり、法人格否認の法理（13項）が適用される場合等が考えられよう。

直接無限責任と間接有限責任

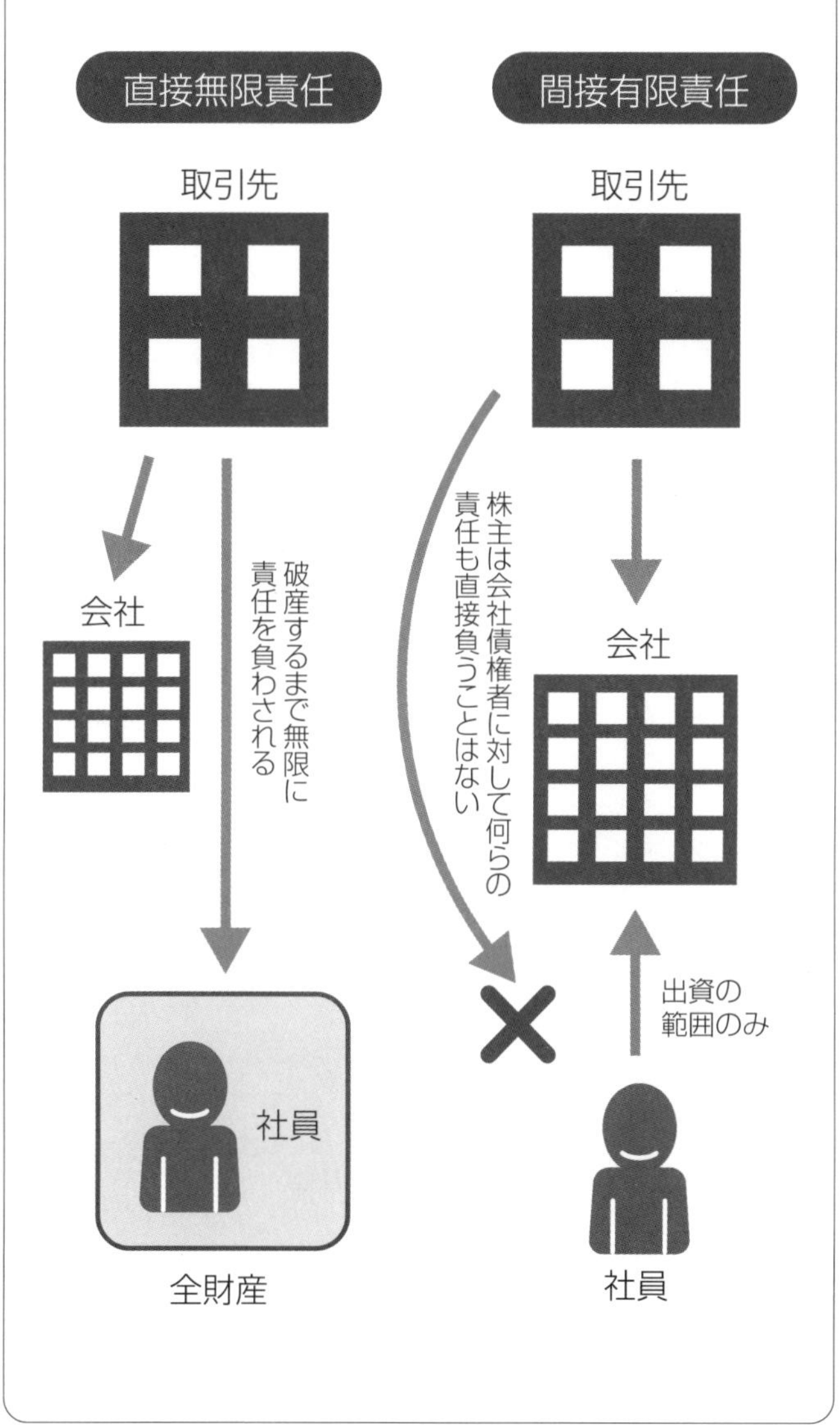

11 会社の商号

不正目的等の商号規制や不正競争防止法の保護がある

商号の規制

会社の名前のことを「会社の商号」という。この名前には、株式会社や合名会社など、それぞれの正しい会社の種類名を商号に含めることが必要だ（六条二項）。たとえば、「株式会社○○」「○○株式会社」等と、前株か後株かも決める。こうした会社の商号は、取引する場合の目印ともなるものであるから、定款の絶対的記載事項（❽項）とされ、登記もされる等、さまざまな規制がある。

既に登記されている他の会社と同一の住所の会社は、行う事業の内容にかかわらず、当該他の会社と同一の商号を登記することができないという規制がある（商業登記法二七条）。

もっとも、従前は類似商号の登記を禁止していたが、会社法では禁止していない。これにより、会社の事業目的として定款に記載できる内容についても柔軟に対応できる。

不正目的の商号禁止

ただし、不正の目的で、他の会社と誤認される恐れのある名称又は商号を使用することは禁止される。これに違反する商号の使用によって事業上の利益を侵害され、又は侵害される恐れのある会社は、事業上の利益を侵害する者又は侵害する恐れのある者に対して、その侵害の停止又は予防を請求できる。

また、自己の商号を使用して事業又は事業を行うことを他人に許諾した会社は、その会社がその事業を行うものと誤認してその他人と取引をした者に対して、その他人と連帯して、取引から生じた債務を弁済する責任を負う（九条）。これは外観主義または禁反言の法理に基づくもので、商人の**名板貸責任**（商法一四条）と同様の規律である。

なお、不正競争目的での類似商号に関しては、会社法に定めはないが、不正競争防止法でカバーされ、同法に基づいて使用差止めや損害賠償が請求できる。

会社の商号についての規制

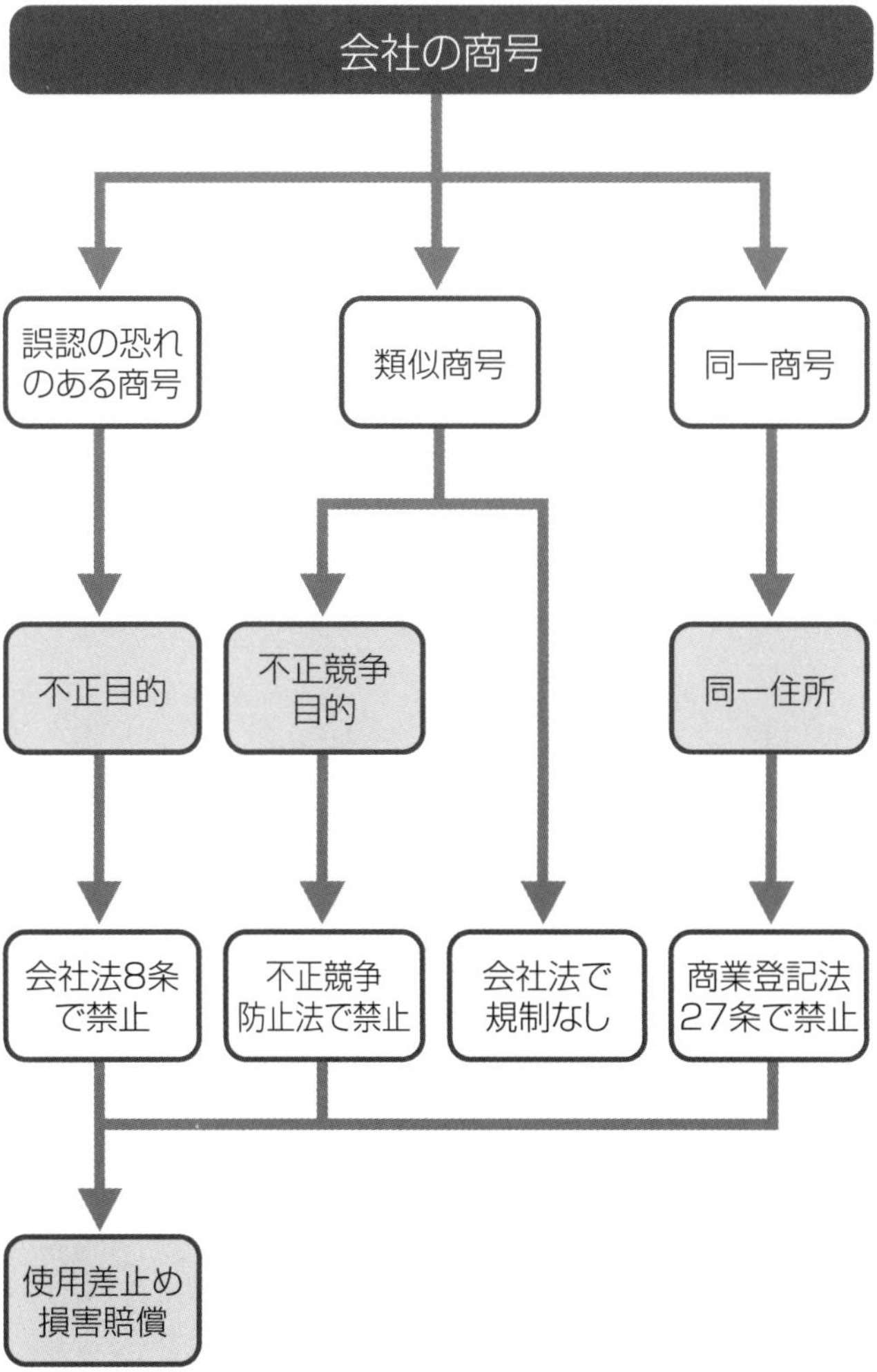

12

商業登記

取引の安全のための基本的概要の公示制度

商業登記の必要性

　会社とは多くの人々が経済的な取引をするから、会社の基本的な情報は誰もが知りうるようにすることが望ましい。そこで、日本には商業登記制度があり、会社の基本的な情報を登記によって確認できる。商業登記は登記前に発生した法律関係を公示するものが多いが、設立登記のように創設的効力を有することもある。

　会社法は、どういう事項を登記しなければならないかを定めている。逆に、法律で登記事項として定められていなければ、登記はできない。多くの人々が同一のルールで取り扱えるようにするためだ。会社に関する登記の内容や手続の詳細は、商業登記法や商業登記規則などに定められている。

　登記は正しくする必要がある。登記事項は、登記・公告の後でなければ善意の第三者に対抗することができない。登記・公告の後であっても、第三者が知らないことについて正当な事由がある場合も同様だ（九〇八条一項）。ただし、この正当な事由はかなり狭く解される。また、故意または過失により不実の事項を登記すると、その事実が不実だということを善意の第三者に対して主張できない（同条二項）。

　虚偽の登記をした取締役や執行役は、自己の無過失を証明できない限り、第三者に生じた損害を賠償する責任も負う（60項）。

本店所在地での登記

　登記事項に変更・消滅等があったら、当事者は遅滞なく正しい登記をする必要がある。

　商業登記は公示制度の一つだ

が、所定の場所で情報が提供されるもので、間接開示の一つである。商業登記も電子化されたことに伴って、本店所在地の登記所に登記された情報へのアクセスが容易化した。こうした状況を受けて、支店の所在地における登記制度は令和元年改正で廃止された。

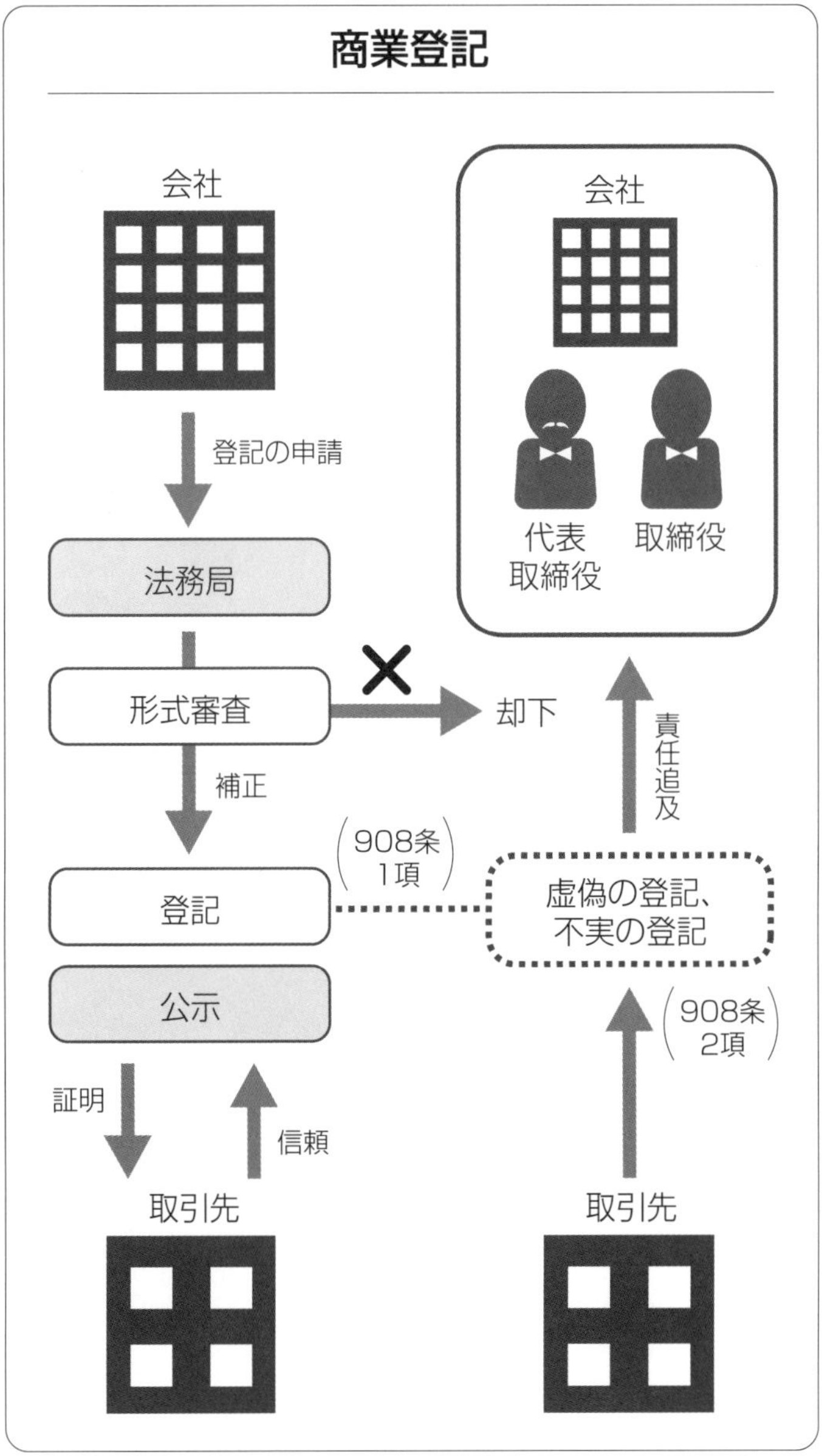

13

法人格否認の法理

法人格の形骸化と濫用に対処する理論

法人格を認めると正義に反する

法人としての会社の形式的な独立性をそのまま認めてしまうと、正義に反する場合がある。そのような場合に、法人格が否認されることがあり、日本の最高裁も、法人格が形骸化している場合や法人格が濫用されている場合に、個別のケースに限って、法人格がないものとして取り扱われることがある。

このような法理によって、法人格がまったくの形骸にすぎない場合、またはそれが法律の適用を回避するために濫用される場合には、その法人格を否認することができる。

法人格濫用のケース

たとえば、株式会社の実質がまったく個人企業と認められる場合には、これと取引をした相手方は、会社名義でされた取引についても、これを背後にある実体たる個人の行為と認めて、その責任を追及することができ、また、個人名義でされた取引についても直ちにこれを会社の行為と認めることができるとされたケースがある。

また、新会社が旧会社と法人格を異にするとの実体法上及び訴訟法上の主張が、信義則に反し、許されないとされたケースもある。

そのケースでは、新旧両会社の代表取締役を兼ねる者が、一年以上にわたる審理の期間中、商号変更、新会社設立の事実について何らの主張もせず、旧会社が債務を負うかのように振る舞っていながら、後になってから新会社の代表者として、新旧両会社が別異の法人格であるとの実体法上及び訴訟法上の主張をすることは信義則に反して許されず、相手方は新旧いずれの会社に対しても責任を追及しうるとされた。

なお、「法人格否認の法理」は、相手方を保護するためのものであるから、法人格を濫用したり形骸化させている側から法人格否認の法理の適用を主張することは認められない。また、実際にこの適用が認められるのは、他の救済手段が使えない場合に限られよう。

法人格否認の法理

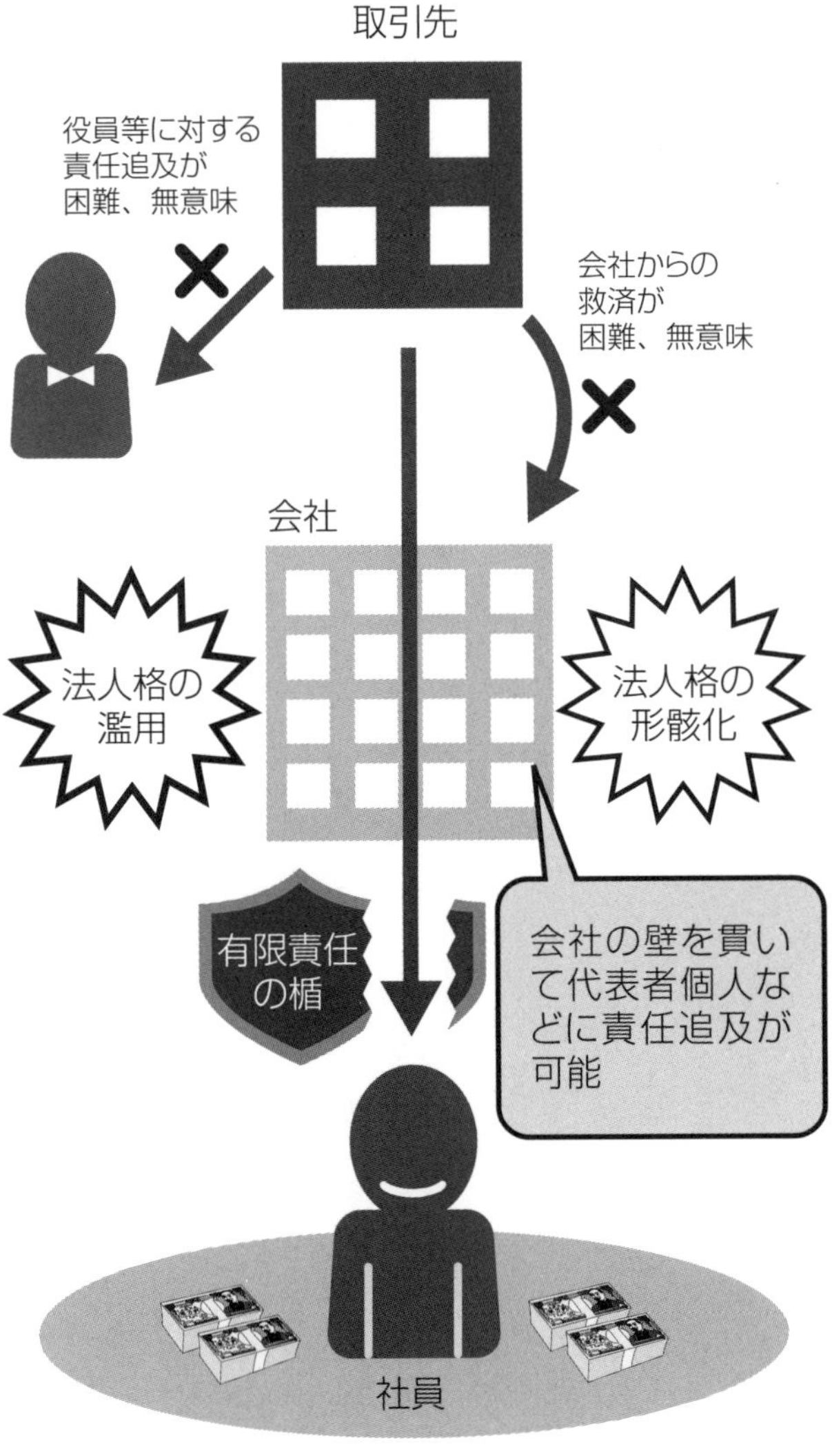

COLUMN

会社組織の規制法としての会社法

会社を作るのは、法人格を享受し、多くの人々を組織的に動かすために都合がいいからだ。そこで、会社法の運営に関する部分は、ビジネスを行うために集まった人々が、どのような役割分担をする必要があるのか、その最低限度のルールを定めている。

ただ、会社法は、法人格をもった会社が統一的に行動し、機動的に人々を動かすための基本的なルールを定めるにすぎない。すなわち、会社組織のうち、会社の出資者と会社を代表する者との関係や代表者のコントロールをめぐる規制が中心で、会社代表者が多数の従業員をどのように組織化するかということについては触れていない。つまり、会社の代表者（社長）が従業員をどのように雇い、どのように組織化していくかは、それぞれの会社の自由に委ねられている。従業員とその雇用主である会社との関係は労働法が規制することになっており、会社法はあまり関係がない。

特に株式会社の領域では、主として会社の出資者たる株主と会社を経営する人々（具体的には取締役）の関係やその取締役をどのようにチェックするか等が大きな問題となる。

さまざまな利害が対立する会社で、関係者の経済的な利害がぶつかることも少なくない。そもそも、出資した人はどこまでの権利があり義務があるのか、経営をする人はどこまでの権限があり、義務があるのかなど、きちんとルールが決まっていないと、対立した利害を調整しきれない。会社の意思決定についても、誰がどうやって決めるかといった基本的なことを決めておかないと収拾がつかない。

組織の基本的なあり方は今も改良が試みられており、会社に関する法律が頻繁に改正されてきたのも、不都合を少しずつ是正するための試行錯誤だったのである。

第2章

株式会社の機関設計

14

株式会社の機関

チェック・アンド・バランスで企業統治

株主総会と取締役は必須

会社法は、会社の経営をどのようにするかを規律するもので、社員（株主）と経営者の関係を定めている。

株式会社は、株主総会で選任された取締役が運営することになっている。ただ、取締役会設置会社では取締役会が意思決定をして、業務の執行は代表取締役等が行うのに対して、取締役会のない会社の場合は、株主総会の意思決定に基づいて取締役が業務執行を行う。小規模で閉鎖的な会社ならば、取締役会を設けないこともできる。

業務執行をチェックするしくみ

しかし、業務執行がきちんと行われているかどうかをチェックさせるしくみを設けることが適切な会社もある。

公開会社の場合は、取締役会が必要とされる。三名以上の取締役に議論・検討してもらい、適切な経営をするように相互に監督させることが重要だと考えられたからだ。

取締役会は、自らは行動できないから、業務執行を行う代表取締役（41項）等を選定した上で、重要な業務執行の意思決定や監督を行うことになる。

また、業務執行に対する監査のために、監査役等を設けることができる。監査役は特に資格に制限があるわけではなく、素人でもなれる。しかし、大会社になると、社会に与える影響も大きく、会計のプロの目で監査してもらう必要があるから、会計監査人の設置が義務付けられる。

ただ、会計監査人は、会計監査だけだから、そこまで置く以上は、業務監査権限を有する監査役を設けるか、監査（等）委員会を設ける必要があり、いくつかの選択肢がある。本書では、指名委員会等設置会社（66項）と監査等委員会設置会社（69項）を併せて「委員会型の会社」と呼び、前者の監査委員と後者の監査等委員を併せて「監査（等）委員」と表記していく。

さらに、取締役の行う会計をサポートしてもらうため、税理士等の資格がある会計参与（54項）等の制度もある。

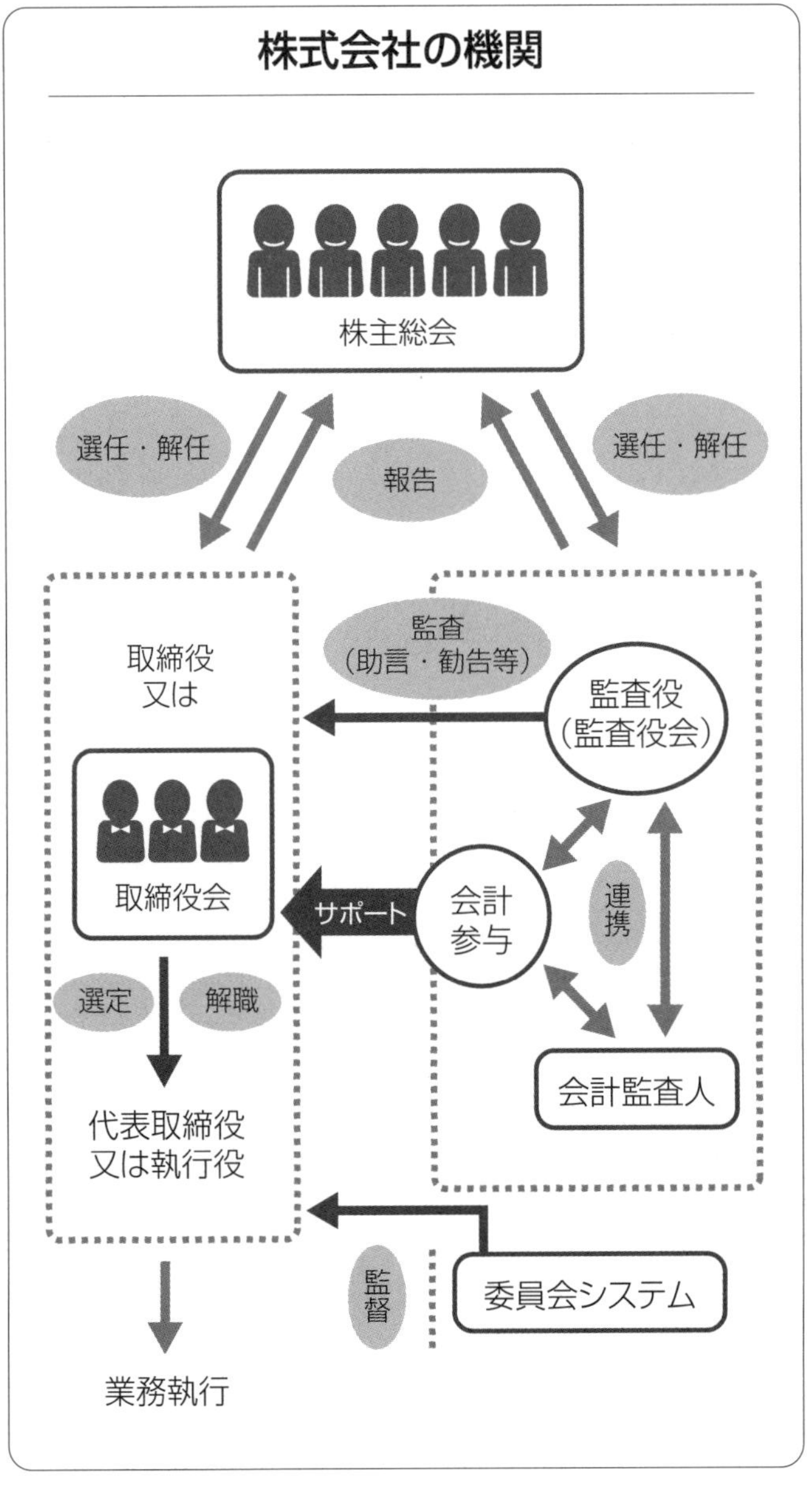

15

株式会社の機関設計

新しい企業統治のあり方を目指して

株式会社の機関設計

会社の機関とは、取締役・取締役会、監査役・監査役会、会計参与、三委員会（指名委員会、報酬委員会、監査委員会）などのことである（14項）。

会社法は、大会社だけでなく、中小会社を含むすべての株式会社が、どのような機関設計にするかを選択する自由を認めている。そして、会社に設置された機関によって、取締役会設置会社、監査役（会）設置会社、会計参与設置会社、会計監査人設置会社、指名委員会等設置会社、監査等委員会設置会社などといった区別に応じた規制がある。機関設計の選択は、定款や登記でも明らかにされる。

株式会社は、さまざまなタイプの機関設計から選択しなければならず、その選択肢の中から選ばれた経営体制ごとに、異なったルールが適用される。従って、それぞれの会社は、その機関設計に応じて、どのルールが適用されるかをチェックし、検討する必要がある。

取締役会等の要否

もっとも、どのような機関設計をするかについては規制もあり、すべて自由に設計できるわけではない。たとえば、公開会社には取締役会が必要とされる。

それに対して、非公開会社は、取締役会を設けることもできるが、取締役会を設けないことも認められる。すなわち、非公開会社に限って、①取締役の員数は一人でもよい（取締役会のある会社の場合は三名以上必要）、②取締役会の設置は不要、③監査役の設置も不要、となる。非公開会社ならば、大会社に相当する規模であっても、取

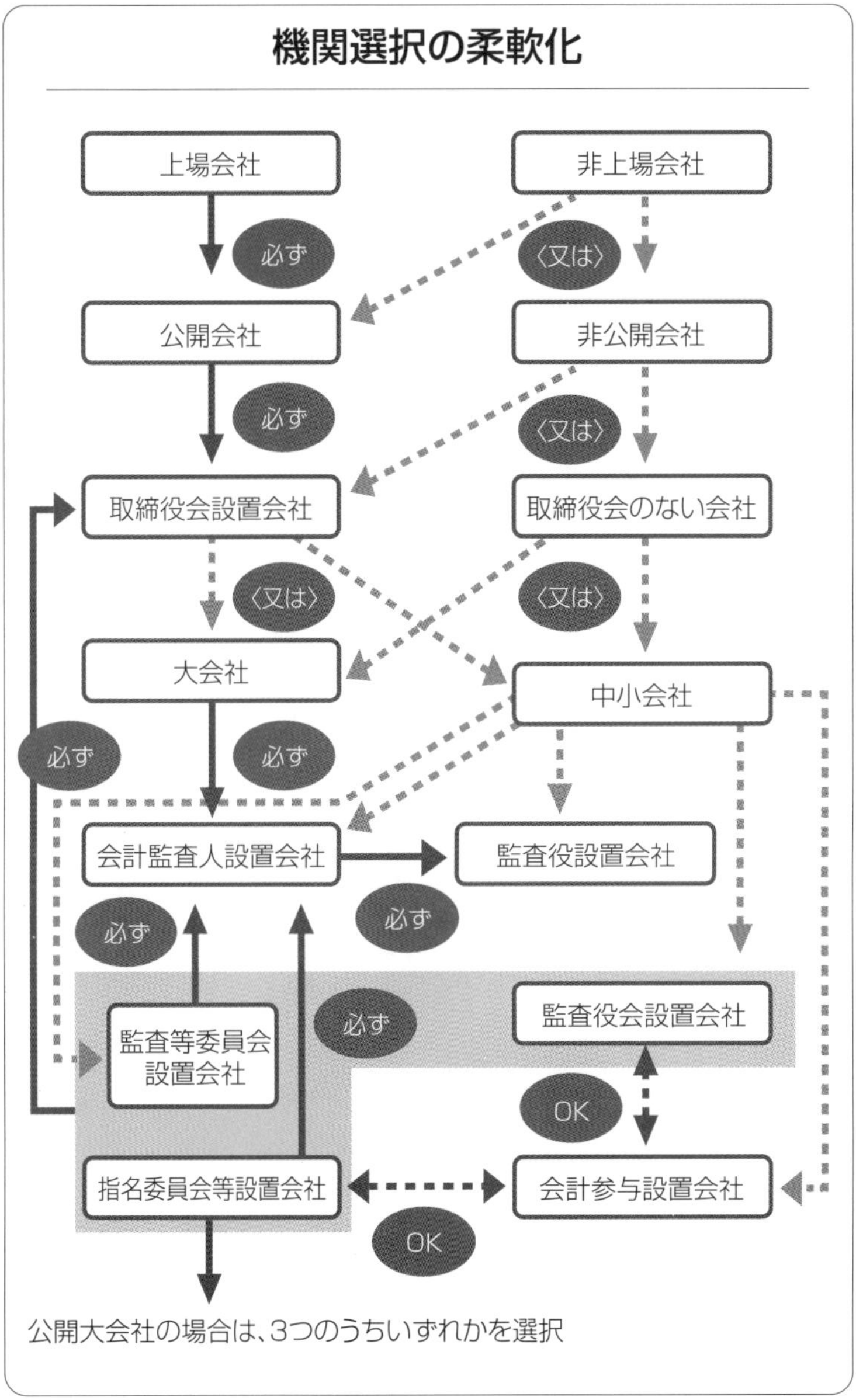

締役会や監査役会は不要だ。ただし、大会社には、会計監査人を設置して、委員会型の会社でない限り、監査役（会）が必要とされるといった規制がある。これらの関係図が左図である。

16

「大会社」と「中小会社」

——株式会社の規模によって規制も違う

会社法は大会社だけを定義

株式会社には小さい会社から大きな会社まであるため、その規模によって規制が異なり、「大会社」の方が規制が厳しい。

「大会社」とは、①最終事業年度の貸借対照表（設立時等は若干の例外あり）に資本金として計上した額が五億円以上であるか、②最終事業年度にかかる貸借対照表の負債の部に計上した額の合計額が二〇〇億円以上である株式会社をいう。資本金が五億円未満でも、負債総額が二〇〇億円以上となったら、大会社となり、その規制に服さなければならない。

中会社・小会社の区分は廃止

これに対して、大会社以外の中小会社については、会社の規模に応じたルールの違いはない。会社法は、大会社以外の会社を「大会社ではない株式会社」とするだけで、特別の用語を使っていないので、本書ではこうした会社を便宜上「中小会社」と呼ぶことにする。

こうした中小会社は、公開会社なのか非公開会社なのか、また取締役会を置くかどうかなどの基準によって、適用されるルールが異なってくる。

大会社の規制

大会社は資金的な余裕もあり、利害関係者が多く、経済的なインパクトも大きい。そこで、大会社の場合には、機関設計において会計監査人を置くことが必要とされるほか、取締役会の有無にかかわらず、内部統制システムの構築義務が課される（49項）。

内部統制システムについては、会社法施行規則で定められている所定の事項について決定し、その概要と運用状況を事業報告

大会社と中小会社の違い

	大会社	中小会社
定義	資本金5億円以上 又は 負債200億円以上	貸借対照表の資本金が5億円未満であり、かつ負債の合計額が200億円未満である株式会社
会計監査人の設置	必要的	任意的(不要だが、選択可能)
決算公告の範囲	貸借対照表と損益計算書	貸借対照表
内部統制システムの構築	形式的決定義務あり	形式的決定義務なし
連結計算書類の作成	可能（有価証券報告書提出会社は作成義務あり）	作成義務なし
清算中の監査役	設置義務あり	設置義務なし

機関設計の選択肢

<table>
<tr><td colspan="3">◎非公開大会社</td></tr>
<tr><td>①取締役＋監査役＋会計監査人</td><td colspan="2">監査役設置会社</td></tr>
<tr><td>②取締役会＋監査役＋会計監査人</td><td>監査役設置会社</td><td rowspan="15">取締役会設置会社</td></tr>
<tr><td>③取締役会＋監査役会＋会計監査人</td><td>監査役会設置会社</td></tr>
<tr><td>④取締役会＋三委員会＋会計監査人</td><td>指名委員会等設置会社</td></tr>
<tr><td>⑤取締役会＋監査等委員会＋会計監査人</td><td>監査等委員会設置会社</td></tr>
<tr><td colspan="2">◎公開中小会社</td></tr>
<tr><td>①取締役会＋監査役</td><td>監査役設置会社</td></tr>
<tr><td>②取締役会＋監査役会</td><td>監査役会設置会社</td></tr>
<tr><td>③取締役会＋監査役（＋会計監査人）</td><td>監査役設置会社</td></tr>
<tr><td>④取締役会＋監査役会（＋会計監査人）</td><td>監査役会設置会社</td></tr>
<tr><td>⑤取締役会＋三委員会＋会計監査人</td><td>指名委員会等設置会社</td></tr>
<tr><td>⑥取締役会＋監査等委員会＋会計監査人</td><td>監査等委員会設置会社</td></tr>
<tr><td colspan="2">◎公開大会社</td></tr>
<tr><td>①取締役会＋監査役会＋会計監査人</td><td>監査役会設置会社</td></tr>
<tr><td>②取締役会＋三委員会＋会計監査人</td><td>指名委員会等設置会社</td></tr>
<tr><td>③取締役会＋監査等委員会＋会計監査人</td><td>監査等委員会設置会社</td></tr>
</table>

注：会計参与を加える選択肢もあるため、組み合わせの種類はこの２倍ある

にも記載することが必要となる。また、決算公告でも、大会社は、貸借対照表のみならず、損益計算書も公告しなければならないといった規制が加わる（102項）。

17

「公開会社」と「非公開会社」——いずれかによって異なるルールが適用される

公開会社の定義

会社法は「公開会社」を定義している。会社法は、全部または一部の株式を会社の承諾なしに自由に譲渡できるようになっている会社のことを「公開会社」と呼ぶ。公開会社は、株式を上場している会社である必要はない。公開会社も譲渡制限のついた種類株式を発行できる。従って、譲渡制限株式とそうでない株式の両方を発行する会社は「公開会社」となる。これは一般的な語感とは異なる面もあるが、それが会社法の定義であるため、本書で「公開会社」とはこの意味で用いている。

非公開会社

これに対して、公開会社ではない会社は「非公開会社」「閉鎖会社」または「全株式譲渡制限会社」などと呼ばれる。すなわち、「非公開会社」とは、発行する全部の種類の株式について、その譲渡につき承認を要する旨の定款の定めがある株式会社を意味する。ただし、会社法は「非公開会社」という表現は用いておらず、「公開会社でない株式会社」といった迂遠な表現を用いている。ほとんどの上場会社以外の会社、同族会社等はこれだが、本書では「非公開会社」という用語を使うことにする。

規制の違い

公開会社では、さまざまな人々が株式を取得する可能性があるため、経営体制としては取締役会を設けることが必要とされるなど、非公開会社よりも規制が厳しい面がある。

それに対して、非公開会社は、限られた人たちしか株式を保有しないため、公開会社と比べて、機関設計等ではその規制

が比較的緩やかなものが目立つ。たとえば、取締役、会計参与の任期は原則として二年以下だが、

非公開会社の取締役、監査役、会計参与の任期は、定款によって最長一〇年まで伸長できる。

ただ、既存株主の利益を守るために株式発行等の面においては手続規制が厳しい部分もある。

公開会社と非公開会社の違い

	非公開会社	公開会社
定義	発行する全部の株式について譲渡により取得するには会社の承認を必要とする会社	発行する全部又は一部の株式を会社の承諾なしに自由に譲渡できる会社
取締役会の設置	不要	必要
取締役、会計参与の任期	原則2年以下（10年まで伸長できる）	原則2年以下
取締役の株主制限	株主に限定可能	取締役を株主に限定する定款規定は無効
募集株式の発行決議をする機関	原則として株主総会（4倍規制なし）	原則として取締役会（4倍規制あり（88項））
株主総会の招集期間	1週間（取締役会非設置で、さらに短縮可能）	2週間
属人的定め	許容される	不可
清算中の監査役	設置義務あり	設置義務なし

非公開中小会社の機関設計の選択肢

①取締役（単独制と複数制あり）	最もシンプル	
②取締役＋監査役（会計監査権限のみ）	監査役設置会社ではない	
③取締役＋監査役（業務監査権限＋会計監査権限）	監査役設置会社	
④取締役（＋会計参与）	会計参与設置会社	
⑤取締役＋監査役（＋会計監査人）	監査役設置会社	
⑥取締役会＋監査役（会計監査権限のみ）	監査役設置会社ではない	取締役会設置会社
⑦取締役会＋監査役（業務監査権限＋会計監査権限）	監査役設置会社	
⑧取締役会＋監査役会	監査役会設置会社	
⑨取締役会＋監査役（＋会計監査人）	監査役設置会社	
⑩取締役会＋監査役会（＋会計監査人）	監査役会設置会社	
⑪取締役会＋三委員会＋会計監査人	指名委員会等設置会社	
⑫取締役会＋監査等委員会＋会計監査人	監査等委員会設置会社	

注：いずれにも会計参与を加える選択肢もあるため、組み合わせの種類は2倍近くある

18

取締役会のない株式会社

——株主総会の招集手続も簡易な方法で足りる

非公開会社に限られる

　非公開会社の株式を取得する者は、事実上、会社と何らかの関係がある人に限られる。このため、その規制も一般的には緩やかである。取締役会のない会社では、非公開会社に関するルールの適用に加えて、特別のルールとして、株主総会の招集通知などにおいて緩和されたルールが適用される。この株主総会では、原則としていかなる事項でも決議できる。

　一人の取締役さえいれば、監査役等のチェック機関も不要だから、無理をして名目の役員などを選任する必要もない。小規模で閉鎖的な会社であれば、誰かに監査させる必要度も低い。利害関係者が少なく、経済的影響も限定的なことが多いからだ。ただし、非公開会社でも大会社であれば、会計監査人が必要となり、監査役等も必要となる。

取締役の業務執行権限

　取締役会がないというだけで、取締役を複数選任してもかまわない。

　取締役会のない会社では、原則として、すべての取締役が株式会社の業務執行・代表権を有する。

　そして、複数の取締役を設ける場合には、原則として業務執行の意思決定は、取締役の過半数で決定する。もっとも、こうした会社であっても、定款や株主総会の決議によって、一部の取締役を代表取締役にすることや、定款によって取締役の互選で代表取締役を定めるというルールを採用することもできる。

　ただし、取締役会がなくても、取締役が複数いる会社では、①支配人の選任と解任、②支店の設置、移転と廃止、③株主総会の招集事項の決定、④取締役等の職務執行が法令と定款に適合することを確保するため当該会社や子会社からなる企業集団の業務の適正を確保するために必要なものとして法務省令で定める体制の整備、⑤会社法と定款に基づく役員等の会社に対する損害賠償責任の免除の決定を、各取締役に委任できない。特に大会社では、上記④の事項を決定することが重要だ（49項）。

取締役会のない株式会社における株主総会

権限	●強行規定に反しない限り、いかなる事項も決議できる（295条1項） ●事前に通知されない事項の決議もできる（309条5項）
株主総会の招集通知	●株主総会の会日の1週間前（ただし、この期間は定款で短縮可能）までに招集通知を発すれば足りる（299条1項） ●書面または電磁的方法による必要なし（299条2項、3項） ●会議の目的事項の記載または記録が不要
定時株主総会の招集通知	●計算書類や監査報告書等の添付が不要（437条）。ただし、書面投票、電子投票があれば参考書類が必要
各株主の権利	●単独株主権として総会における議題提案権あり（303条1項）
議決権の不統一行使	●事前通知が不要（313条1項、2項）

株式会社の機関設計による規律の区別

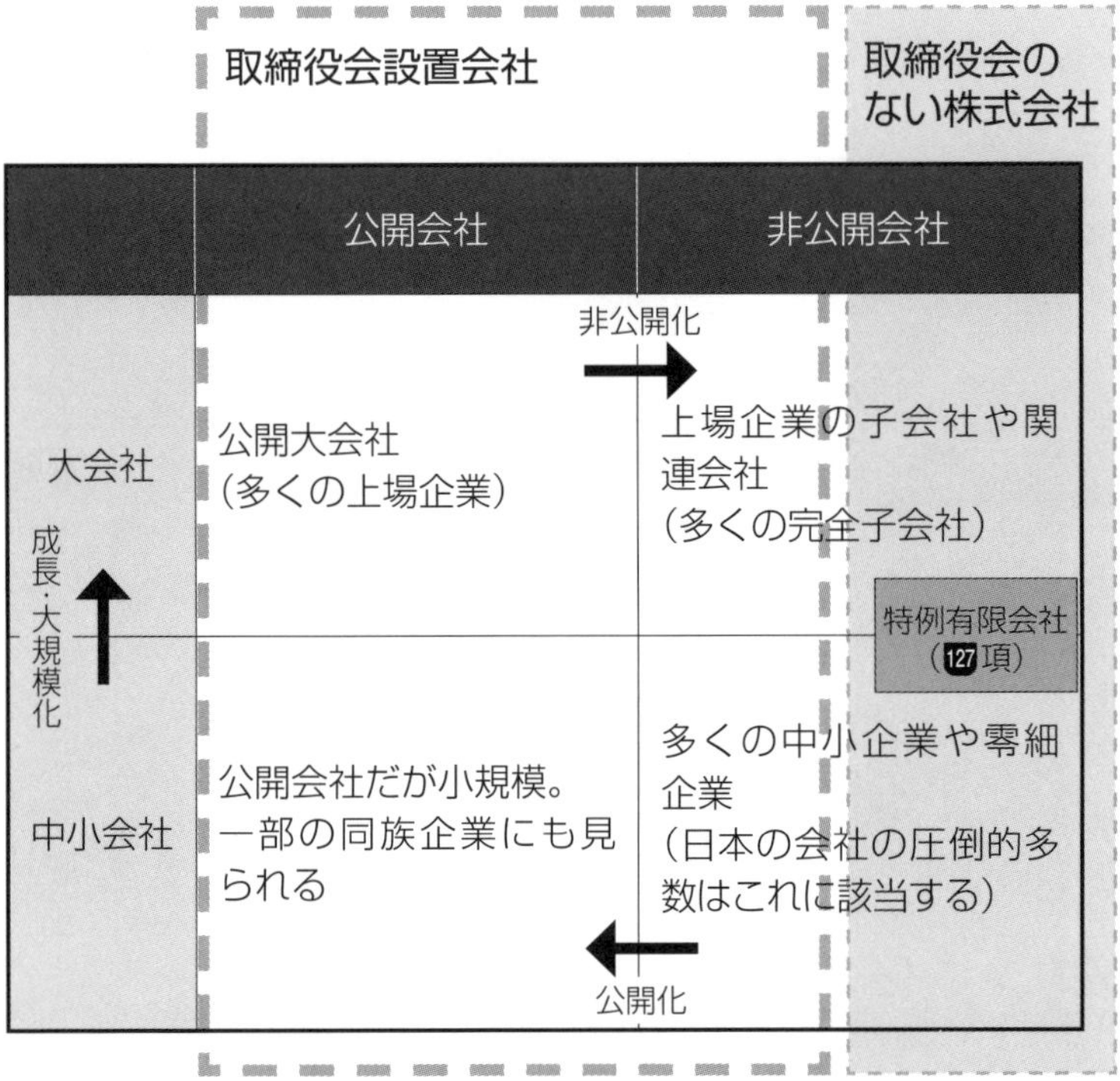

本章で解説したところを整理すると、上図の通りとなり、会社の機関設計によって適用される規律が異なる。このため、会社法の規律を議論する場合には、これらの区別が大前提となる。もちろん、すべての会社に共通して適用されるルールもあるが、その区分に応じて、かなり異なる内容となっているものも少なくない。第３章以下の解説では、上記の整理のうち、どの部分に適用されるものかに注意しながら、そのルールの内容や考え方を理解してほしい。さらに、実際のケースでは、それぞれの置かれた状況と基本的な特質を踏まえて問題の解決を図る必要がある。

第3章

株主の権利と株主総会

19

株式の譲渡と移転

株主としての権利行使をするための要件

株式譲渡自由の原則

株式に出資しても、その出資金を回収できる見込みが薄いと、出資がためらわれる。そこで、株式への出資を促すべく、株式は自由に譲渡できるのが原則だ。お金さえ出せば、原則として、誰でも株式を取得できるので、外国人や外国法人も株主になれる。

株式の出資金を回収する最も簡単な手段が、これを他人に譲渡して対価を得る方法である。しかし、会社が発行した株式を有効に譲渡する方法は、現行法ではその態様によって左頁上のように、三つの異なるルールで規律されている。

三つの異なる規律

株式会社の本来の理念からすると、株式の転々流通を促進するために株券が有用なので、旧商法の時代は、株式会社は株券を発行する必要があった。ところが、数多くの株式会社が設立され、現実には、株式がほとんど取引されない会社が圧倒的多数となった。そこで、現行会社法は、株券不発行を原則とした。株券がない場合、株式の譲渡は意思表示で行うほかない。

それに対して、株式の譲渡を容易にしたければ、定款で株券発行会社を選択でき、その場合は株券について有価証券法理が適用される。この場合、株式の譲渡には原則として株券の交付が必要とされ、株券の交付なしに株式が譲渡できるのは例外的な場合に限られる。

さらに、株式の転々流通が頻繁に行われる上場会社の株式については電子化が図られ、平成二一年一月五日に株式の振替制度に一斉移行して、振替株式となった。これに伴って、従前とは比較にならないほど上場株式の取引は頻繁に行われ、特に外国人投資家が活発な取引をしている。振替株式の譲渡や移転は、「社債、株式等の振替に関する法律」によって規律される。ただし、譲渡による移転による規律は、相続等の一般承継の場合には適用されず、三つのルールとは別枠で当然に権利が移転する。

株式譲渡のルールは三つに分かれる

	株式譲渡の効力要件	株主名簿記載の意義
（原則）株券不発行	当事者の合意	対会社・対第三者対抗要件
株券発行会社（定款の定めによる）	株券の交付	対会社・対抗要件
上場会社 →（必ず）振替株式（電子化）	振替口座の記載・記録	総株主通知で名義書換を行う

→ 株式の転々流通

主要投資部門別株式保有比率の推移

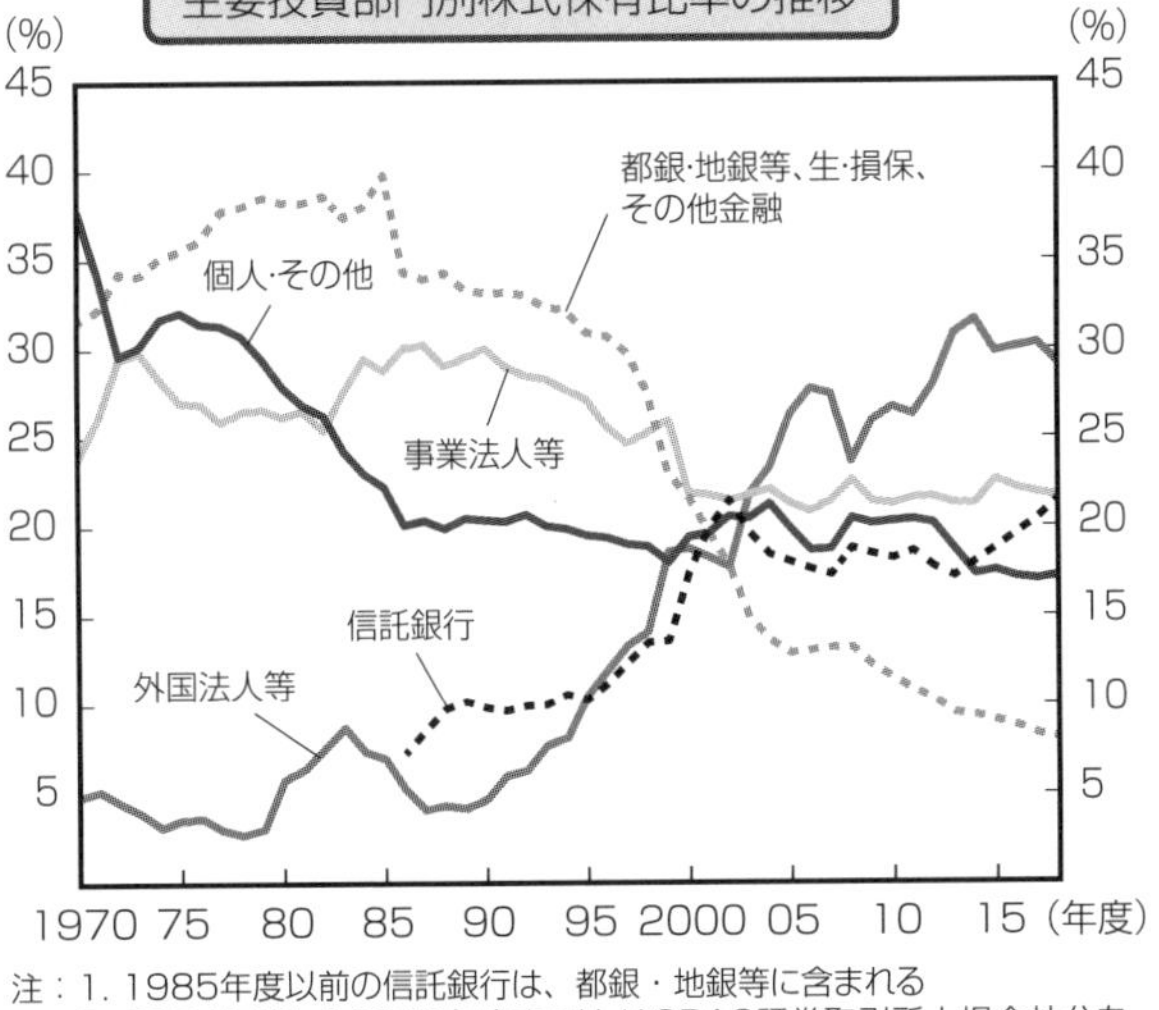

注：1. 1985年度以前の信託銀行は、都銀・地銀等に含まれる
2. 2004年度から2009年度まではJASDAQ証券取引所上場会社分を含み、2010年度以降は大阪証券取引所または東京証券取引所におけるJASDAQ市場分として含む

出所：日本取引所グループ「株式分布状況調査」（2018年度）より作成

20 株式と株券

株式が転々流通できるための株券（非上場株式のみに適用）

株券不発行が原則

株券とは、非上場会社の株式（株主の地位）を表章する有価証券である。出資者が投下資本を回収しやすくするように、株式の自由譲渡性を確保し、その譲渡を容易にするために、有価証券化が認められている。

しかし、株券発行は義務づけられなくなった。株券は、定款の定めがある場合に限って発行できる。ただ、種類株式発行会社では一部の種類株式についてだけ株券を発行するとの定めを設けることはできず、全部の種類について発行するか否かを定める必要がある。

近時は、株券の印刷、発行のコストや管理の面倒さ等から、株券発行をしない会社が多くなっており、株券不発行に移行する手続もある。

株券を発行した場合の取扱い

会社法は、株券を発行することを定款で定めた会社を「株券発行会社」と呼び、そうした会社についてだけ適用されるルールを定めている。

株券発行会社は、株式を発行したら、原則として遅滞なく株券を発行しなければならない。ただし、非公開会社の株券発行会社では、株主から請求がある時までは株券を発行しないものとすることができる。

株券発行会社では、株式の譲渡は、株券の発行だけでなしうるし、株券の占有者は適法な所持人と推定される（一三一条）。株式を譲渡する場合の株券の交付は、対抗要件ではなく、株式譲渡の効力要件となる。

もっとも、株券の発行だけでは株式が認められず、株式が有効に存在しないと、その株券も

株券の記載例

〈表面〉

〈裏面〉

株主　○○○ 殿			株券発行年月日	年　月　日	
年月日	取得者記名	会社証印	年月日	取得者記名	会社証印
□年□月□日	○○○○	◎	（この欄は必要的ではない）		

有効にならない。株券は、手形や小切手のような無因証券ではなく、「有因証券」なのである。

株式の発行と株券の発行は区別しなければならず、株券の発行とは無関係に株式が発行され、株券に株式が結合してはじめて有効な株券として認められる。

株券発行会社でも、定款で禁止されていない限り、株主は株券の不所持を会社に申し出ることができる（二一七条一項）。

この場合、既に発行された株券があったら、これを会社に提出しなければならない。この申出があったら、会社は遅滞なく株券を発行しないことを株主名簿に記載・記録する必要がある。会社がこうした処理をしたら株券を発行できず、会社に提出された株券は無効となる。

21 振替株式（株券の電子化）

振替口座簿の記載が株券に相当（上場株式に適用）

上場会社の規律

　上場会社の場合、その株式は振替株式として振替口座簿に記録・記載される。これにより、その株主権は、証券保管振替機構と証券会社等に開設された口座で電子的に管理される。そこでの振替口座簿の記録・記載が、株券に相当し、株式を譲渡するには、振替口座簿に記録・記載しなければ効力が生じない。振替口座簿の記載は、株式譲渡の効力要件となる。

　振替口座簿に記載・記録のある者は、権利を適法に有する者と推定される。このため、その記載・記録に基づいて株式を取得した譲受人は、前の記録・記載が本当の権利者でなくても、それを知らない限り、善意取得により、株主の権利を取得できる。これらの考え方は、有価証券法理と同様である。

総株主通知と個別株主通知

　かかる振替株式に関する株主の権利の行使方法は、二つある。

　一定の基準日が定められて、株主が集団的に権利行使する場合は、**総株主通知**という形で、株主名簿の名義書換が行われ、その権利を行使させる。

　それに対して、個別の株主が少数株主権等を行使する場合は、原則として**個別株主通知**で、振替機関に対して自己が有する株式の種類・数などの所定の事項を会社に通知するように申し出る必要がある。

　株主名簿に記載されている株主も、少数株主権等を行使するには個別株主通知が必要で、振替機関から会社に個別株主通知がされた後、四週間以内にその権利を行使しなければならない。個別株主通知は、株主が少数株主権等を会社に対して行使するための対抗要件となる。なお、株主権が争われた場合には、その審理終結までに個別株主通知を備える必要があるとの最高裁判決がある。ただ、株主提案権等を行使する場合は、株主総会の八週間前までに個別株主通知が必要とされる。

株券の電子化

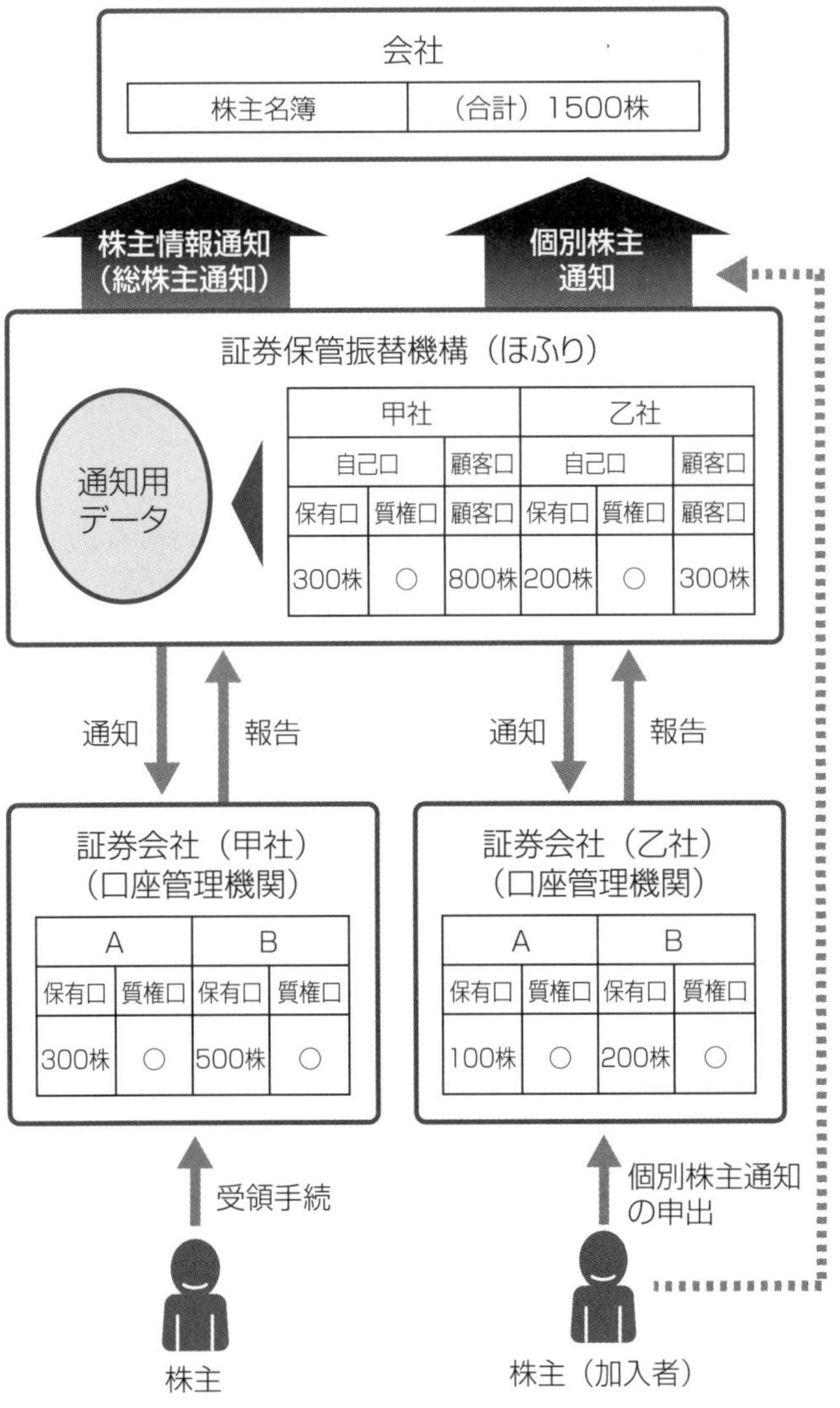

22

株主名簿

──会社が誰を株主と扱うかを決める基準

株主名簿の記載事項

株式会社は、株主名簿をその本店（株主名簿管理人があるときは、その営業所）に備え置く必要がある。株主名簿には、①株主の氏名又は名称と住所、②株主の有する株式の数（種類株式発行会社では、株式の種類と種類ごとの数）、③株主が株式を取得した日、④会社が株券発行会社である場合には、株券が発行されている株式の株券の番号を記載する（一二一条）。株主名簿を見ることで、誰が株主で、総会で議決権を何票行使できるかを知ることができる。

株主は、株式を取得しても、名義書換を行って株主名簿に氏名・住所を記載しなければ、会社に株主としての権利を主張できない。会社からすれば、原則として株主名簿に載っている人だけを株主として扱えばいい。

株主権の証明方法

株券を発行していない非上場会社（＝株券不発行会社）の株主は、会社に対し、その株主について株主名簿に記載・記録された株主名簿記載事項を記載した書面の交付又はその株主名簿記載事項を記録した電磁的記録の提供を請求できる。

閲覧・謄写請求権

株主と債権者は、会社の営業時間内はいつでも、株主名簿の閲覧・謄写を請求することができる。また、会社の親会社社員も、その権利を行使するために必要がある場合は、裁判所の許可を得て、その株式会社の株主名簿について閲覧・謄写を請求できる（一二五条）。

いずれの場合も、その請求の理由を明示して行う。ただし、会社は、左頁に掲げたような場合には、株主名簿の閲覧・謄写の請求を拒絶できる。

もっとも、会社は、定款で株主名簿管理人を置くことを定め、株主名簿等に関する事務や管理を任せることができる。

株主名簿の閲覧・謄写請求権に対する拒絶事由

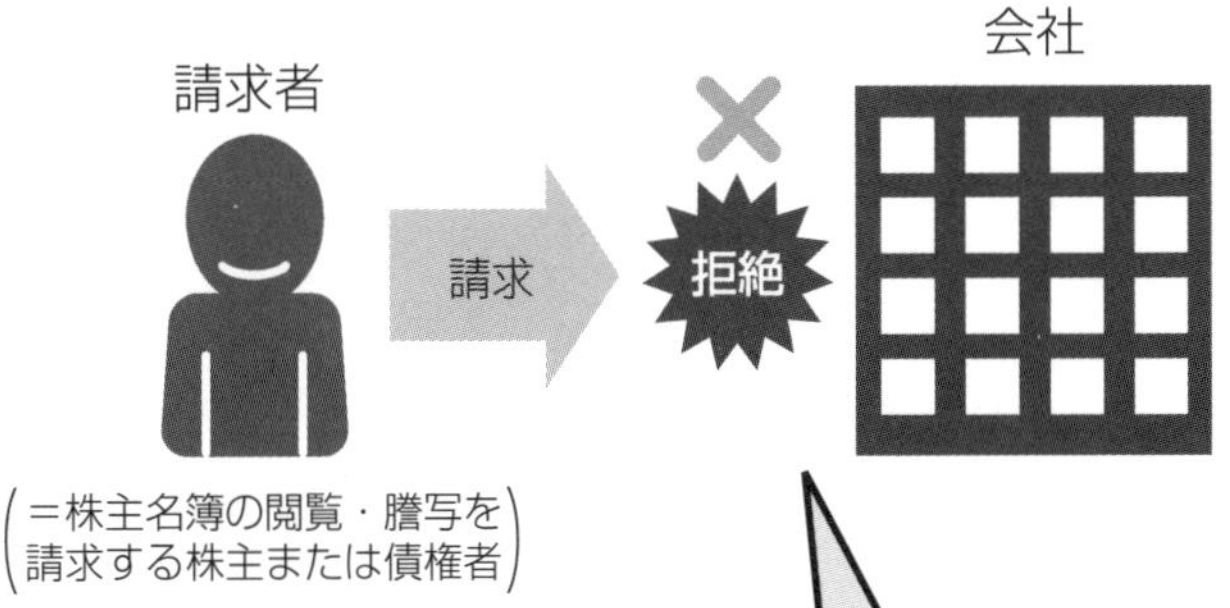

拒絶事由

①請求者が権利の確保または行使に関する調査以外の目的で請求を行ったとき

②請求者が会社業務の遂行を妨げ、または株主の共同利益を害する目的で請求を行ったとき

③請求者が株主名簿の閲覧・謄写によって知り得た事実を利益を得て第三者に通報するために請求を行ったとき

④請求者が過去2年以内に、株主名簿の閲覧・謄写によって知り得た事実を利益を得て第三者に通報したことがあるとき

注：新株予約権原簿についても、同様の拒絶事由あり（252条3項）
　　社債原簿についても、上記①、③、④と同様の拒絶事由あり（684条3項）

＊平成26年改正で、「請求者が当該株式会社の業務と実質的に競争関係にある事業を営み、またはこれに従事するものであるとき」が拒絶事由から削除され、ライバル企業等でも、株主名簿等を閲覧できる。ただ、それでも上記①や②で拒絶されることはありうる。

23

株式の担保化

質権設定と譲渡担保等が可能

略式質と登録質

株式は、質入れ等の担保として金銭借入に使うこともできる。

株式を質入れする方式には、略式質と登録質がある。略式質とは、株主名簿に記載しない方式だ。この場合、譲渡の場合と同様に質権の目的とする株券の交付等が必要だ。質権を会社と第三者に対抗できるには株券の継続的な占有（又は振替先口座の記録）が必要だからだ。

略式質の場合には、質権設定が会社とは無関係にされるので、会社は質権設定者を株主と扱えばいいが、質権者は物上代位による権利を行使できる。

それに対して、登録質の場合は、質権設定の合意と（株券の交付・占有等に加えて）株主名簿への記入が必要となる。

登録質の場合、質権設定者の請求で質権者の氏名・住所を株主名簿に記載・記録したら、質権者は会社から直接に剰余金の配当、残余財産の分配その他の金銭の支払いを受け、他の債権者に先立って自己の債権の弁済にあてることができる。この質権者は会社に対して株主の受けるべき株券の引渡し等を請求できる。一方、株券がない非上場会社の株式の略式質では会社と第三者への対抗ができないので、登録質とせざるをえない。

なお、株式質は権利質の一種として、被担保債権を譲渡すれば質権も随伴する。この場合、被担保債権の譲渡に際して、株主名簿に記載し、株券があれば、それを交付する等の必要がある。

株式の譲渡担保

これも略式と登録の二つの方式があり、略式譲渡担保の場合は譲渡担保設定の合意に加えて、

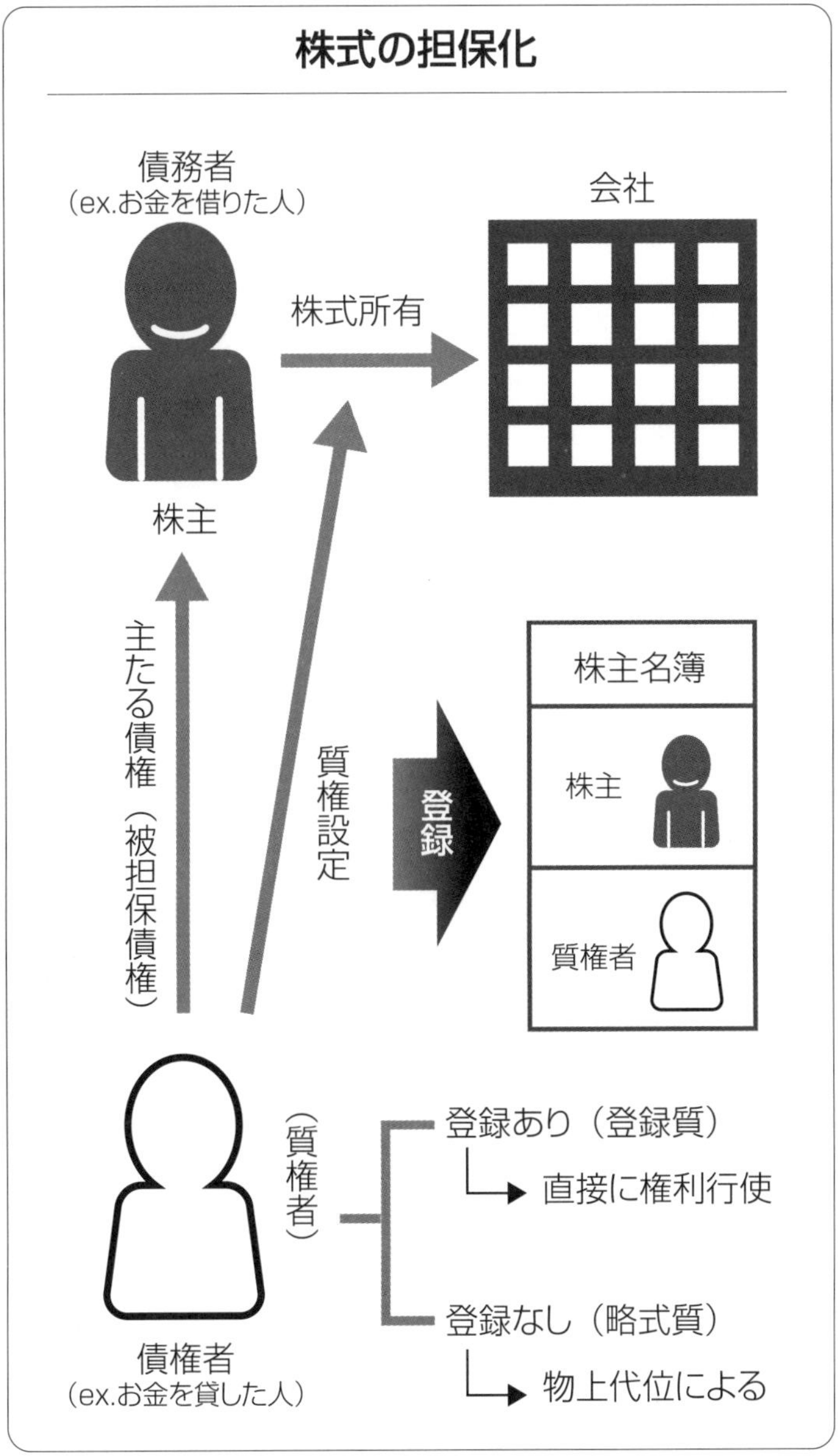

株券の交付等が必要となり、登録譲渡担保の場合はこれに加えて株主名簿への記載が必要となる。この対抗要件は、略式譲渡担保の場合は株券の交付・継続占有、登録譲渡担保の場合は株主名簿への記載が必要だ。譲渡担保の場合も被担保債権を譲渡すれば譲渡担保権も随伴する。

24

基準日

権利行使を認める基準となる日を定める

基準日株主が権利行使

株式は日々取引されることもあるので、どの時点の株主が権利行使できるのかを確定させる必要がある。そこで、議決権を行使し、又は配当を受ける者その他株主や株式の質権者として権利を行使できる者を確定するため、一定の「基準日」に株主名簿に記載・記録ある株主や質権者を、その権利を行使できる株主・質権者とみなすことができることになっている。この株主を「基準日株主」という。

会社が基準日を定めるには、基準日株主が行使できる権利の内容を定める必要がある。この権利は、基準日から三カ月以内に行使するものに限られる。

会社が基準日を定めたら、その基準日の二週間前までに、その基準日と行使できる権利の内容を公告する必要があるが、あらかじめ定款で基準日等を定めておけば公告の必要はない。

基準日後の株主

ただ、実務的には、その基準日後に生じた株主でも議決権を行使できるようにしてほしいという要請がある。

たとえば、第三者割当増資や組織再編行為等によって新たに株主となった者に議決権を認めないと、基準日をすぎてからの実施が事実上困難になる。

そこで、基準日株主が行使できる権利が株主総会又は種類株主総会における議決権である場合、会社は、基準日後に株式を取得した者の全部又は一部をその権利を行使できる者と定めることができる。

配当等に関する基準日

基準日における株主は、その有する株式の発行時期にかかわ

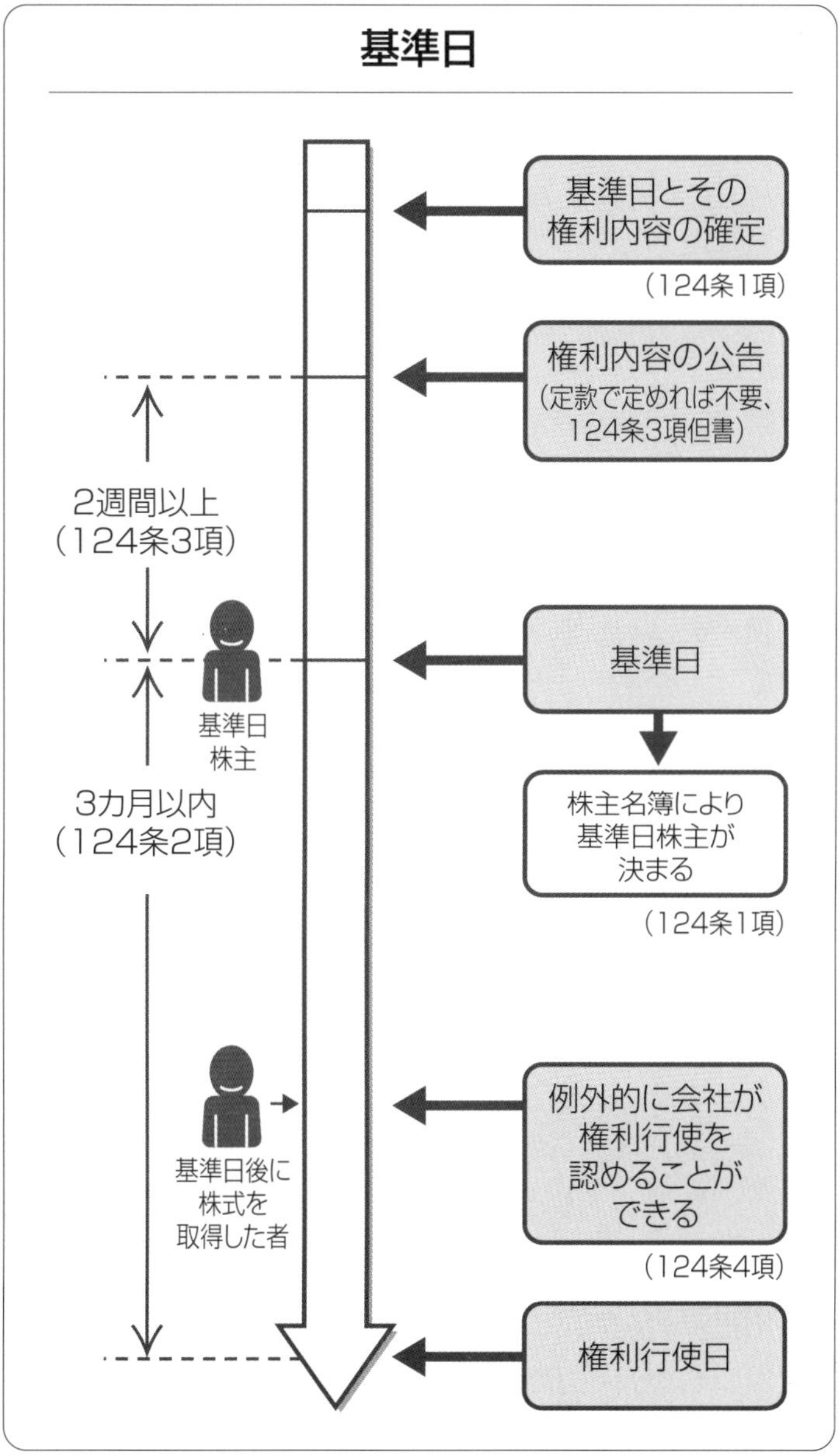

らず、配当その他の財産・株式等の割当を受ける。新株主の配当起算日に関する規定はなく、株式分割等も基準日に従って行われる。このため、基準日を設けている会社では、株主総会の時点で株主ではない基準日株主が議決権を行使したり、配当金をもらえたりする。

25

株主への通知・催告

通知・催告が五年間到達しなければ処分が可能

五年間は送付する

会社の株主に対する通知・催告は、株主名簿に記載・記録した株主の住所又はその者が会社に通知した宛先（たとえばメールアドレス）に対して発送すればいいことになっている。この通知・催告は、通常その到達するはずの時に到達したものとみなされる。

また、会社が株主に対して発送した通知や催告が継続して五年間到達しなかったら、会社はそれ以上、通知や催告をしなくてもよいことになっている。

所在不明株主の株式売却制度

ただ、株主の地位は時効消滅しないので、株式管理をやめるわけにはいかない。また、そういう株主が多いと定足数の確保にも悪影響を与える。長年にわたって音信不通となる株主が現れる会社も少なくない。

そこで、所在不明株主の株式売却制度がある。これによると、株主や株主名簿上の質権者等に対する通知と催告が、継続して五年間到達しないなどの要件を満たした株式は、取締役会の決議等により競売できる。

この場合、その代金を従前の株主に支払わなければならないが、払い先は不明として供託する処理をすればいい。

取締役会設置会社の場合、取締役会で株式を競売する決議をしたら、市場価格があれば、その価格で売却し、市場価格のない株式は裁判所の許可を得て競売以外の方法で売却できる。その場合、会社自身が、取締役会決議によって、分配可能額の範囲内で所在不明株主の株式を取得することもできる。

会社がそうした株式の競売・

売却をするには、所定の事項を公告・通知する。株券がある場合は、所定の期間内に利害関係人から異議がなければ、その株券は、期間満了時に無効となる（一九八条）等の手続がある。

株主への通知・催告

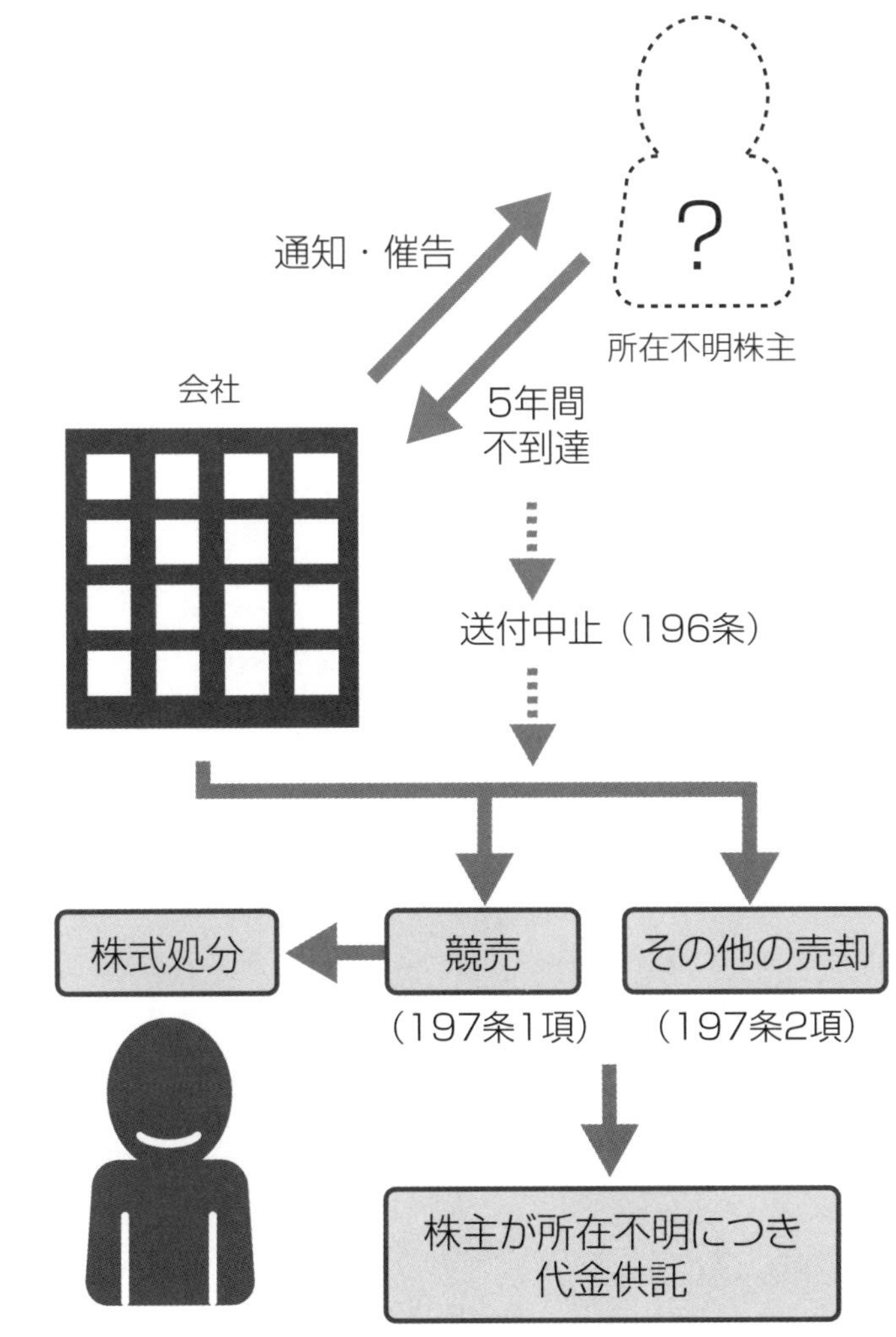

26

株主の権利

株式会社に対して認められる各種の権利

株主の権利の分類

株主は会社に対してさまざまな権利を有している。そこには自益権と共益権、単独株主権と少数株主権などの分類がある。

自益権とは、剰余金の配当を受けるなどの経済的な利益を受ける権利であり、**共益権**とは、株主総会の議決権をはじめとする会社運営にかかわる権利で、左頁のようなものがある。

単独株主権とは、原則として一株でも行使できる権利で、議決権や代表訴訟などの訴訟提起権等がある。これに対して、一定割合の株式を有しなければ行使できないのが**少数株主権**だ。

多数派が株主総会の決議を通して会社をコントロールできるのが原則だろうが、少数株主権は少数株主の権利が不当に侵害されないように認められる。ただ、共益権の経済的価値の算定には特有の難しさがある。

少数株主権の行使要件

少数株主権には、帳簿閲覧請求権、総会における議題提案権、総会招集請求権、取締役・監査役の解任請求権などがある。その要件は、公開会社であるか、取締役会があるか等によって異なっている。このうち、帳簿閲覧請求権、業務財産調査のための検査役選任請求権や解散請求権等については、行使要件が議決権数や株式数基準によって定められている。すなわち、それらの権利については、議決権総数に占める議決権数が一定割合以上の株主又は一定の割合の株式数を有する株主が行使できる。この株式数を基準とする行使要件の算定にあたって、自己株式の数は含まれない。

上場会社で少数株主権を行使

するには、個別株主通知をする必要がある（21項）。

株主総会に関連する少数株主権は、株主が議決権を行使することができる事項に関する権利については、その行使を法律で保障されるが、議決権を行使できない事項に関する権利については、その行使ができない。

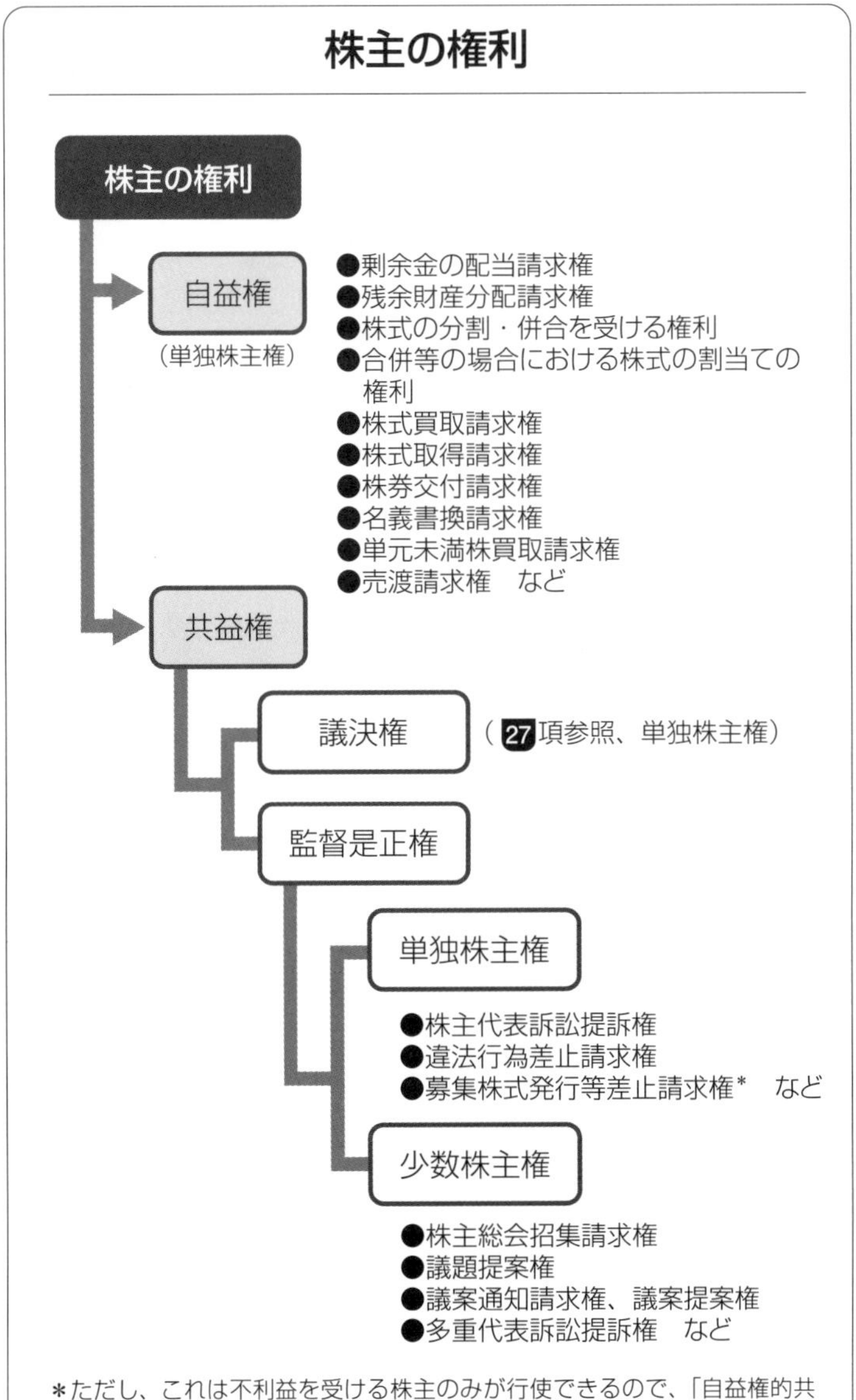

＊ただし、これは不利益を受ける株主のみが行使できるので、「自益権的共益権」に位置づけられることもある

27

株主平等の原則

同じ種類の株式を有する株主は平等に扱う

多数派の横暴を抑制するため

株主の地位は、均一な割合的な単位の形をとっているので、各株式の内容は原則として同一であることが必要だ。

会社法は株主平等の原則を明文化している。それによれば、会社は、株主の有する株式の内容及び数に応じて、平等に取り扱わなければならない（一〇九条一項）。株主平等の原則は、種類株式や少数株主権等の法定の態様以外に、株式の権利内容を差別化することを禁じる。また、少数株主権や法定保有期間要件のような法定の態様以外の持株数に比例しない権利の差別化も認められない。この原則に違反した株主総会や取締役会の決議、取締役の業務執行等は無効となりうる。

これによって多数派の横暴を抑制することが期待されるが、新株予約権については平等原則の定めがない。しかし、敵対的企業買収を阻止する目的で新株予約権の無償割当てを行って差別的行使条件を定めたケースで新株予約権にも株主平等の原則の趣旨が及ぶとした最高裁判決がある（ただし、ブルドックソース事件の平成一九年最高裁判決は株主総会の判断を尊重して、例外的に差別的行使条件を許容した）。

一株一議決権の原則

株主平等原則の帰結として、一株あたり一個の議決権が認められるのが原則だ。これを「一株一議決権の原則」という。しかし、いくつかの例外がある。たとえば、自己株式や単元株制度の下における単元未満株式などには議決権がない。また、ある会社が総株主の議決権の四分の一以上を持たれた場合等には、その相手の会社の株式の議決権は行使できない（こうした関係にある会社を**相互保有**会社という）。そのため、株主の数イコール議決権の数という形にはならない。株主総会の定足数などは、行使することのできる議決権の個数が基準となる。

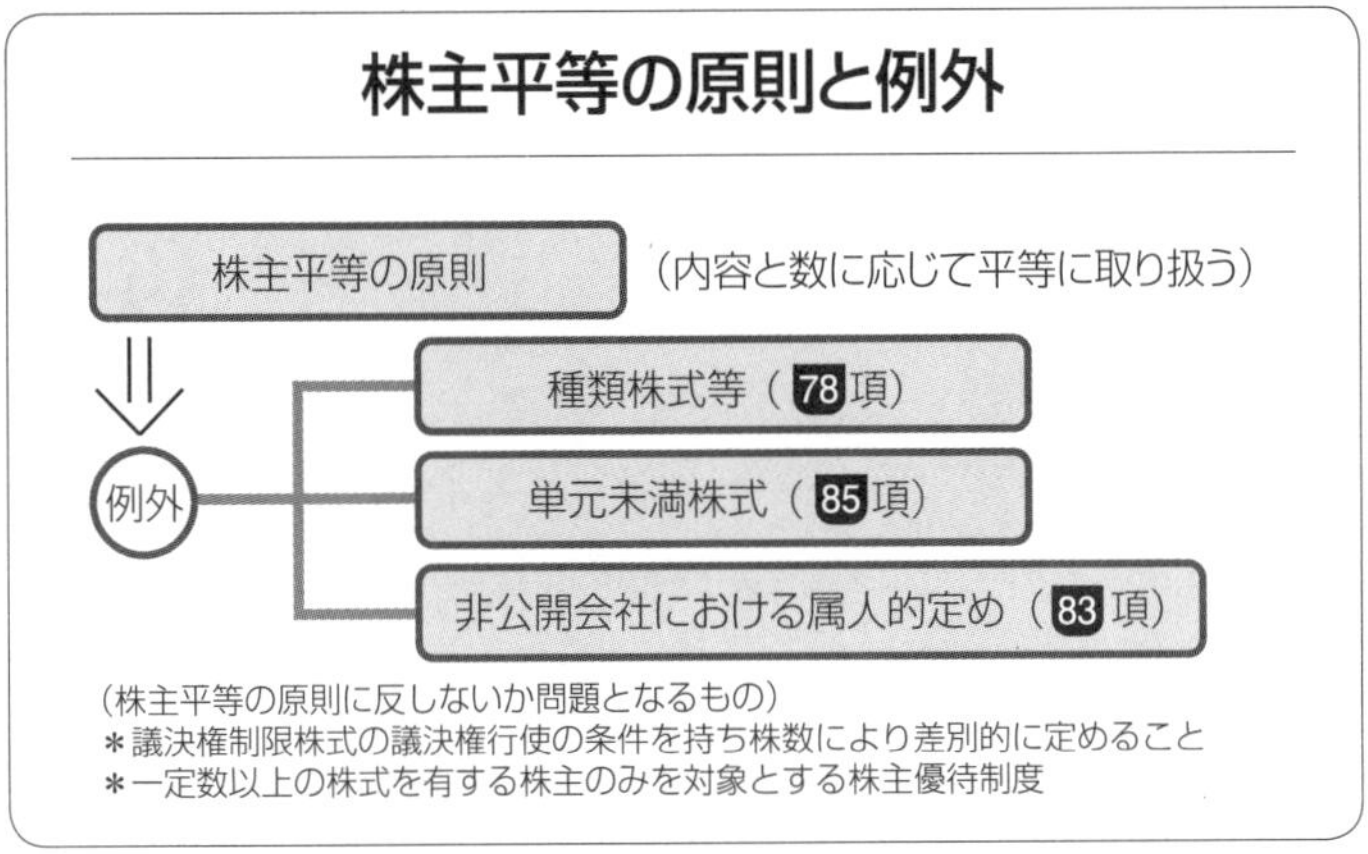

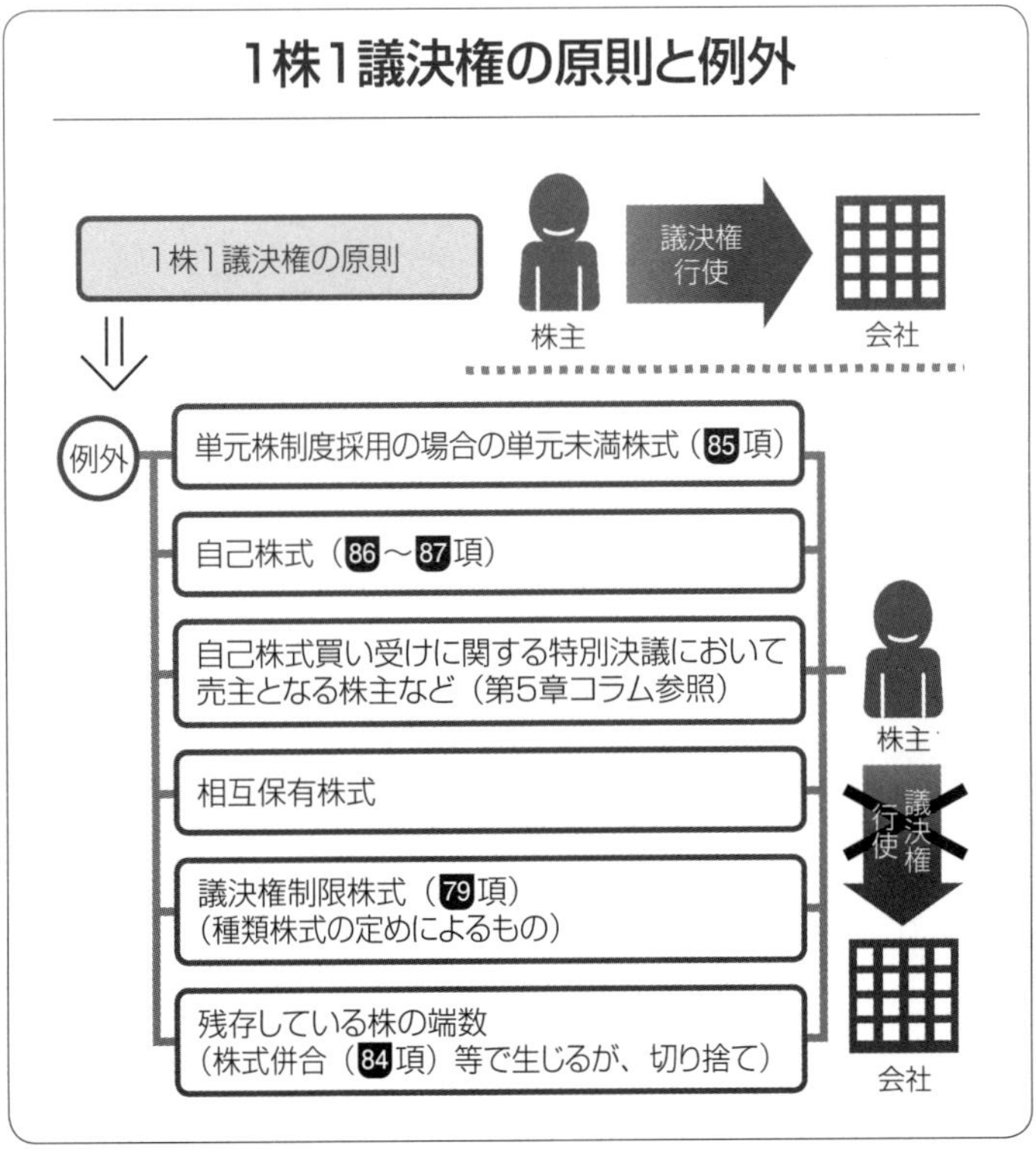

28 株主総会

最高意思決定機関だが、取締役会があると権限は限定的

どういう権限があるのか

株主は、法的意味の会社所有者ではないが、経済的意味では実質的な所有者といえよう。そのため、会社の経営を誰に託すかを決めるのは、株主総会の権限であり、議決権を行使して取締役等の役員を選任するほか、定款変更等の重要事項の決議に参加できる。

ただ、取締役会のない株式会社では、株主総会で何でも決議でき、多数派株主が直接的に会社を支配できる。それに対して、取締役会設置会社では、所有と経営の分離の帰結として、株主総会の決議事項が会社法または定款に定めのある事項に限られ、株主の影響力は限定的なものとなる。つまり、取締役会がある会社では、株主総会の権限が狭くなるのだ。

会社法によって株主総会の決議を必要とする事項について、取締役、執行役、取締役会その他の株主総会以外の機関が決定できることを内容とする定款の規定は、無効とされる。

定時総会と臨時総会

株主総会には、定時総会と臨時総会がある。定時総会は毎年一回、毎事業年度の終了後一定の時期に開催しなければならない。定時総会では、年度ごとの計算書類の承認又は報告を行うが、ついでに他の事項について決議することも可能だ。臨時総会は、必要がある場合に随時招集できる。

総会の招集については、取締役会がある会社では、原則として取締役会が決める。ただし、例外的に所定の要件を備えた株主等が総会の招集を請求できる場合がある（二九七条）。

株主総会の決議は、出席株主の過半数で決議する**普通決議**のほか、三分の二以上の賛成を要する**特別決議**、特殊な場合に必要とされる**特殊決議**（8項）などがある。

株主総会の内容

報告事項

・事業報告
・計算書類（会計監査人設置会社の場合） 等

決議事項

審議 → 採決

・役員の選解任
・剰余金の配当
（分配特別規定が適用されない会社）
・役員の報酬 等
・定款変更 等

質問 →（314条 会施規71条）→ 説明 → 一括審議・説明

株主総会の付議議案等の状況
（2018年7月～2019年6月の上場会社対象）

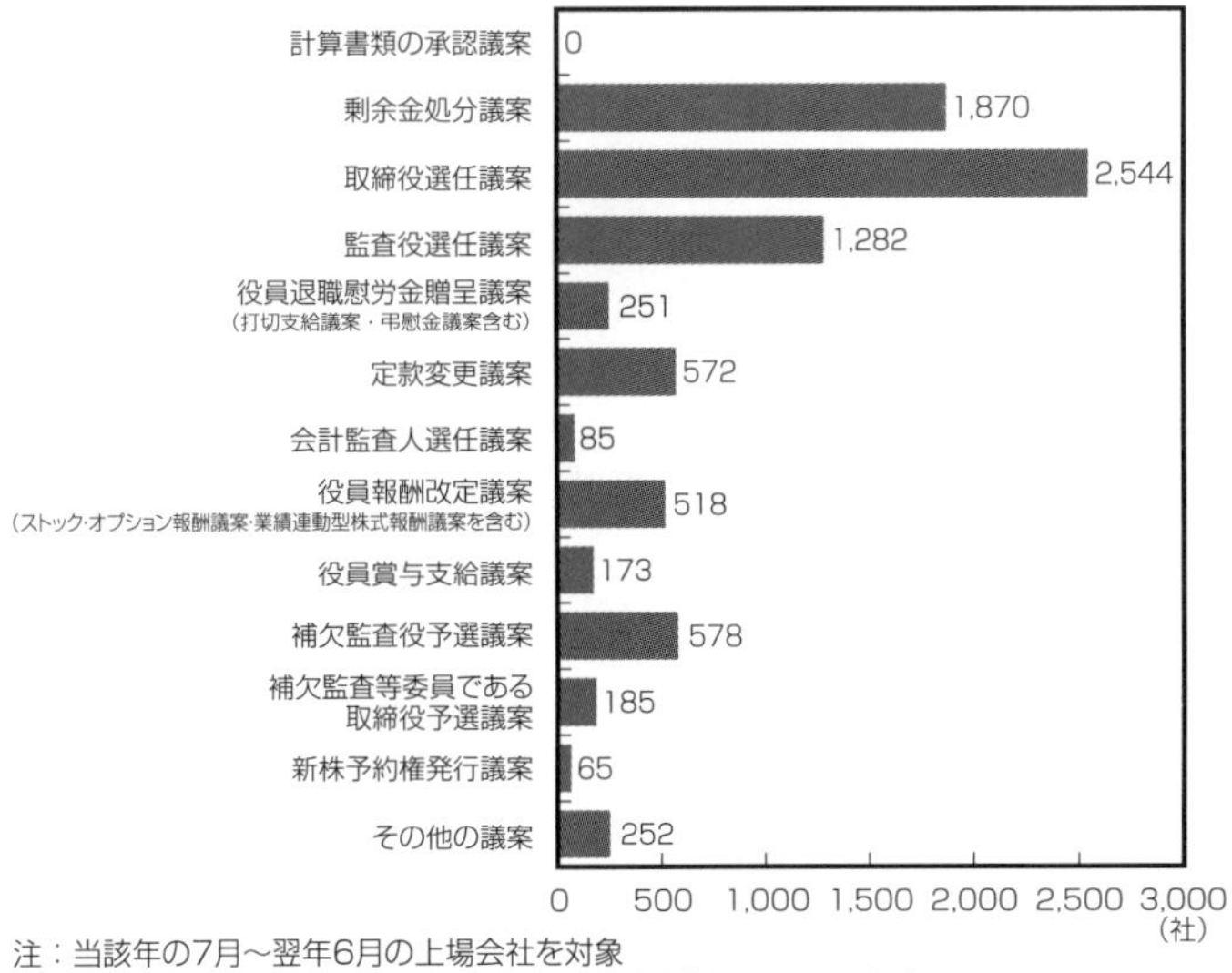

注：当該年の7月～翌年6月の上場会社を対象
出所：『旬刊商事法務—株主総会白書（2019年版）』24頁より作成

29

株主総会の運営方法

――招集手続と総会議長の権限

株主のための招集手続

株主総会に参加することは、株主の権利だ。株主が株主総会にきちんと出席できるように、招集手続にはいくつかのルールがある。

公開会社では、株主総会の会日から二週間前までに、議決権を有する各株主に対して通知を発しなければならない。この招集通知は、書面または電子的方法で行う必要がある。また、株主総会に出席することは株主の権利だから、株主が出席するかどうかを正しく判断できるように、招集通知には会議の目的となる事項を記載・記録しなければならない（二九九条）。

ただし、総会で議決権を行使できる全株主の同意があれば、招集手続を省略して開くこともできる。

また、非公開会社は、総会の招集通知の発出から会日までの期間は一週間が原則である。さらに、取締役会のない会社では定款でその期間を短縮でき、招集手続の規制がかなり緩やかとなっており、先に述べたような規制がかからない（18項）。

総会の運営と決議

総会の議長は、定款で決めるか総会で選任できるが、あらかじめ社長等が議長をするものと定款で定めているケースが多い。株主総会の議長は、総会の秩序を維持して議事を整理する責務を負っており、その命令に従わない者、その他総会の秩序を乱す者を退場させる権限がある。これによって総会屋に対抗できるようになっている。

普通決議の場合には定足数を排除できるが、**特別決議**の場合には定足数が必要だ。特別決議

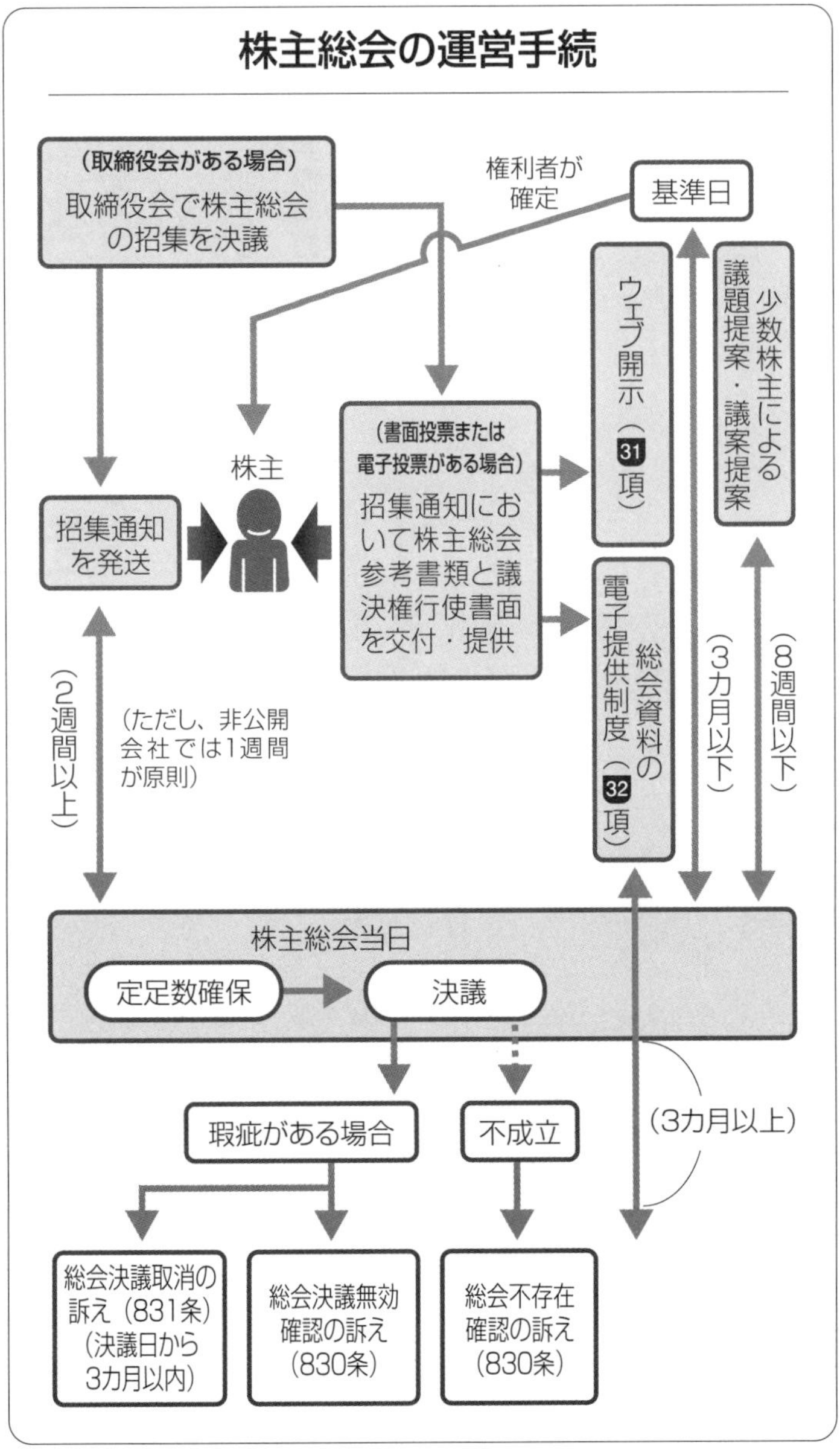

の定足数は、原則として議決権が行使できる株主の議決権の過半数だが、定款でこれを加重したり、下げたりすることが可能だ。ただし、定足数が低すぎては株主の権利が害されるので、議決権を行使できる株主の議決権の三分の一未満に下げることは許されない（三〇九条二項）。

30

株主総会における株主の権利

――株主提案権と議決権の行使

株主の総会参与権

株主は、株主総会の構成員として、議決権を有する限り、その招集通知を受け、総会に出席するとともに、総会の議題について質問し、総会に議題や議案を提案する権利がある。

株主提案権には、総会の目的事項（議題）を提案する権利（**議題提案権**）、決議してほしい提案内容（議案）を通知するよう請求する権利（**議案通知請求権**）、議題について議案を提出する権利（**議案提案権**）がある。

株主提案権が濫用的に行使される事案に対応すべく、令和元年改正で、取締役会設置会社の株主の議案通知請求権は、一〇個以下の議案とする制限が設けられた。ただ、役員等の選解任等は一個の議案とみなすとか、定款変更案の議案の数え方などにも規律が設けられた。

代理人の出席も可能

株主が議決権を行使するには、本人が出席する方法に加えて、代理人によっても議決権を行使できる。ただし、その株主または代理人は、その代理権を証する委任状を会社に提出しなければならない。代理権の授与は総会ごとにする必要があり、会社は、株主一人について二人以上の代理人を総会に出席させることを制限できる。

行使方法

議決権行使には、書面による方法や電子的方法もある。株主が一〇〇〇人以上の会社では、書面投票制度が義務づけられる。ただ、それ以外の会社でも、**書面投票制度**は株主の権利行使の拡大に役立ち、定足数の確保が容易になるなどのメリットがあるので、取締役会決議で定めれば、書面投票を採用できる。書面による議決権の行使は、**議決権行使書面**を総会の前日までに会社に提出して行う。

これとは別に、書面等による株主総会決議もできる。すなわち、総会の決議の目的たる事項について取締役や株主から提案があった場合、その事項について議決権を行使できるすべての株主が、書面や電磁的方法によって提案に同意したら、その提案を可決する総会の決議があったものとみなされる。株主総会への報告にも類似の制度がある。

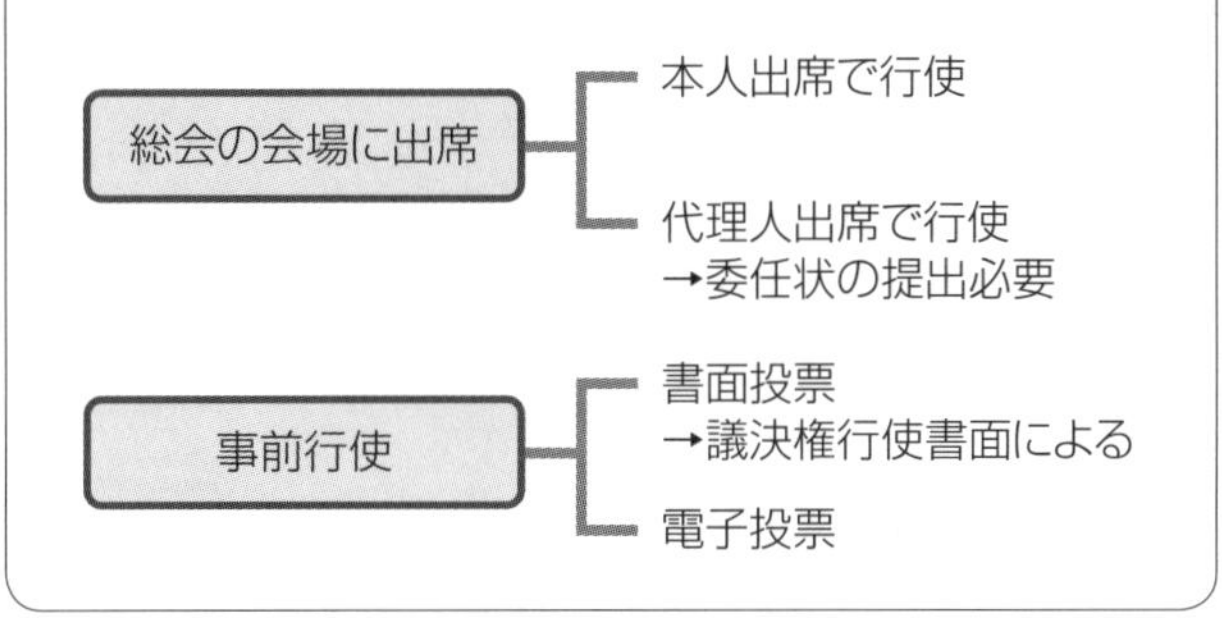

議決権の行使方法

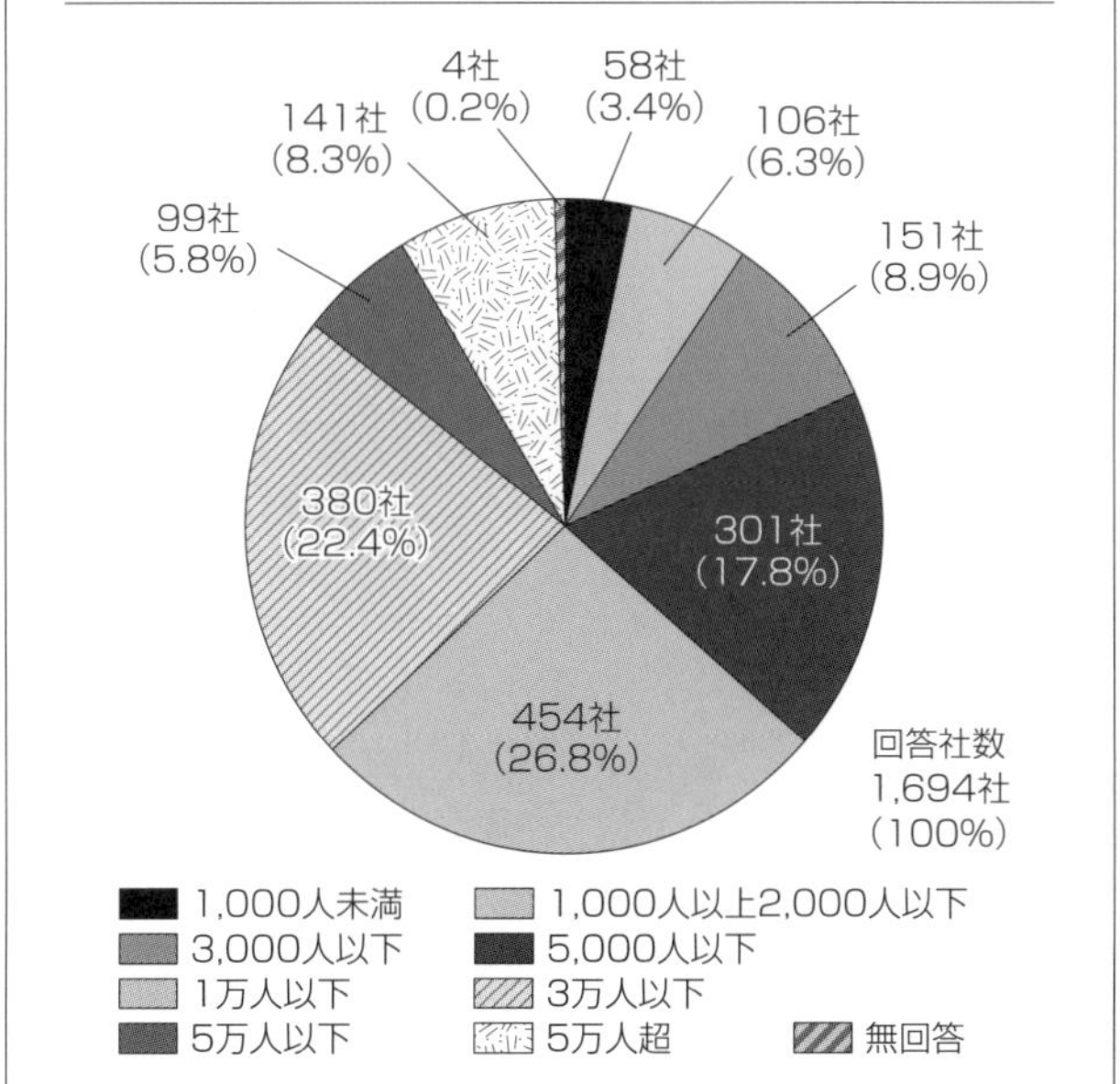

議決権を有する株主数
(2018年7月～2019年6月の総数)

出所：「旬刊商事法務―株主総会白書（2019年版）」31頁
（商事法務研究会）より作成

31

株主総会の電子化

——招集通知と議決権行使等を電子化

電子化の要請

　伝統的な書面による通知や資料の提供は非効率であり、時間もかかる。特に海外の株主が総会に参加することが難しい。そこで、一般的な株式会社でも招集通知と議決権行使を電子的に行う制度が認められている。

　また会社が定款に定めておくことにより、ウェブ上で株主総会参考書類、事業報告、計算書類等に関する開示ができる制度（**ウェブ開示**）もある。このウェブ開示ができる場合には、所定の事項について紙に印刷して送る必要がなく、インターネット上に株主がその情報の提供を受けることができる状態に置けば足りる。

招集通知と議決権行使

　一般の株式会社が株主に対して電磁的方法で通知等ができるようにするためには、原則として株主が会社から受ける総会の招集通知を電磁的方法で受けることについて承諾しなければならない。

　電子投票制度を採用した場合、招集通知を電磁的方法で受領することを承諾した株主に対しては、議決権行使書面の交付が不要となる。この場合、原則として、議決権行使書面に記載すべき事項を電磁的方法によって提供すれば足りる。

　もっともその場合でも、株主から請求がある場合には、議決権行使書面を交付する必要がある（三〇一条二項）。

　書面投票と電子投票による議決権が重複して行使された場合、どちらの議決権行使が有効となるかについては、会社があらかじめ定めることができる（会施規六三条三号へ）。また、

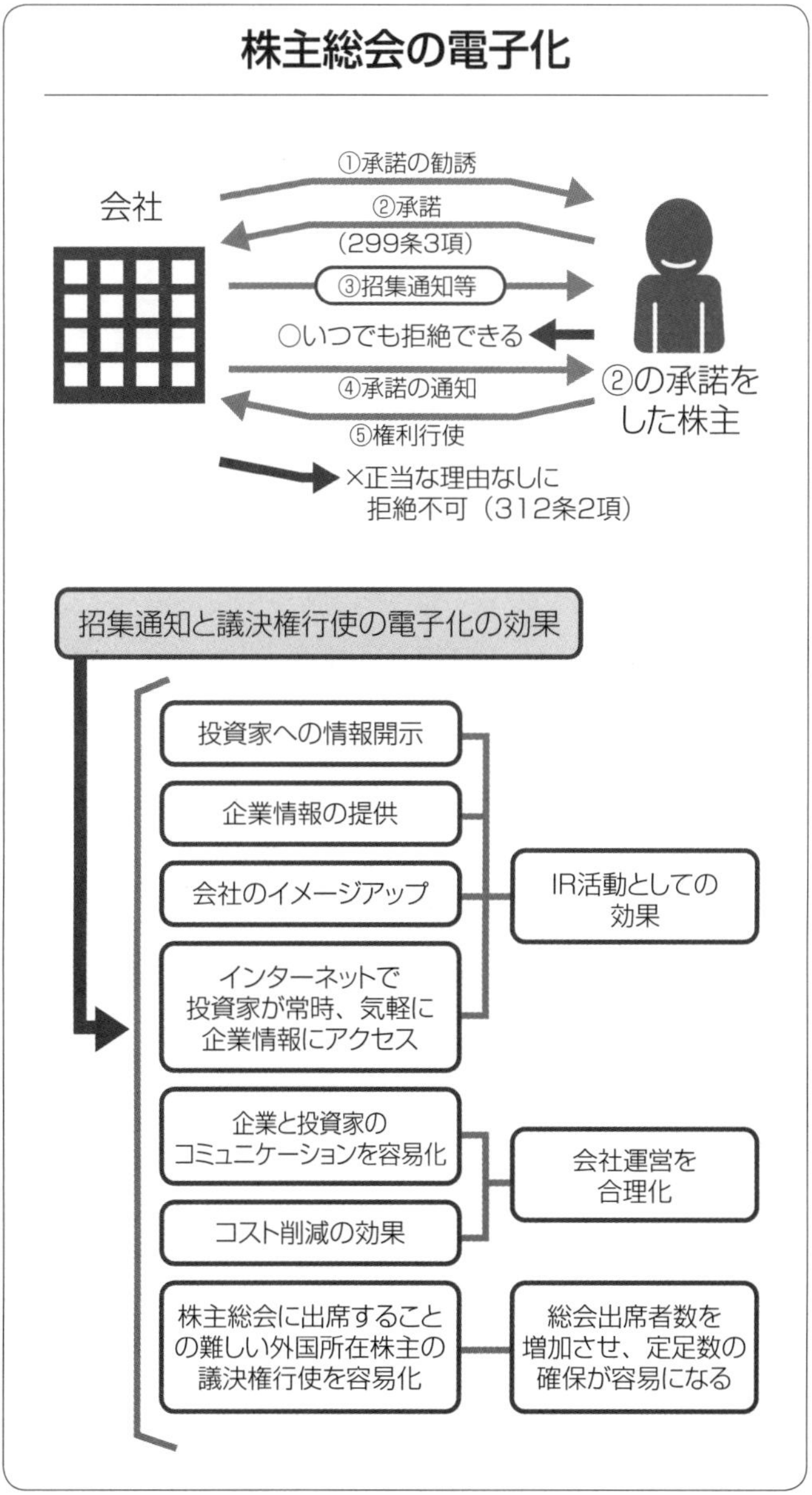

議決権行使を受け付ける期間も、会社があらかじめ合理的に定めることができる。従って、たとえば前日の午後五時までと定めておけば、総会前日の深夜〇時まで待って集計する作業をする必要もない。ただし、それらの定めは、議決権行使書面等に記載することが必要だ。そうすることで、会社の作ったルールが、株主に対して不意打ちとなることを防止できる。

32

株主総会資料の電子提供制度

——総会の電子化の遅れを取り戻す

上場会社等に義務付け

令和元年改正により、振替株式を発行する上場会社は、株主総会資料を電子的に提供することが義務付けられた。これは欧米と比べて、日本の上場会社の株主総会の電子化が遅れていることから、大きな改革に踏み切ったものだ。もっとも、これを義務付けられない会社も電子提供制度の採用は認められる。

この制度により、株主から個別に承諾を得ていなくとも、株主総会の招集に際して法令上株主に対して提供すべき情報（株主総会資料）を適法に提供したものと扱われる。この場合、会社は株主総会資料をすべて自社のホームページ等のウェブサイトに掲載し、当該アドレス等を株主へ書面で通知する。実務上、会社が電子提供措置開始日までにＥＤＩＮＥＴで開示したら、その部分の電子提供措置は不要となる。

電子提供制度を採用しても、議決権行使書面は引き続き紙媒体を使用できるが、会社は株主に対してＩＤとパスワードを発行し、ウェブサイトでの議決権行使を期待することになろう。

なお、非上場会社でも定款自治でこの導入は可能とされる。

書面交付請求

インターネットの利用が困難な株主もいるので、株主は基準日までに株主総会資料を書面で交付するように請求できる。基準日時点で書面交付請求をした株主に対して、会社は電子提供措置で提供された事項を記載した書面を交付する。

もっとも、書面交付請求を一度行うと、撤回されない限りその効力が持続するため、会社は

株主総会の電子提供制度

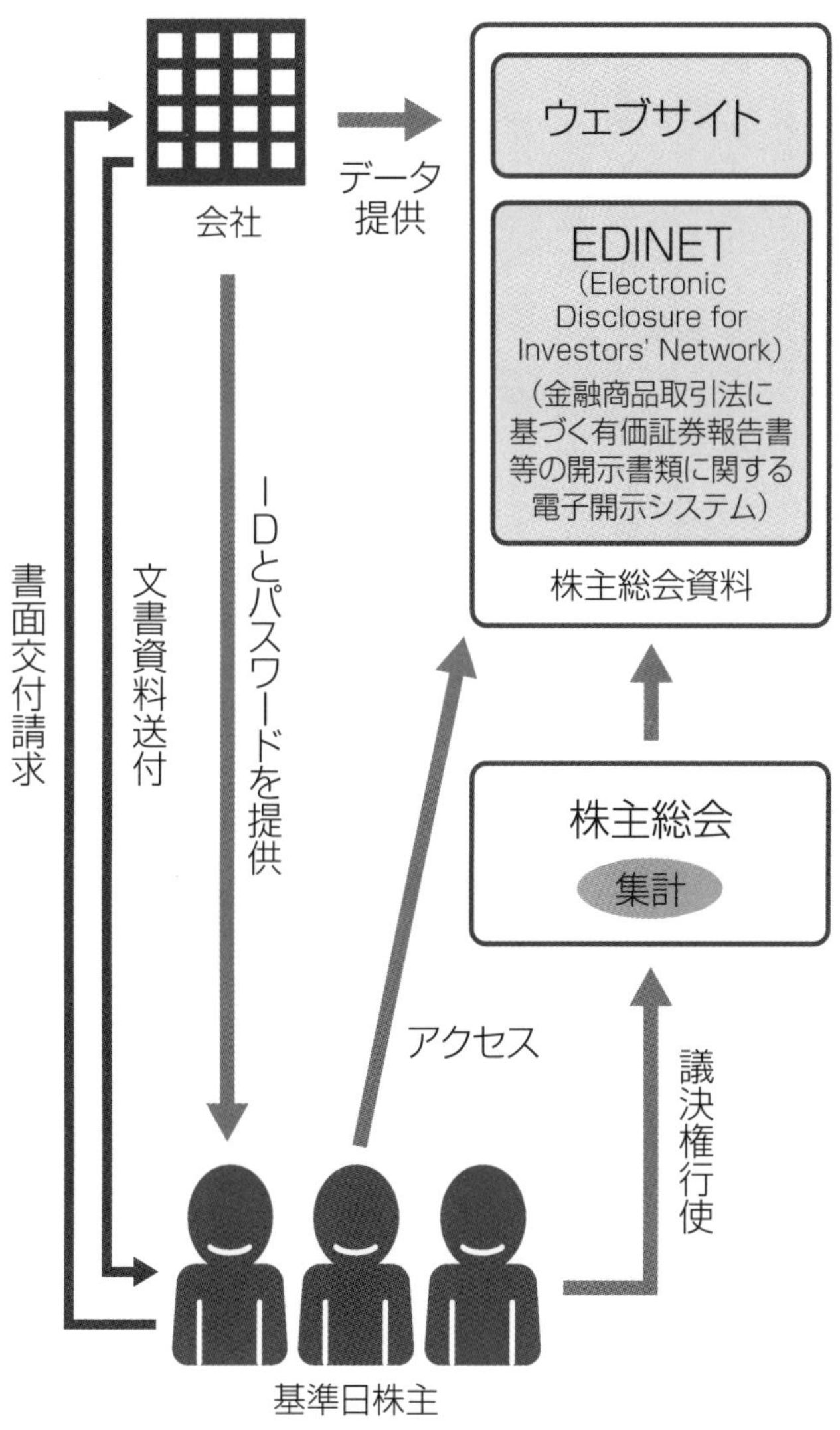

株主に異議催告を行うことで、一定期間内に異議のない株主の書面交付請求を失効させ、電子化の方向への誘導を図ることが予定されている。ただ、株主総会資料の電子的提供が原則でも、書面交付請求をする株主がいる間は、電子と書面が共存することになる。

33

株主総会をめぐる訴訟

――総会決議に瑕疵がある場合の争い方

総会決議を争う三つの訴え

株主総会や種類株主総会等（株主総会等）に瑕疵がある場合には、決議取消の訴え、無効確認の訴え、不存在確認の訴えを起こすことが考えられる。

そもそも株主総会等がまったく存在していない場合には、**決議不存在確認の訴え**を提起することができる。また、株主総会等の存在は認められるが、株主総会等の決議の内容が法令に違反する場合は、**決議無効確認の訴え**を提起することができる。これらは誰からでも、いつでも提起可能だ（八三〇条）。

さらに、次の三つのいずれかの場合には、株主総会等の決議の取消の訴えを提起することができる（八三一条一項）。

第一に、株主総会等の招集の手続又は決議の方法が法令もしくは定款に違反し、又は著しく不公正なとき（同項一号）。

第二に、株主総会等の決議の内容が定款に違反するとき（同項二号）。

第三に、株主総会等の決議について特別の利害関係を有する者が議決権を行使したことによって、著しく不当な決議がされたとき（同項三号）。

総会決議取消の訴え

総会決議取消の訴えを提起できるのは、決議から三カ月以内に限られ、株主等のほか、当該決議の取消により株主等（取締役、監査役又は清算人、その権利義務を有する者を含む）の地位を回復できる者等、会社法八三一条に定められている者が原告となる。決議取消が認容されると、**遡及効**がある。

ただ、訴えの利益がなければ却下される。また、決議取消の

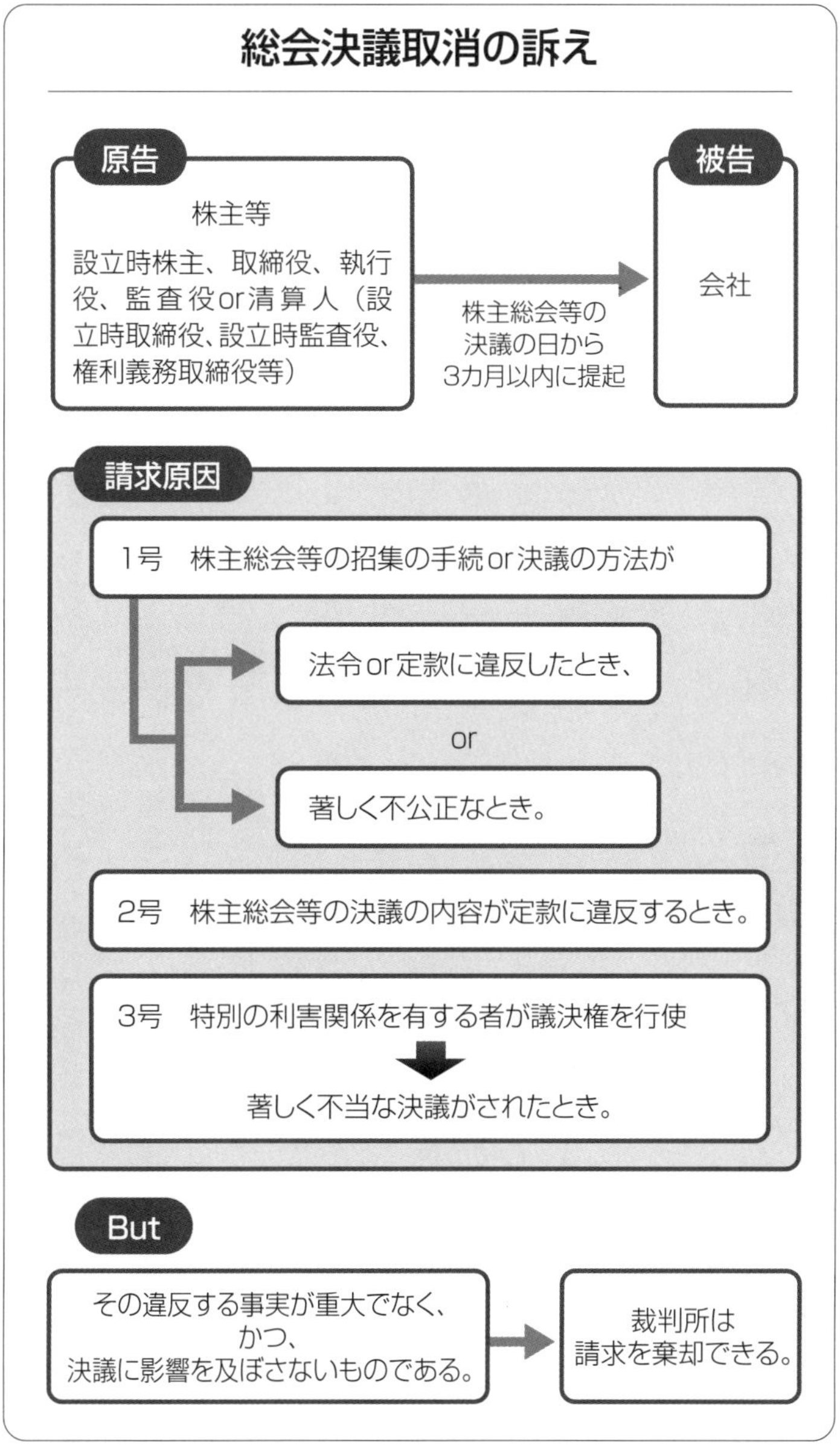

訴えにおいて、株主総会等の招集の手続又は決議の方法が法令又は定款に違反するときであっても、裁判所は、その違反事実が重大でなく、かつ、決議に影響を及ぼさないものであると認めるときは、裁判所の裁量で決議取消の訴えを棄却することができる。これを**裁量棄却**と呼ぶ。

COLUMN

少数株主がシナジー効果を享受できる公正価格で会社は株式を買い取る

会社法は、多くの場面で総会での多数決による基礎的な変更を認めている。その代わりに少数株主の権利が害されないかも心配だ。たとえば、事業再編等に賛成したくても、その対価に不満で決議に反対する株主もいる。そこで、総会で反対する株主に対して株式の買取請求権が認められている。

会社法によれば、事業再編等のほか、株式の譲渡に制限を加える定款変更や全部取得条項付種類株式を発行するための定款変更、種類株主に損害を及ぼす恐れがある行為について種類株主総会を不要とする定款変更の場合（8項）、一株未満の端数が生じる株式の併合等の場合にも、株式買取請求権が認められる。新株予約権についても同様の趣旨の買取請求権の制度がある。

ただ、平成二六年改正により、簡易な事業再編（112項）及び略式組織再編（113項）の場合には買取請求権が認められなくなった。

株主の買取請求に応じて、会社が株式を買い受ける場合の買取価格は、「株式の公正な価格」とされる。これは、多数株主が承認した合併などの相乗効果（シナジー効果）を含めて分配できるようにするためだ。

もっとも、いかなる場合にシナジー効果を認め、どのようにそのシナジー効果を評価するのかは問題だ。価格については協議がうまく成立すればいいが、調整できない場合には、裁判所に対して株式買取価格の決定を求めることができ、かなりの事例も集積されてきた。上場株式の場合はその株価が一つの目安になるだろう。

買取請求後の請求の取下げについては、株式会社の同意が必要とされる。この実効性を図るため買取口座の開設も必要とされる。

第4章

株式会社の役員等の義務と責任

34

企業組織の役員等

会社法の規律と実社会における呼称

企業組織の階層

実際に株式会社に入っても、取締役というのはピンと来ないかもしれない。むしろ、会社で一番偉いのは社長であり、その下に副社長以下の左頁の右側に記載の呼称を耳にすることが多いだろう。近時、一部の会社は、エグゼクティブとか、マネージャー等の欧米由来の呼称を用いており、その辺りは基本的に自由なのである。

それに対して、会社法が規律するのは、左頁の左側の役職であり、左側と右側の呼称の関係は法令で規律されておらず、大体の目安に過ぎない。

ただ、多くの日本の企業では、概ね左頁のような理解で社内組織での役職名を定め、上意下達型の組織として、社長がトップとして大きな権力を握っている。このため、代表取締役又は代表執行役が社長となり、社内の経営幹部が取締役となるのが典型的な形である。

会長は、企業によって異なるが、社長が現役を退いて会長となり、代表取締役の地位を残す場合とそうでない場合があり、社長引退後にはさまざまなバリエーションがある。ただ、会社法の規律は、こうした現実とは別に、会社がどう統治されるべきかを定めている。

誰が昇進するか

会社で誰が昇進するかは、法令で決まるわけではないが、取締役設置会社では、株主総会に提案される役員等の候補者は取締役会が決め、承認されることが多い。重要な使用人は取締役会の専決事項だが、それ以外はトップ又はその指揮下で従業員の人員組織が作られる。

会社のピラミッド組織の典型例

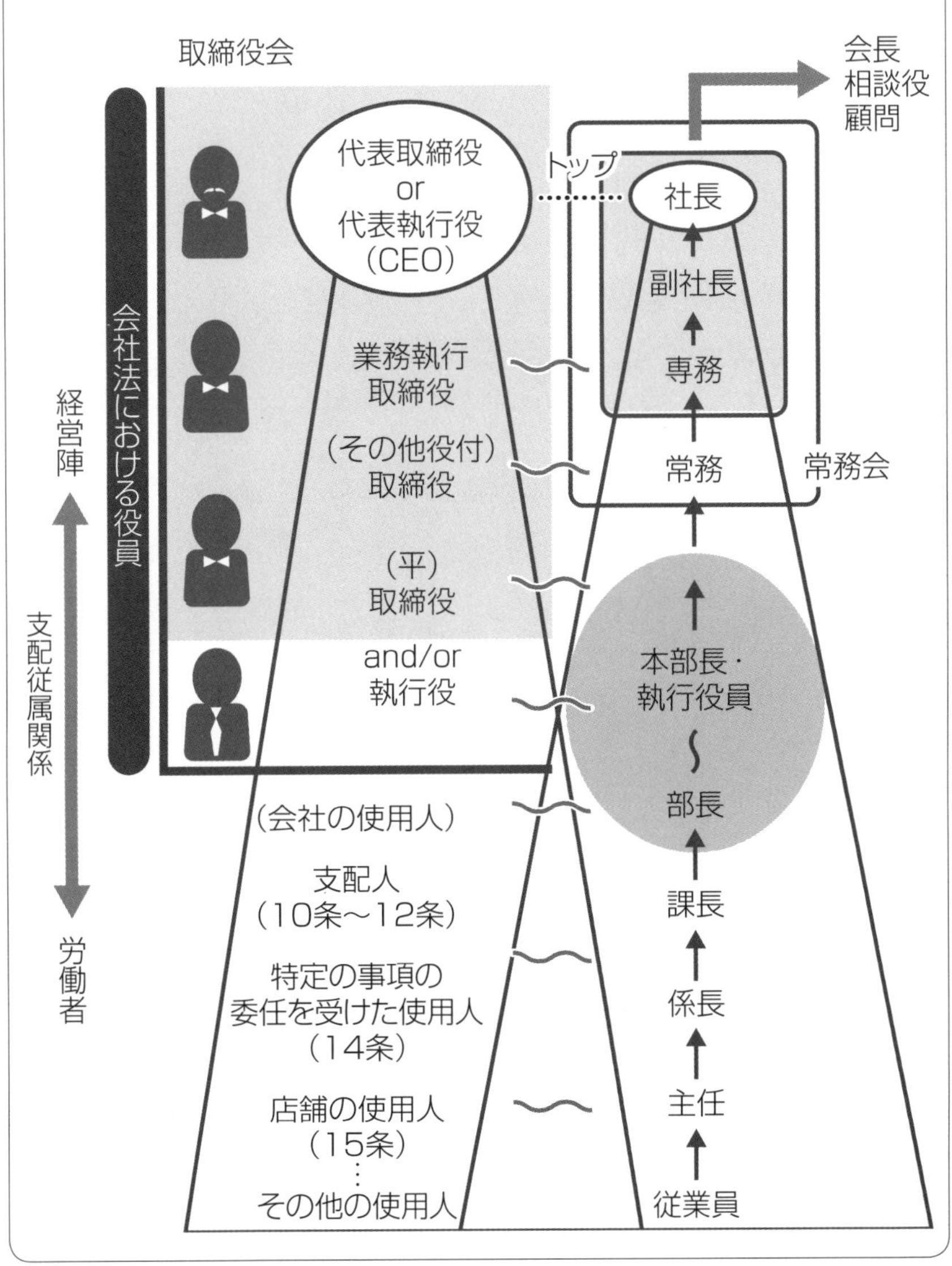

35

取締役の資格

法令違反をした取締役の再起は資格制限で妨げられる

広く人材を求める必要

公開会社では、株式会社の取締役の資格について定款をもってしても株主に限ることはできない。これは経営の専門家であるべき取締役は、広く人材を求める必要があるので、不合理な制限を排除するために設けられている規制だ。

しかし、非公開会社の場合には、そうした規制は必要ないだろう。むしろ、閉鎖的なままでいいという会社では、そうした制限を設ける合理的な理由があるかもしれない。

そこで、非公開会社では、取締役会の設置の有無にかかわらず、株式会社の取締役の資格について定款をもってしても株主に限ることは許されないとの規制はない。従って、非公開会社では、取締役を株主に限る定款も有効である（三三一条二項）。

規制緩和と規制強化

取締役の欠格事由は左図のとおりだが、破産して復権していないと取締役になれないという欠格事由はない。破産手続が進行中で、復権していなくとも取締役となれる。これは破産をした場合にも、再起がしやすくなるようにするためだ。

会社法、一般社団・財団法人法、金融商品取引法や各種倒産法制における犯罪を犯した者については、簡単に再起されないようにコンプライアンス強化の観点から規制が強化されている。それらの法律に定める犯罪によって「その刑に処せられ、その執行を終わった日または執行を受けることがなくなった日から二年を経過していない者」は取締役の資格がない。それら以外の犯罪は、やや資格制限が緩い。また、令和元年改正で、高齢者のノーマライゼーションを図る規制緩和もされた。こうした資格規制は、監査役や指名委員会等設置会社の執行役にも準用されている。

取締役の欠格事由

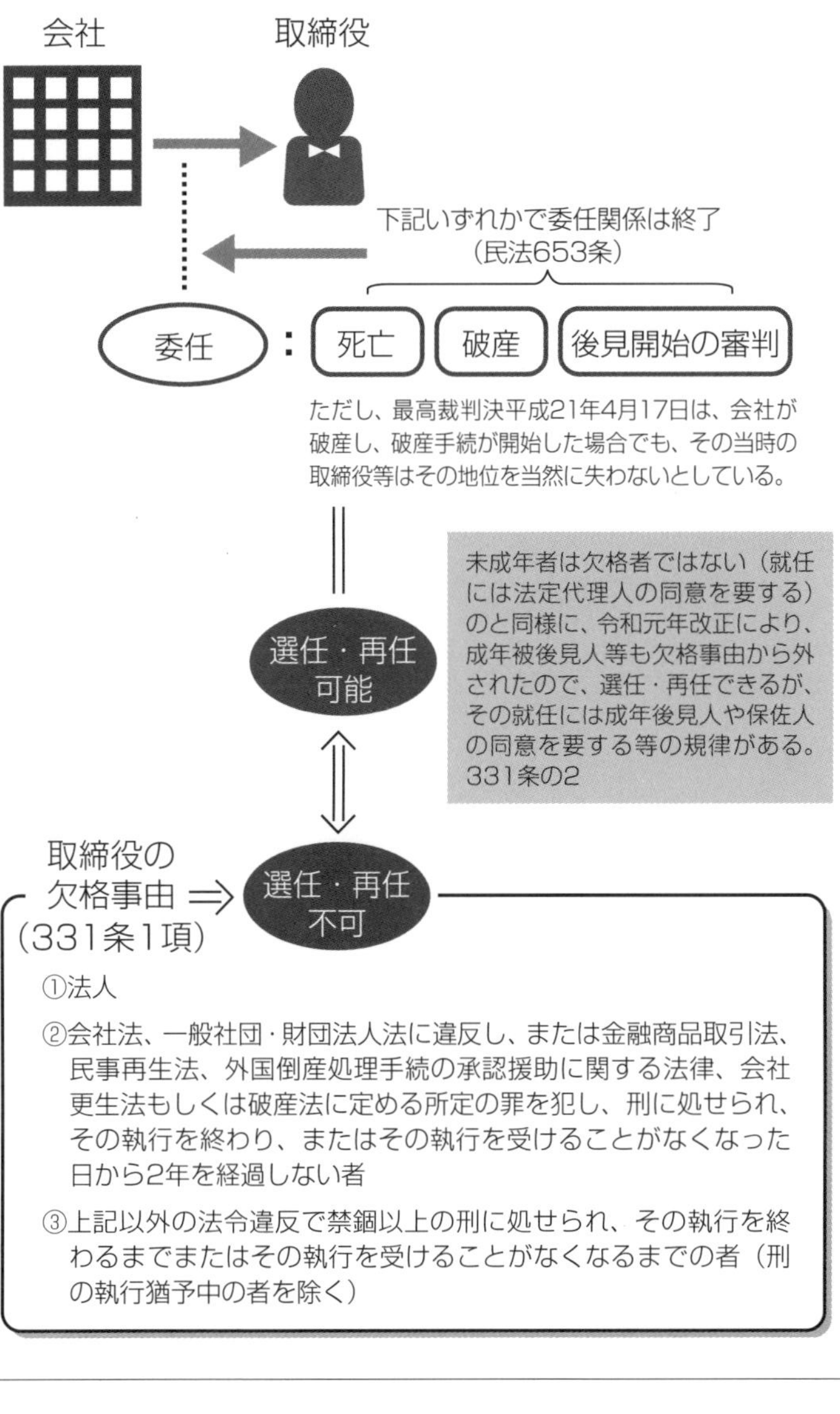

36

取締役の選任と解任

誰に、どのように経営を委託するか

株主総会で選任・解任

取締役会のない会社では一人以上の取締役で足りるが、取締役会設置会社では三人以上の取締役が必要となる（三三一条四項）。いずれの場合も、取締役は株主総会で選任される。取締役の選任・解任の総会決議には、株主の議決権の過半数（定款により議決権の三分の一以上）の定足数を要する（三四一条）。

株主総会は、何らの正当事由がなくとも、いつでも取締役を解任できる（三三九条一項）。ただし、取締役の解任に正当事由のない場合、会社は解任された取締役に対して損害賠償責任を負う（同条二項、37項参照）。

一方、取締役は、原則として、いつでも辞任することができる。ただし、法律又は定款で決められた取締役の定員を欠く場合、任期の満了又は辞任によって退任した取締役は、新しい取締役が就任するまで、引き続き取締役としての権限を有するだけでなく、義務も負う（三四六条一項）。この場合、後任の取締役が就任するまで退任による変更登記ができず、一時取締役の選任を申し立てる等の対応が必要だ。

解任決議の要件

原則として、株式会社の取締役は、累積投票で選任された者を除いて、株主総会での過半数の決議で解任できる。

しかし、敵対的な買収などに備えて、解任にあたっては行使された議決権の三分の二（あるいはそれ以上）の賛成を要するようにしたいという会社もあるかもしれない。

その場合は、解任決議には行使された議決権の三分の二（あ

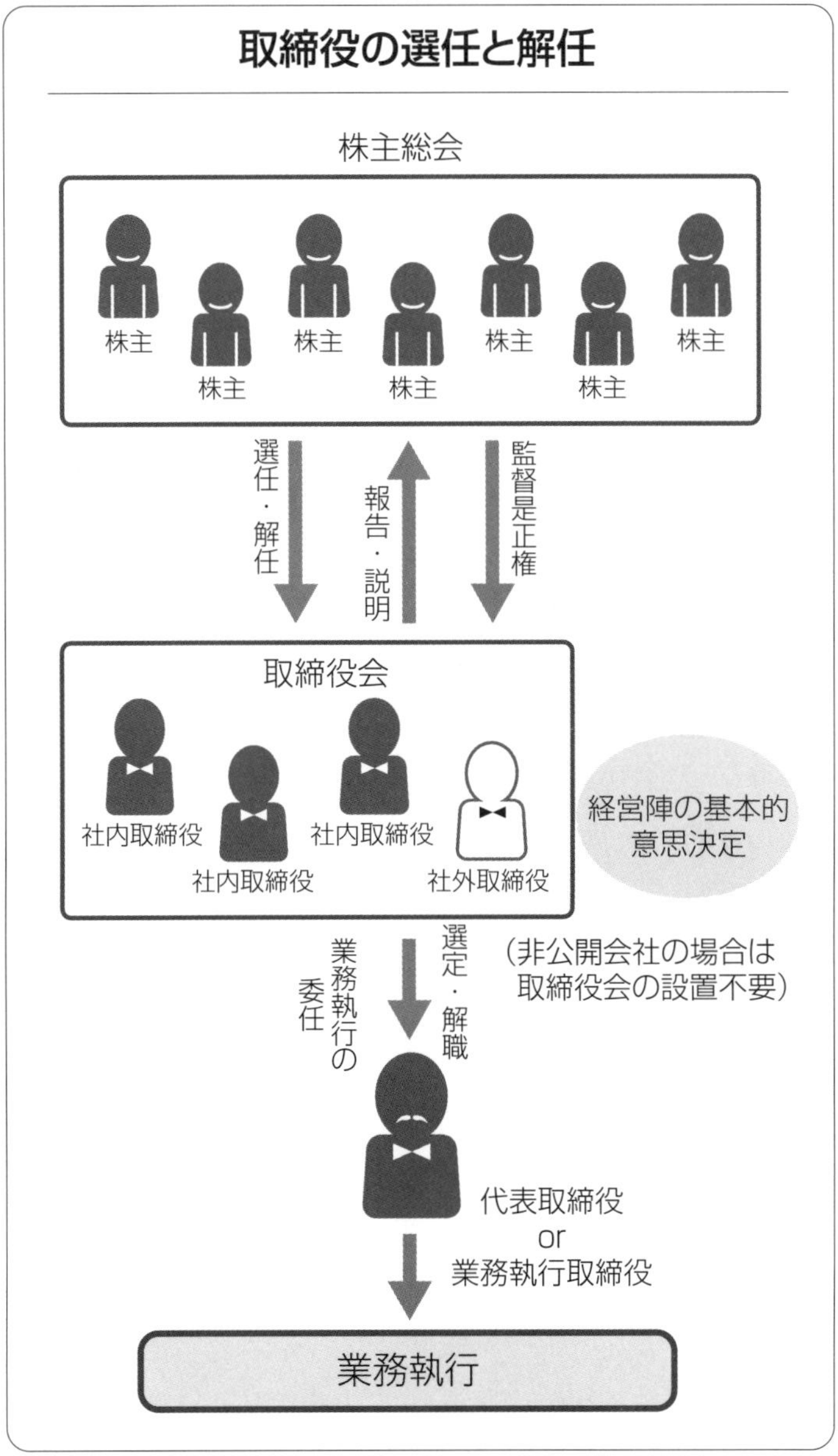

るいはそれ以上）の賛成を要するという定款規定を設けることも可能である（三四一条）。

株主総会で解任が否決されても、役員の職務に不正の行為又は法令・定款に違反する重大な事実があった場合に備えて、解任の訴えの制度が用意されている（八五四条）。

37

役員等の任期

機関設計によって任期が異なる

原則として二年

委員会型の役員は、監査等委員を除いて一年とされる。それ以外の取締役、会計参与の任期は原則として二年以下である。ただし、非公開会社に限り、取締役、監査役、会計参与の任期は、定款によって一〇年まで伸長できる。つまり、最長であれば、選任後一〇年以内の最終の事業年度に関する定時総会の終結の時までの任期となる。

従って、かつての有限会社の取締役のように任期を定めないわけにはいかず、少なくとも一〇年に一度は取締役を改選して登記する手続が必要である。ただ、任期は長ければ会社に常にメリットがあるというわけではなく、役員を解任した場合の損害賠償の算定では残任期間が長くなるので、そのために賠償すべき金額も大きくなる恐れがある。

監査役の任期は、原則として選任後四年以内に終了する事業年度のうち最終のものに関する定時総会の終結の時までとされ、短縮は認められない。

これに対して、会計監査人の任期は、選任後一年以内の最終の決算期に関する定時株主総会の終結の時までとされる。ただ、定時株主総会で別段の決議がされない限り、会計監査人は再任されたものとみなされる。

定款変更の場合の処理

機関設計の変更をする場合、それぞれの機関設計による任期の規制の違いから、任期満了となるような規律もある。たとえば、非公開会社であることをやめて公開会社となる場合、委員会型の会社になる旨の定款変更をする場合、委員会型の会社となる旨の定めを廃止する定款変更をする場合には、それまでの取締役の任期は、その定款変更の効力が生じたときに満了したものとみなされる。また、会計監査人設置会社が会計監査人を置く旨の定款の定めを廃止する定款変更をした場合には、会計監査人の任期は、その定款変更の効力が生じた時に満了する。

役員等の任期

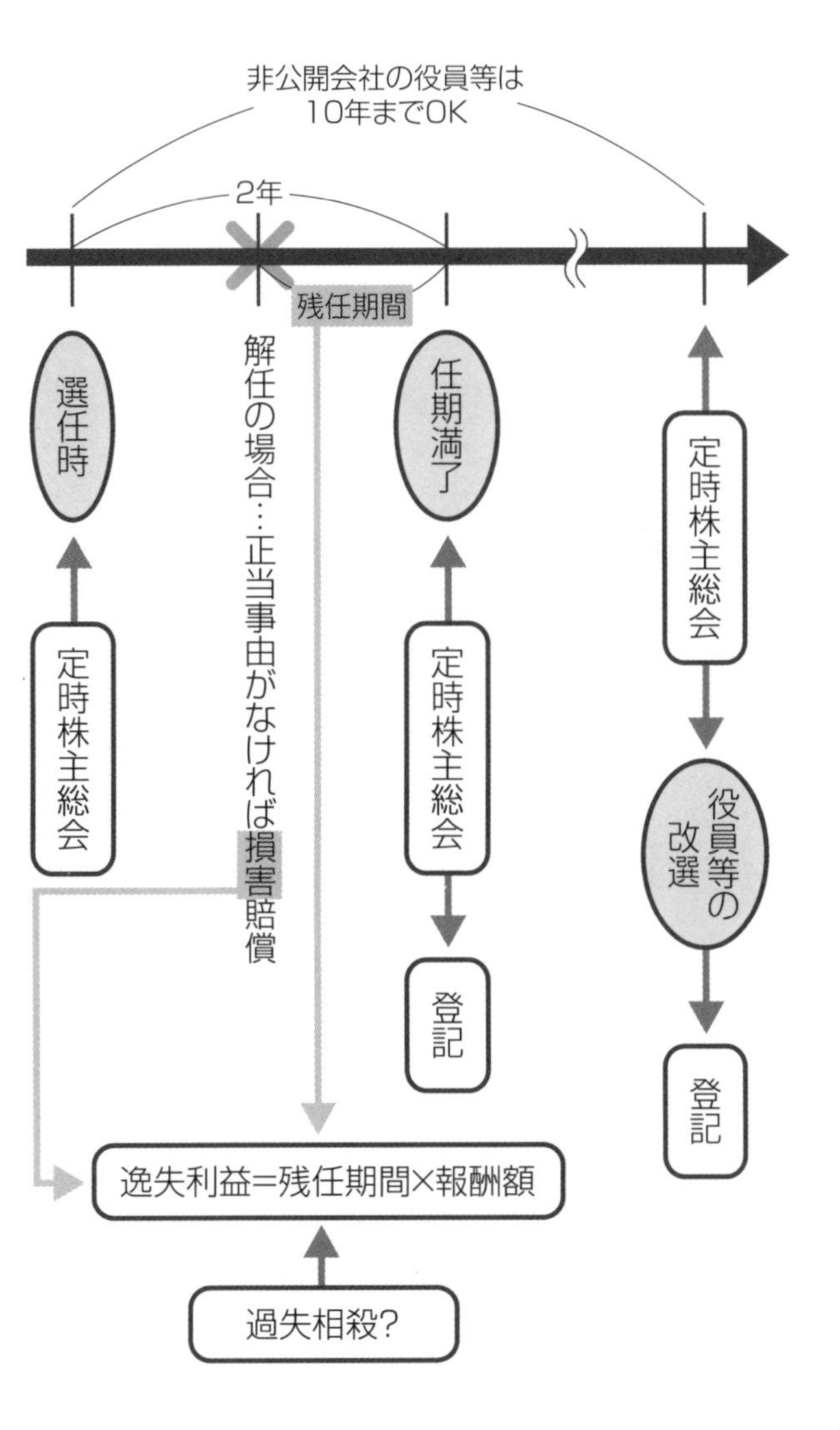

38

取締役会

会社をコントロールする権限と機能

広範かつ強大な権限

取締役会は、株主総会で選任された取締役全員で構成され、株主総会で決議する事項以外の業務執行に関する意思決定を行う。日常的には取締役会が会社組織の頂点に立って会社を実際にコントロールするため、広範かつ強大な権限を有する。

委員会型の会社でない限り、取締役会は会社の業務執行を決定し、取締役の職務の執行を監督する職務を行う。特に、①重要な財産の処分や譲受、②多額の借財、③支配人その他の重要な使用人の選任と解任、④支店その他の重要な組織の設置、変更と廃止、⑤社債の募集に関する重要な事項として法務省令で定める事項、⑥当該会社やその子会社からなる企業集団の内部統制システムの整備、⑦定款の規定に基づく役員等の責任軽減等の重要な業務執行の決定は、代表取締役等に任せるというわけにはいかず、取締役会決議が必要とされる（三六二条四項）。取締役会規則で付議基準を定めて対応している会社も多い。

取締役会は会社の機関だが、そのメンバーである各取締役は独立した機関ではなく、あくまでも取締役会を通じて権限を行使する。ただ、取締役会から委任された業務執行権限があることもある。

充実した議論が必要

監査役設置会社や委員会型の会社では、株主が取締役会の議事録を閲覧するにも裁判所の許可を要する（三七一条三項）。これは取締役会で活発な議論ができるようにするためであり、株主による議事録の閲覧を懸念して充実した討議を回避するようなことがあってはならない。

また、取締役は三カ月に一回以上、業務の執行の状況を取締役会に報告しなければならない（三六三条二項）。取締役会を通じて、取締役は代表取締役を監督する任務も負い、経営陣が自浄作用を発揮することも期待されている。

取締役会議事録

〈取締役会議事録の作成例〉

取締役会議事録

〇〇県〇〇市〇〇町XXの当社本店会議室において、令和〇年×月△日午後1時30分より、取締役総数3名中全員が出席し、取締役会を開催した。取締役東洋太郎は選ばれて議長になり、下記議案につき審議を行った。

第1号議案　代表取締役の選定に関する件

議長は、代表取締役社長の選定につき諮ったところ、全員一致をもって、次のとおり選定した。なお、被選定者はその就任を承諾した。

代表取締役社長　東洋太郎

以上をもって議案の審議を終え、午後3時閉会した。

上記決議を明確にするため、この議事録を作り、出席役員全員がこれに記名押印する。

令和〇年×月△日

株式会社〇〇〇
出席取締役　東洋太郎 ㊞
出席取締役　東洋次郎 ㊞
出席取締役　東洋三郎 ㊞
出席監査役　東洋四郎 ㊞

39

取締役会決議

——定款により書面等による決議も可能

過半数出席で成立

取締役会への出席は取締役の義務なので、その招集には議題を通知する必要はなく、取締役及び監査役等の全員に対して招集通知をして開催する。

取締役会は、取締役の過半数が出席し、出席取締役の過半数の賛成で決議が成立するのが原則だ（定款で、この過半数要件を加重することはできる）。このため、可否同数の場合には否決となる。特別利害関係を有する取締役は、この決議に参加することができず、定足数にも算入しない（三六九条二項）。

取締役会決議をしたら、所定の内容を盛り込んだ議事録を作成し、出席した取締役及び監査役は、書面に署名・記名押印するか、所定の電子的な措置が必要だ（同条三項・四項）。

原則として現実の開催が必要

取締役会は、本来ならば、実際に取締役本人が顔を合わせて、しっかりと議論できる形が望ましい。それぞれの取締役は現実に開かれる会議に出席して（テレビ会議システム等の利用はＯＫ）、会社経営のさまざまな問題について討議・検討し、経営のプロとして、一つひとつの問題を十分に理解することが求められるからだ。

定款により書面等決議が可能

しかし、定款で定めておけば、取締役会の決議事項について、すべての取締役が同意し、また監査役に異議がなければ、書面又は電磁的方法で決議できる（三七〇条）。これにより、書面決議や持ち回り決議も可能とされる。

ただ、すべての事項に書面等による決議を認めると、取締役会が形骸化して、まったく開かれなくなる恐れがある。そこで、代表取締役や代表執行役等による取締役会への業務執行状況の報告に関する取締役会は、実際に開催する必要がある。よって、少なくとも三カ月に一度は実際に取締役会を開催すべきことになる。

株主総会と取締役会の違い

	株主総会	取締役会
開催時期	定時総会 （＋臨時総会）	3カ月に1回以上 （上場会社等の実務では月例取締役会を開催）
招集権者	代表者＋株主による招集請求権（少数株主権）	代表取締役（定款に招集権者の定めがあれば、それに従う）
会議の目的	報告事項と決議事項	同左＋戦略的その他の重要な意思決定＋監督等に関する議論
出席の意義	株主の権利	取締役の義務
招集手続	公開会社では2週間前まで（その他機関設計による）	1週間前まで（定款の定めで短縮可能）
招集通知	書面・電子的方法等による（ただし、取締役会のない会社の例外あり）	書面である必要なし
議長の権限	議場整理権限 （315条）	単なる司会者
代理出席	可能	不可
特別利害関係の取扱い	原則として議決権あり（例外あり134頁参照）	議決権なし
決議要件	普通決議、特別決議、特殊決議等	過半数の定足数で過半数決議
書面等決議	319条、320条	定款の定め必要。 370条
決議の方法	適宜の方法	明確にカウントされる
議事録の取扱い	署名の規律なし	出席取締役及び出席監査役等が署名（記名押印）

40

特別取締役

経営執行部の迅速な意思決定を確保する

制度目的

取締役会設置会社では、重要な財産の処分や譲受、多額の借財等の重要事項は、取締役会が決定しなければならず、他の機関に決めさせることはできないのが原則だ（三六二条四項）。

しかし、重要な財産とは何か、多額とはいくらかとは、必ずしも明確ではない。また、大規模な会社では、それらの重要事項についていちいち全員の参加した取締役会で決議しなければならないのでは、機動的な対応の妨げになる。

そこで、取締役全員を招集しなくとも、特別取締役の議決だけで取締役会の決議とみなすことのできる制度を採用することが認められる（三七三条）。

具体的には、モニタリング・モデルではない取締役会設置会社（62項参照）で、取締役が六名以上いて、社外取締役がいる場合には、特別取締役を設けることができる。

特別取締役を置くと、重要な財産の処分や譲受、多額の借財といった事項について、特別取締役による議決で決定することができ、それをもって取締役会の決議とすることができる。ただし、この決議後、遅滞なく、その内容を他の取締役に報告する必要がある。

特別取締役を設ける場合、取締役会の決議で三名以上を選定する必要がある。上級レベルの取締役が選定されれば、特別取締役は、事実上、会社の執行部として重要な機能を果たし、従前の常務会や経営委員会のような役割を果たすことになる。

登記が必要

特別取締役を設けた場合には登記が必要である。この登記に

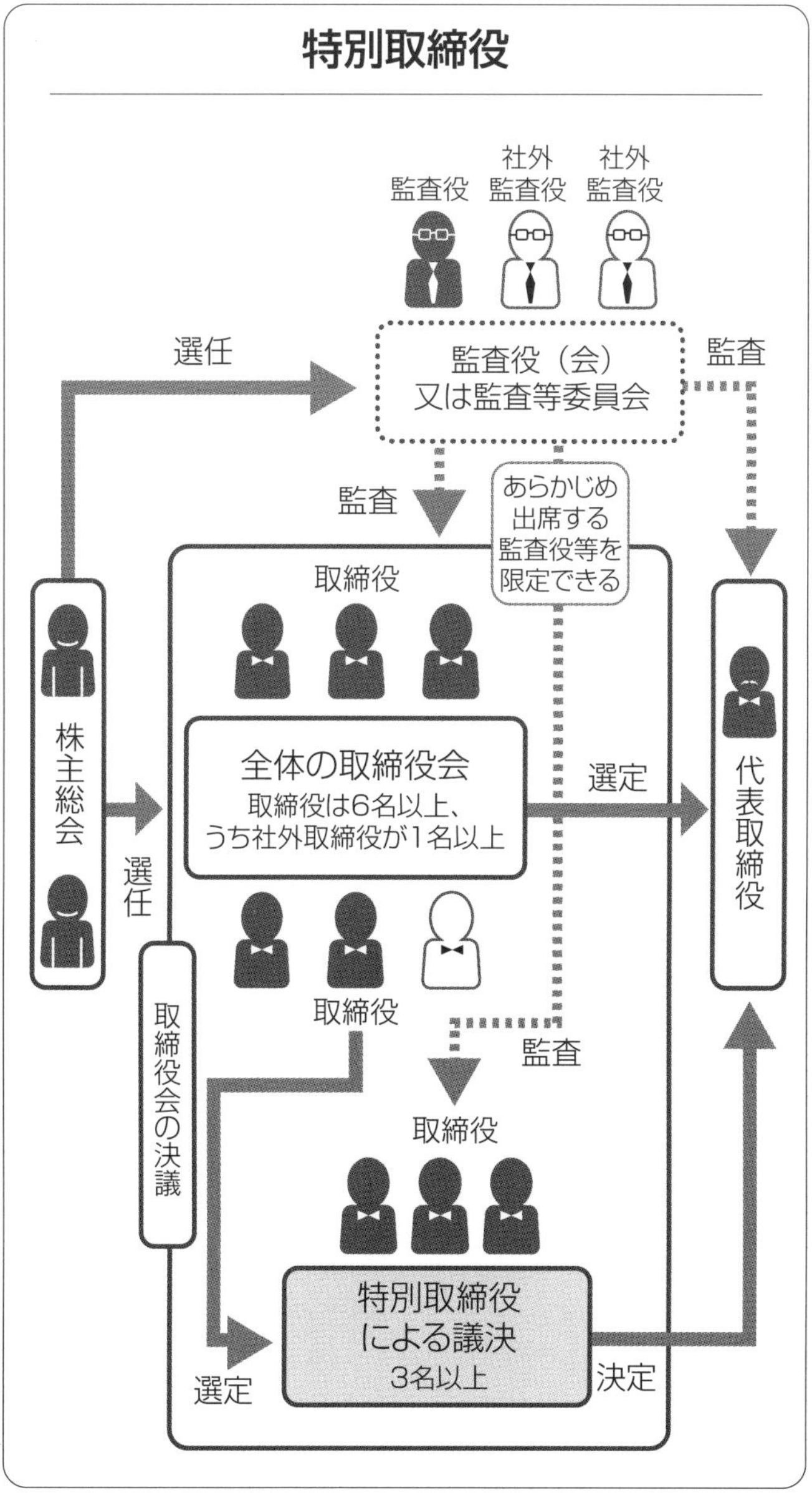

より、取引の相手方は、その取引を会社が承認するために取締役会の全体の決議が必要なのか、特別取締役による議決で足りるのかが判断できる。

しかし、特別取締役を設けるために定款変更をする必要はない。これは、従前の常務会や経営委員会等が取締役会の決議だけで設置されていたことと平仄を合わせているからだ。ただ、あまり利用は広がっていないようだ。

41

代表取締役——一切の裁判上・裁判外の行為をなしうるトップ

取締役会で選定・解職

取締役会で選定され、業務執行権限を有し、会社を代表するのが代表取締役だ。指名委員会等設置会社でない限り、取締役会設置会社では、代表取締役が必要かつ常置の機関となる。取締役会決議に従って、代表取締役が会社の業務執行を統括し、諸般の事務を処理する。

会社の業務に関する決定をいちいち取締役会にかけていたのでは効率が悪いので、一部の事項を除いて、代表取締役に任せることができる。すなわち、株式会社は、重要な業務執行の決定（38項）を除き、取締役会の権限を代表取締役に任せることができる。

代表取締役は、会社の事業に関する一切の裁判上・裁判外の行為をする権限を有しているため、およそ会社がなしうる一切の行為ができる。これが会社を代表するということの意味で、個別の代理権は不要だ。そして、代表取締役の不法行為は、会社の不法行為となる。

こうした強大な権限を有する代表取締役は、取締役会において取締役の中から選定されるため、取締役でなくなると代表取締役の資格も失う。

なお、取締役会は正当事由の有無にかかわらずいつでも代表取締役を解職でき、代表取締役はいつでも辞任できる。

表見代表取締役

取締役というだけでは、代表権はないが、会社が社長、副社長等の会社を代表する権限を有するような名称を付与した場合、「表見代表取締役」としてその取締役の行為について会社が責任を負わされることがある。

ただし、表見代表取締役の行為について、重大な過失のために代表権のないことを知らない第三者や本当は権限がないことを知っている第三者に対しては、会社が責任を負う必要はない。

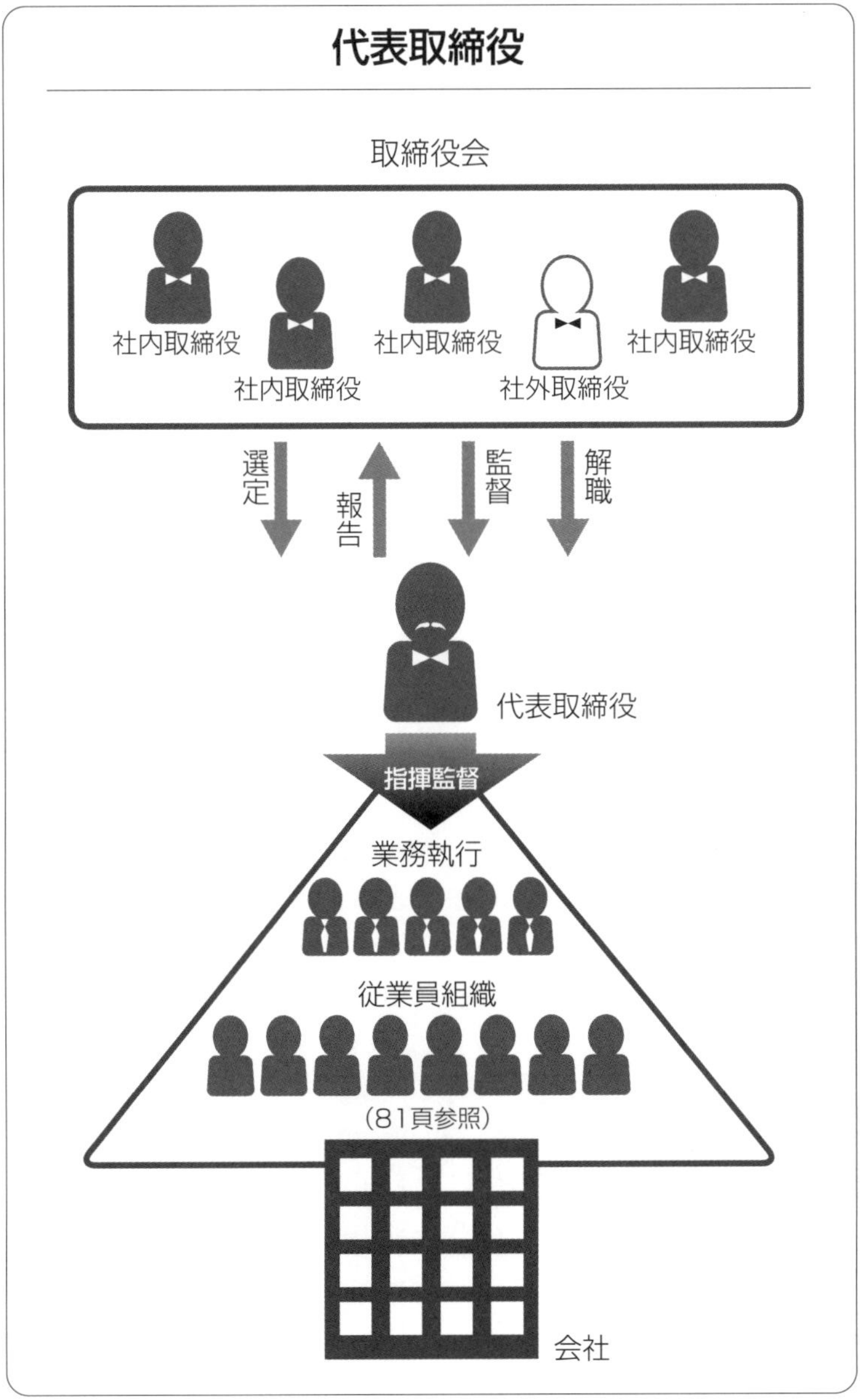

42

取締役の義務

取締役が負う重い責任の中身とは

善管注意義務と忠実義務

一般に、取締役等の会社の役員は、会社から経営等を委ねられた者であり、委任の定めが適用される（三三〇条）。そのため、「善良なる管理者の注意をもって事務を処理する義務」を負う。これが「善管注意義務」（民法六四四条）だ。その注意義務の水準は、その地位・状況にある者に通常期待される程度のものである。

また、会社は営利を目的としているので、会社にとって最も有利となるように会社のため忠実にその職務の遂行にあたる「忠実義務」を負う（三五五条）。

取締役の忠実義務は、あくまでも会社に対するものであって、代表取締役等の目に見える上司に対する忠実義務ではない。そして、そこで考えなければならない会社の利益とは、究極的には総株主の経済的な利益なので、その最大化を図る義務を含むと解することができよう。

忠実義務の趣旨から、取締役の競業避止義務、利益相反取引回避義務、監督義務、秘密保持義務等も導かれる。

このため、取締役が競業取引（会社の事業の部類に属する取引）を行う場合や利益相反取引（会社と利益が対立するような取引）をする場合には、取締役会（取締役会のない会社は株主総会）の承認が必要であり、無断で取引をすると法令違反ともなる（45 46項）。

会社に対する責任

取締役が「法令または定款に違反する行為」をすると、受任者としての善管注意義務に反するものとして任務懈怠となり、会社に損害を与えた場合には、

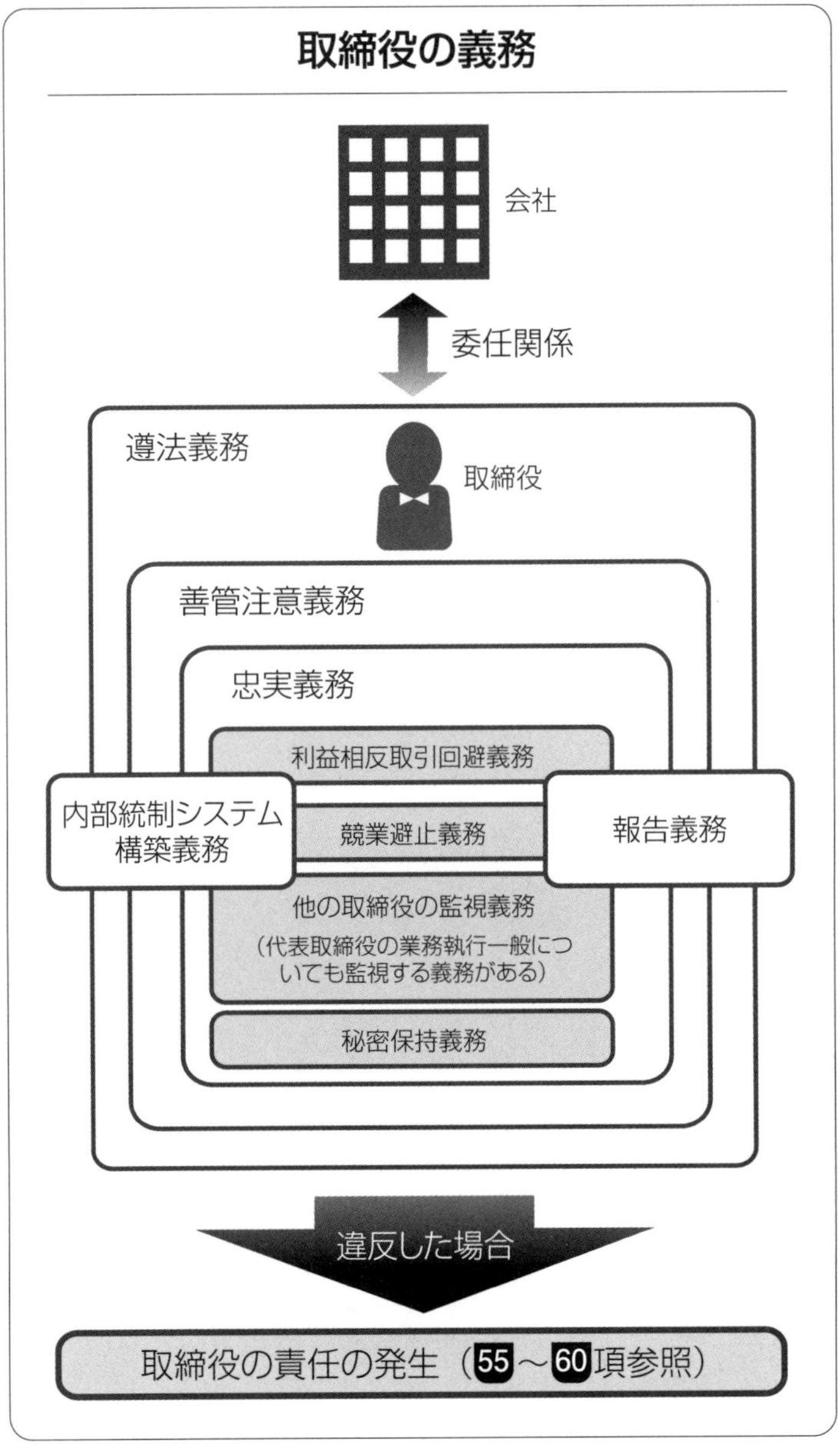

会社に対して責任を負い、株主代表訴訟等の対象となりうる（56～58項）。

ただし、善管注意義務違反があっても、**ビジネス・ジャッジメント・ルール（経営判断の原則）**によって、取締役らの経営判断が尊重されて責任が認められないこともある。

43

役員等の遵法義務と監督義務

実質的な善管注意義務から導かれる責務

会社の業務全体をチェックする義務

会社は、会社法と定款に従って運営されるべき存在であるため、取締役等の会社役員は法令・定款の定めを遵守する義務を負う（三五五条）。法令を遵守しなければならないというのは、当たり前のことであるが、会社の営利追求のために法令違反を犯すことは正当な理由とはならないことを、確認的に明示して戒めているものだといえよう。

これは、株主総会の決議を遵守し、会社のために忠実にその職務を遂行する義務とともに、取締役等の役員が守るべき基本的な義務でもある。

一般的には、取締役会は会社の業務執行につき監督する地位にある。だから、取締役会を構成する取締役は、会社に対して取締役会に上程された事柄についてだけ監視するにとどまらず、代表取締役の業務執行一般についても監視し、必要があれば、取締役会を自ら招集し、あるいは招集することを求め、取締役会を通じて業務執行が適正に行われるようにする職務を有すると解されている。

監査役の監査との関係

取締役には自らの職務や他の業務執行取締役の職務についての適法性のチェックが求められ、監査役はそれをチェックする形となる。たとえば、取締役会が株主総会に提出した虚偽の計算書類について、監査役が虚偽であることを知っていながら正当である旨の監査報告をすると、会社に対して損害賠償責任を負うことになるだろう。

ただ、監査役は業務執行の適法性をチェックするのが基本と

取締役の遵法義務と監督義務

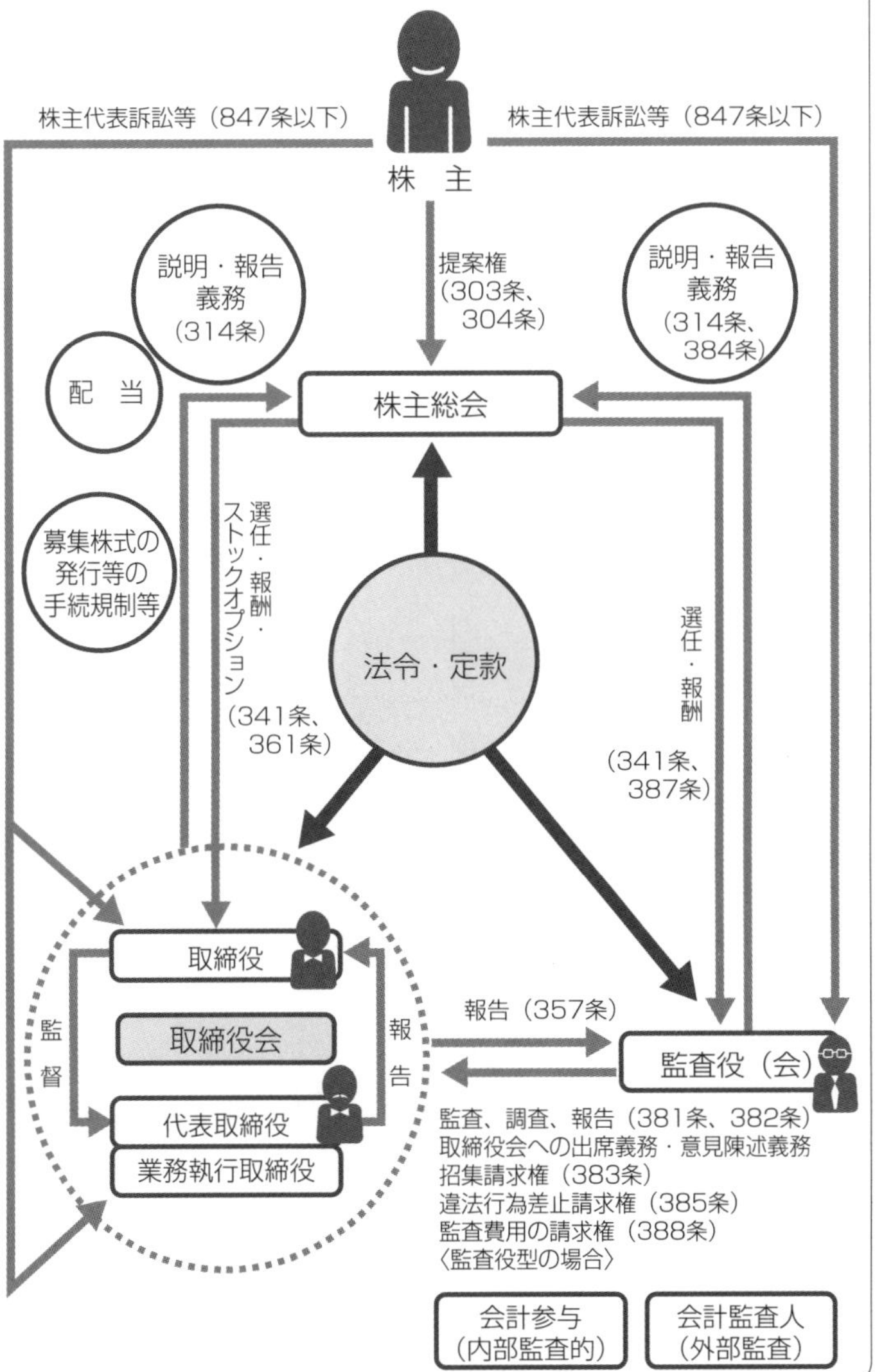

される（51項）。それに対して、取締役の監督は、適法性のチェックについて自浄作用を発揮するだけでなく、会社経営の効率性や妥当性をチェックすることも求められる（一一三頁下表）。

近時は、会社の状況に応じて、法務・コンプライアンス部門を強化することも期待されている。

44 会社の政治献金

——忠実義務等の範囲内で許容される

権利能力の範囲内

会社は、定款に定められた目的の範囲内で権利能力を有する(つまり、権利をもったり義務を負ったりすることができる)。

しかし、目的の範囲内の行為とは、定款に明示された事業目的に限定されるものではなく、その目的を遂行するために直接又は間接に必要な行為ならば、すべて目的の範囲内にあると解されている。

そこで、会社が災害救援資金の寄付、地域社会への財産上の奉仕、各種福祉事業への資金面での協力などを行うことは、社会通念上、会社として当然に認められる。これらの行為が会社の権利能力の範囲内にあると解しても、何ら株主等の利益を害する恐れはないからだ。

そのため、会社による政治資金の寄付も、会社の社会的役割を果たすためと認められる限り、会社の権利能力の範囲に属する行為だと考えられている。

加えて、憲法の人権に関する条項は、性質上、可能な限り内国法人にも適用されるものだと考えられている。そのため、会社は、公共の福祉に反しない限り、政治的行為の自由の一環として、政党に対する政治資金を寄付することもできる。

取締役の忠実義務との関係

もっとも、取締役には忠実義務があるので、行きすぎた政治献金は禁物だ。取締役の忠実義務は通常の委任関係に伴う民法上の善管注意義務よりも高度な義務ではないというのが、昭和四五年の最高裁判決の見解だ。これは、株主代表訴訟である八幡製鉄事件で示されたもので、取締役が会社を代表して政治資

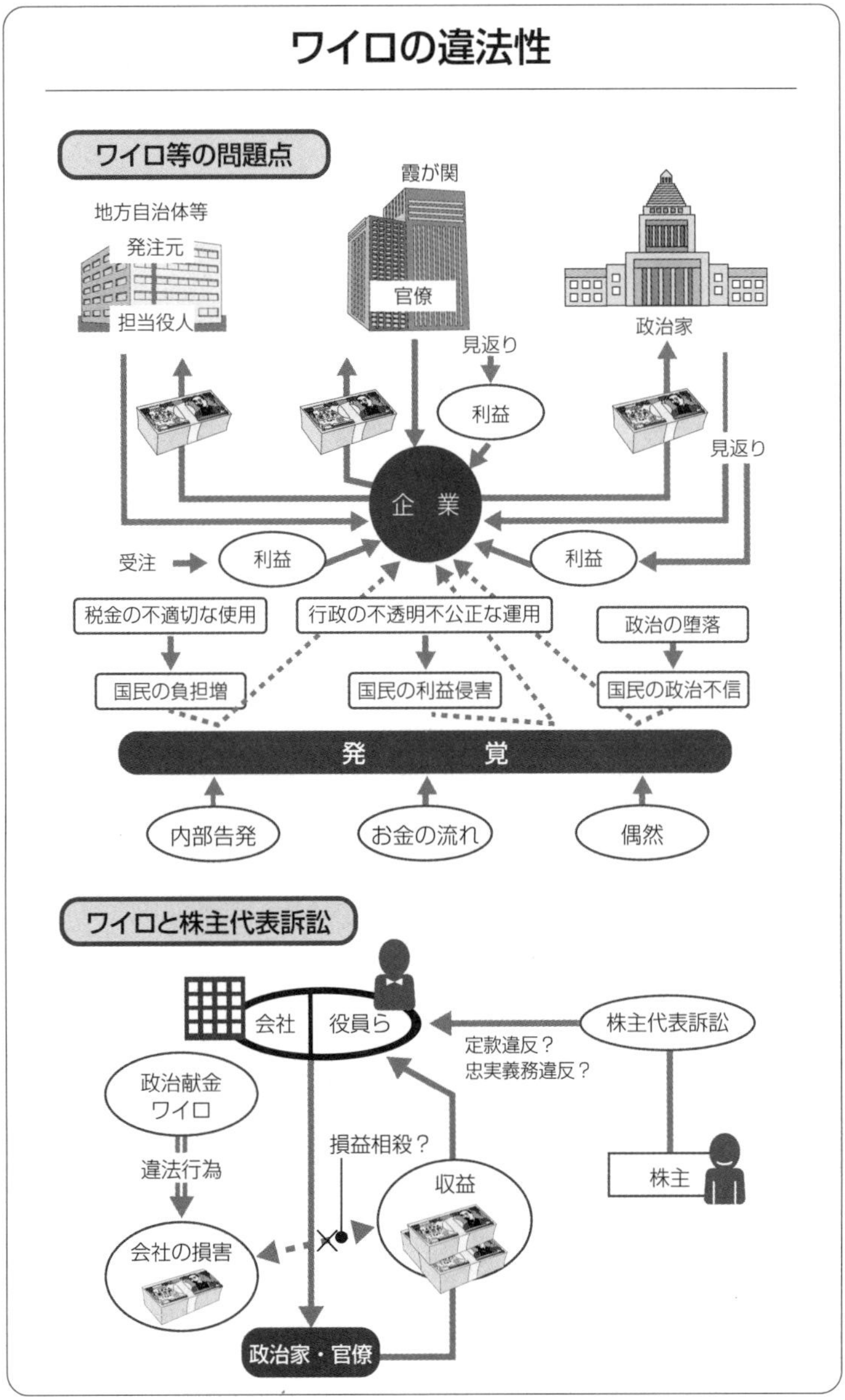

金を寄付することは、会社の規模、経営実績その他社会的経済的地位、寄付の相手方など諸般の事情を考慮して、合理的な範囲内にある限り、取締役の忠実義務には違反しないとされた。

45

利益相反取引

会社と取締役の取引には取締役会等の承認が必要

会社の利益が害されないように

利益相反取引とは、会社と取締役の利益が対立するような取引で、その危険性から予防的・形式的に規制されているものだ。たとえ利益相反取引といえなくとも、会社を代表する取締役が会社の犠牲の下で相手方の利益を図る行為は忠実義務違反の責任が生じうることにも注意する必要がある。

利益相反取引には、直接取引と間接取引がある。**直接取引**とは、取締役が自己又は第三者（会社等を含む）のために会社を相手にして行う取引である。これに対して、**間接取引**とは、会社による取締役の債務の保証のように、会社と第三者間の取引でも外形的・客観的に会社の犠牲の下に取締役に利益が生じる取引である。

これに対して、無利息・無担保での会社への金銭貸付、無償贈与などは、会社に損害や不利益を与える恐れがないため、利益相反取引にはならない。また、親会社の取締役が子会社の代表取締役を兼ねる場合、親会社が完全子会社であれば、利益相反の問題は生じない。微妙な取引もあり、何が利益相反取引かは、解釈に委ねるべきケースもある。

取締役会の承認を得ない場合

取締役会設置会社では、利益相反取引等について、取締役会の承認の下に行うことができる。これに対して、取締役会のない会社では株主総会の承認が必要となる（三五六条等）。ただ、承認を得ても、その取引で会社に損害が生じた場合の取締役は損害賠償責任を免れず、任務懈怠が推定される。だから、取締役の承認も注意が必要だ。

利益相反取引

利益相反取引になる場合とは

利益相反行為になる＝承認必要

会社から役員への約束手形の振出（最高裁判例）
役員と会社との間に直接成立する取引
役員個人の債務につき、会社が債権者に債務引受けする行為（最高裁判例）
役員の債務につき、会社が債権者に連帯保証する行為（最高裁判例）

利益相反行為にならない＝承認不要

役員から会社への無利息、無担保の金銭貸付（最高裁判例）
役員から会社への無償贈与、会社から役員への債務の履行行為、相殺、役員による会社財産の競落等

貸付や保証等における利益相反取引

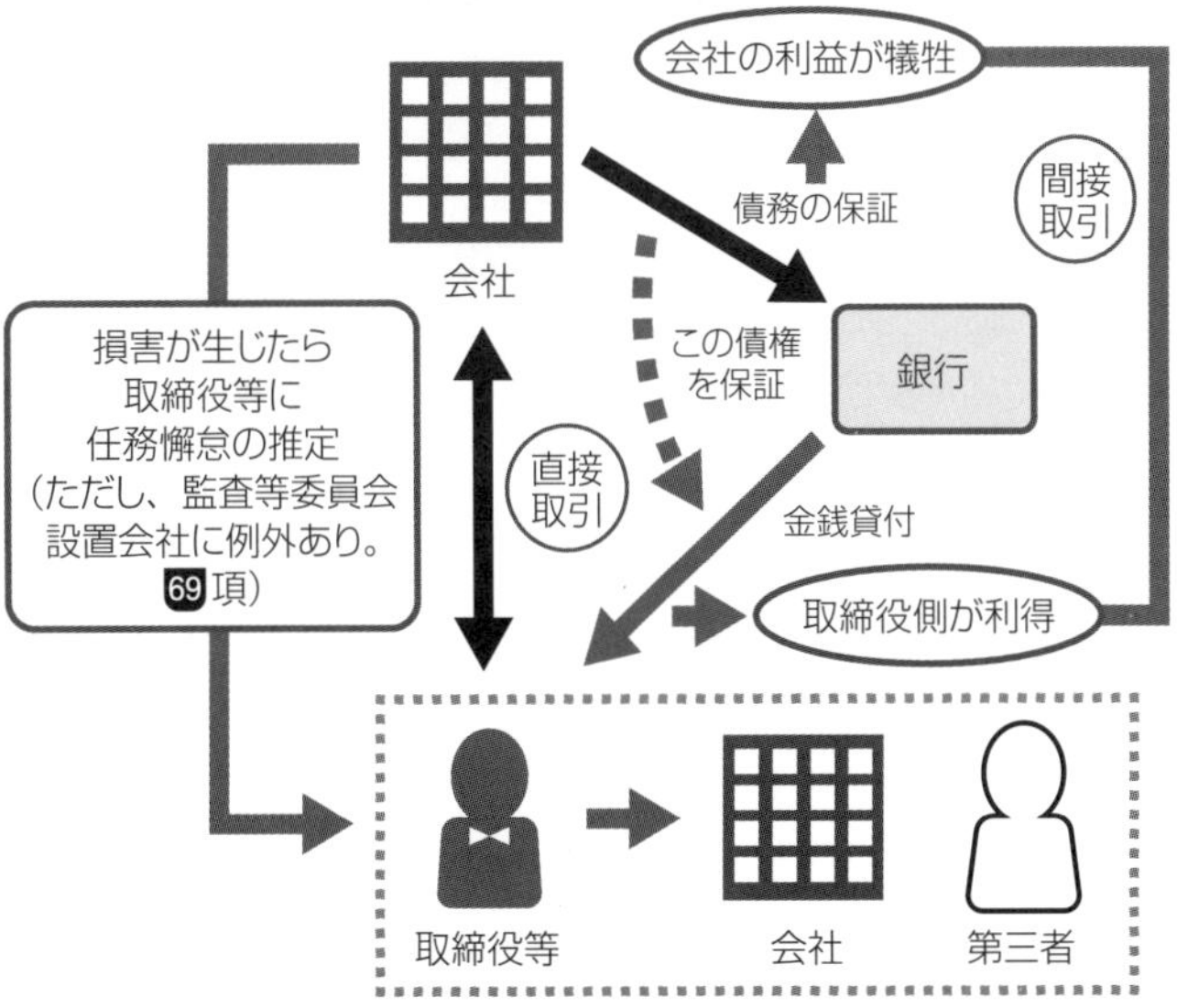

適法に承認を受けていない限り、利益相反取引は無効となる——はずだが、会社は善意の第三者には無効を主張できない（取引を無効にするには、第三者の悪意の立証が必要となる）。

46 競業取引

会社の収益を横取りする取引を規制

会社の承認が必要

取締役は競業避止義務を負っており、何らかの事情から、それを行う場合には会社の承認が必要となる。取締役会設置会社の場合、取締役会の承認が必要とされ、当該取引についての重要な事実を取締役会に報告する必要がある（三六五条）。

取締役は、その判断を善管注意義務・忠実義務の下に行うべきだろう。この取締役会で当の取締役は特別利害関係があるので、その決議に参加できない（三六九条二項）。

これに対して、取締役会がない会社では株主総会の承認が必要となる（三五六条）。

取締役が競業避止義務違反をした場合の損害賠償責任の追及においては、会社側の損害の立証が困難なので、競業取引で得た利益は損害額と推定される（四二三条二項）。

支配人の規律との違い

もっとも、競業に関して、取締役の場合は、自己または第三者のために会社の事業の部類に属する取引しか規制対象にしていない。これに対して、支配人の場合には、それに加えて①自ら営業を行うこと、②他の会社または商人の使用人となること、③他の会社の取締役、執行役または業務を執行する社員となることも、会社の許可を要するものと定め、これに違反したときは、支配人または第三者が得た利益の額が会社に生じた損害の額と推定される（一二条）。

競業取引でなくても規制あり

取締役の競業規制とは別に、使用人兼務である取締役は、就業規則や役員就業規程による規制を受けることもあろう。ま

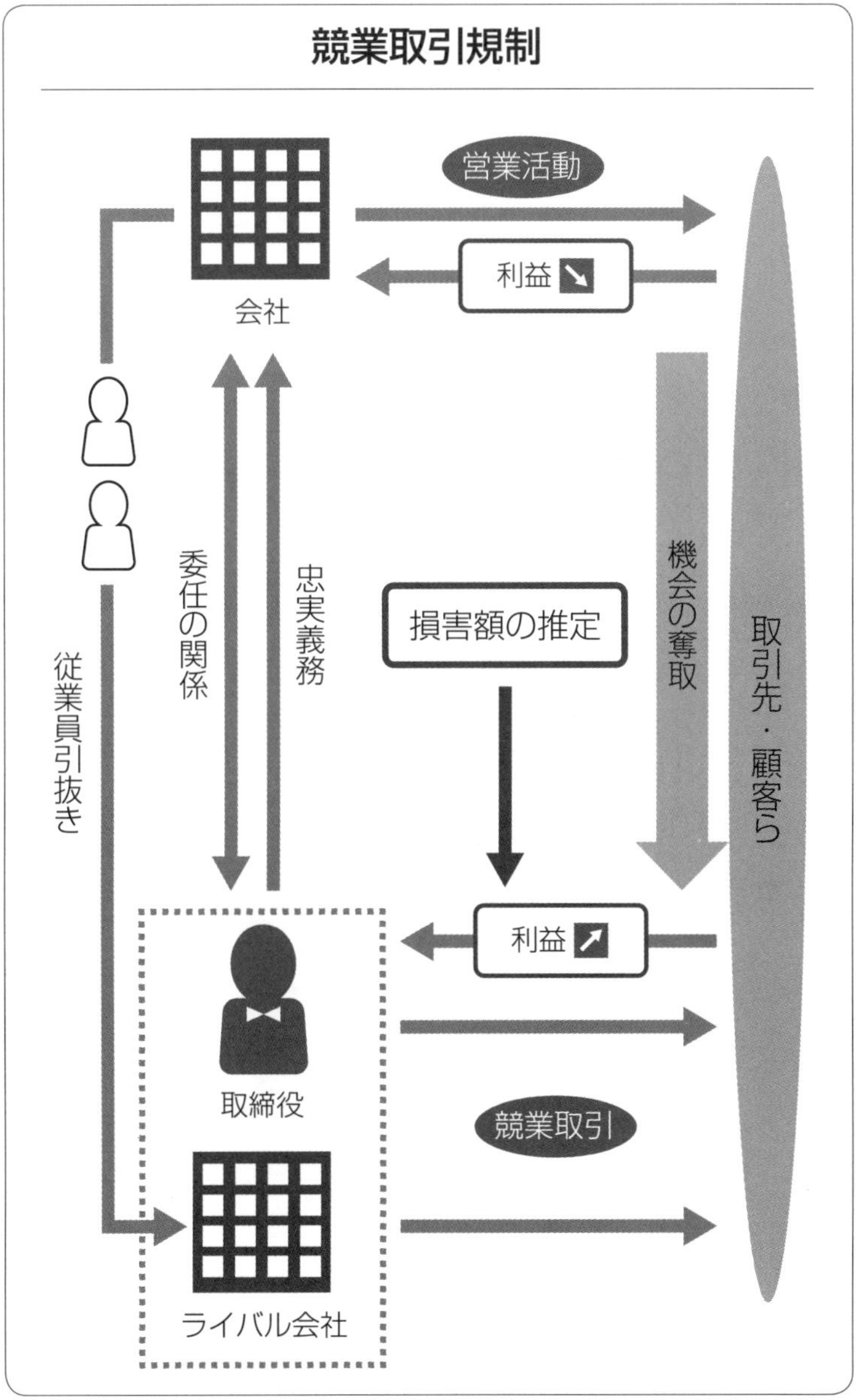

た、取締役在任中に、取締役の退任後の事業のために従業員を引き抜いたり、ライバル事業を立ち上げる準備をしたりすることは、忠実義務違反として問題となる。

47

会社補償とＤ＆Ｏ保険

——利益相反取引規制の特例

会社補償

役員が損害賠償責任を追及された場合に、会社が当該損害賠償責任額や争訟費用を補償する契約がなされることがある。しかし、株式会社と取締役間の会社補償に関する契約の締結は、直接の利益相反取引ともいえる。そこで、令和元年改正により、利益相反取引と同様の承認手続を要するかわりに、損害賠償に関する任務懈怠の推定規定（四二三条三項）を適用しないことを明文化した。

取締役会等でこれを検討させることによって、役員が過度にリスクを回避することを防止することが期待されよう。

Ｄ＆Ｏ保険

Ｄ＆Ｏ保険とは、いわゆるDirectorとOfficerの賠償責任に対してかけられる**会社役員賠償責任保険**のことだ。取締役の会社に対する損害賠償責任も填補の対象となる。Ｄ＆Ｏ保険は、すでに上場会社を中心に広く普及しているが、Ｄ＆Ｏ保険契約を会社が締結することは、間接的な利益相反とも考えられる。

そこで、令和元年改正により、会社補償と同様の規律が設けられた。会社が締結するＤ＆Ｏ保険に係る保険契約の内容（対象となる責任、免責事由等）や会社が負担する保険料の妥当性を検討する必要があるだろう。

会社補償もＤ＆Ｏ保険も、役員等に適切なインセンティブを付与できるが、内容によっては職務の適切性に疑義が生じる恐れもある。そこで、事業報告において所定の情報開示が求められる。ただ、役員への責任追及訴訟を誘発する懸念があるため、開示内容は簡素なものとなろう。

会社補償とD&O保険

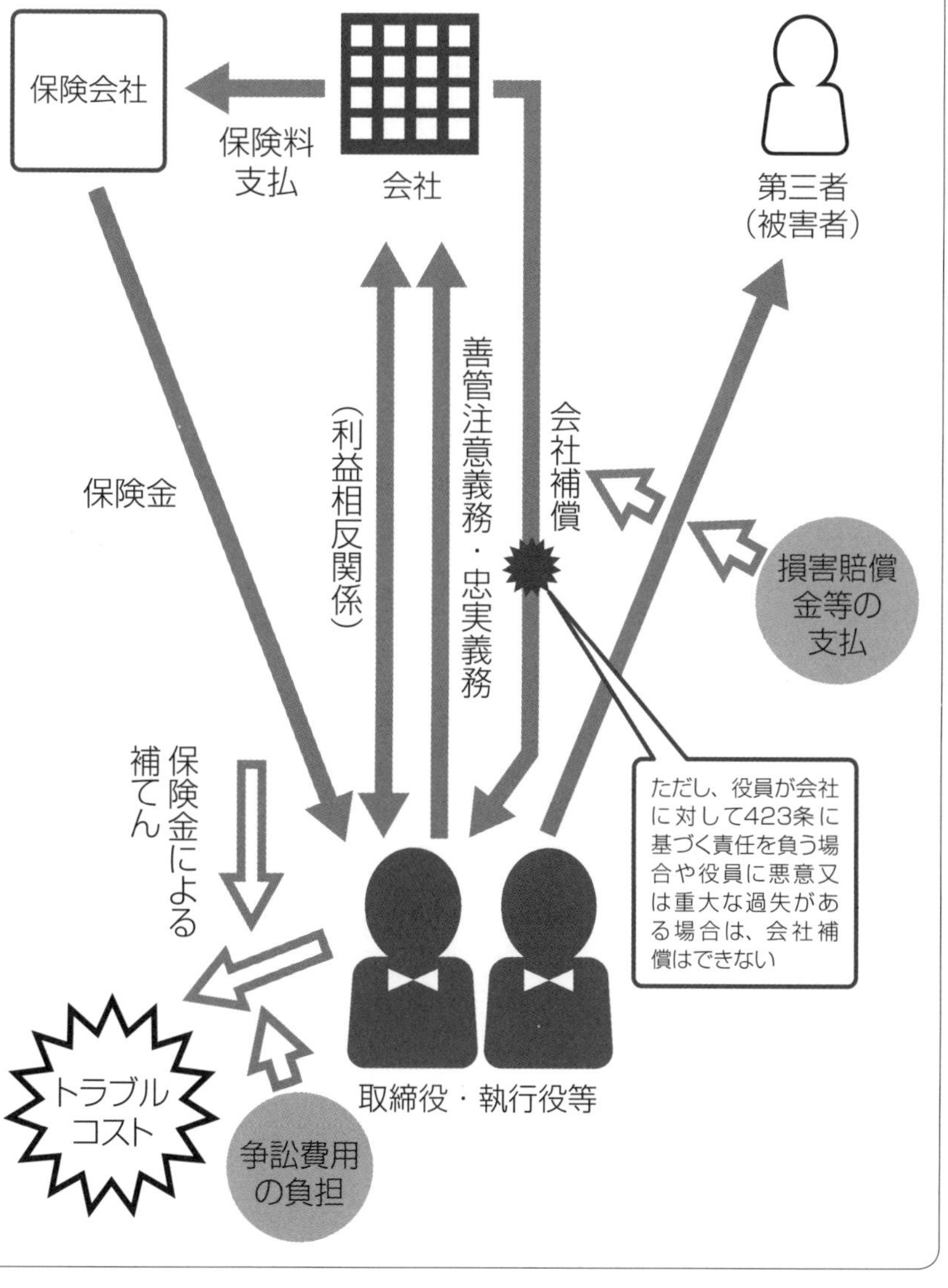
保険会社
保険料支払
会社
第三者（被害者）
保険金
（利益相反関係）
善管注意義務・忠実義務
会社補償
損害賠償金等の支払
ただし、役員が会社に対して423条に基づく責任を負う場合や役員に悪意又は重大な過失がある場合は、会社補償はできない
保険金による補てん
トラブルコスト
争訟費用の負担
取締役・執行役等

48

利益供与の禁止

——割に合わない総会屋との付き合い

民事賠償責任の発生

総会屋とは、株主総会での発言権をバックに会社にたかる者たちのことで、会社がこうした総会屋と癒着することは好ましくない。そこで、会社が、株主の権利の行使に関して利益を供与することは禁止されている。

会社が特定の株主に対して無償で財産上の利益を供与した場合は、株主の権利の行使に関して利益供与したものと推定される。有償でも、受けた利益が供与した利益に比べて著しく少ない場合も、同じく利益供与と推定される（一二〇条）。これで購読料名目で無価値な情報誌を売りつける行為も摘発できる。

会社が違法な利益供与をした場合、利益供与を受けた者は、会社又はその子会社にそれを返還しなければならない。しかし、現実の返還は期待できないこともあるので、利益を供与した役員等が会社への賠償責任を負うべきことになる。

会社に対する賠償責任は、株主代表訴訟の対象ともなる。自ら利益供与をした取締役は、無過失責任を負うが、その他の役員も自らの無過失を立証できないと連帯責任を負わされる。

法改正で罰則も強化

利益供与は、民事責任のみならず、刑事責任も生じさせる。利益供与の罪は、昭和五六年の商法改正で総会屋を排除するために導入され、何度かの摘発や法改正等で取締りも強化されてきた。これらの刑罰が禁錮ではなく懲役であることは、これらが「破廉恥罪」として理解されていることを示すものだ。

日本の企業で幅広くコンプライアンス経営の必要性が叫ばれ

利益供与の禁止

会社法関係の主な罰則一覧

罪名と根拠法	刑罰等	公訴時効期間
特別背任罪（960条）	懲役10年以下 罰金1000万円以下	7年
社債権者集会の代表者等の特別背任罪（961条） 会社財産を危うくする罪（963条） 虚偽文書行使罪（964条） 預合い罪（965条） 株式超過発行の罪（966条） 取締役等、会計監査人の贈収賄罪（収賄側）（967条1項） 株主等の権利の行使に関する贈収賄罪（968条） 威迫を伴う利益供与罪・利益供与要求罪（970条4項）	懲役5年以下 罰金500万円以下	5年
利益供与罪（970条） 取締役等、会計監査人の贈収賄罪（贈賄側）（967条2項）	懲役3年以下 罰金300万円以下	3年
その他（976〜978条）	100万円以下の過料	—

総会屋との不祥事によるリスク

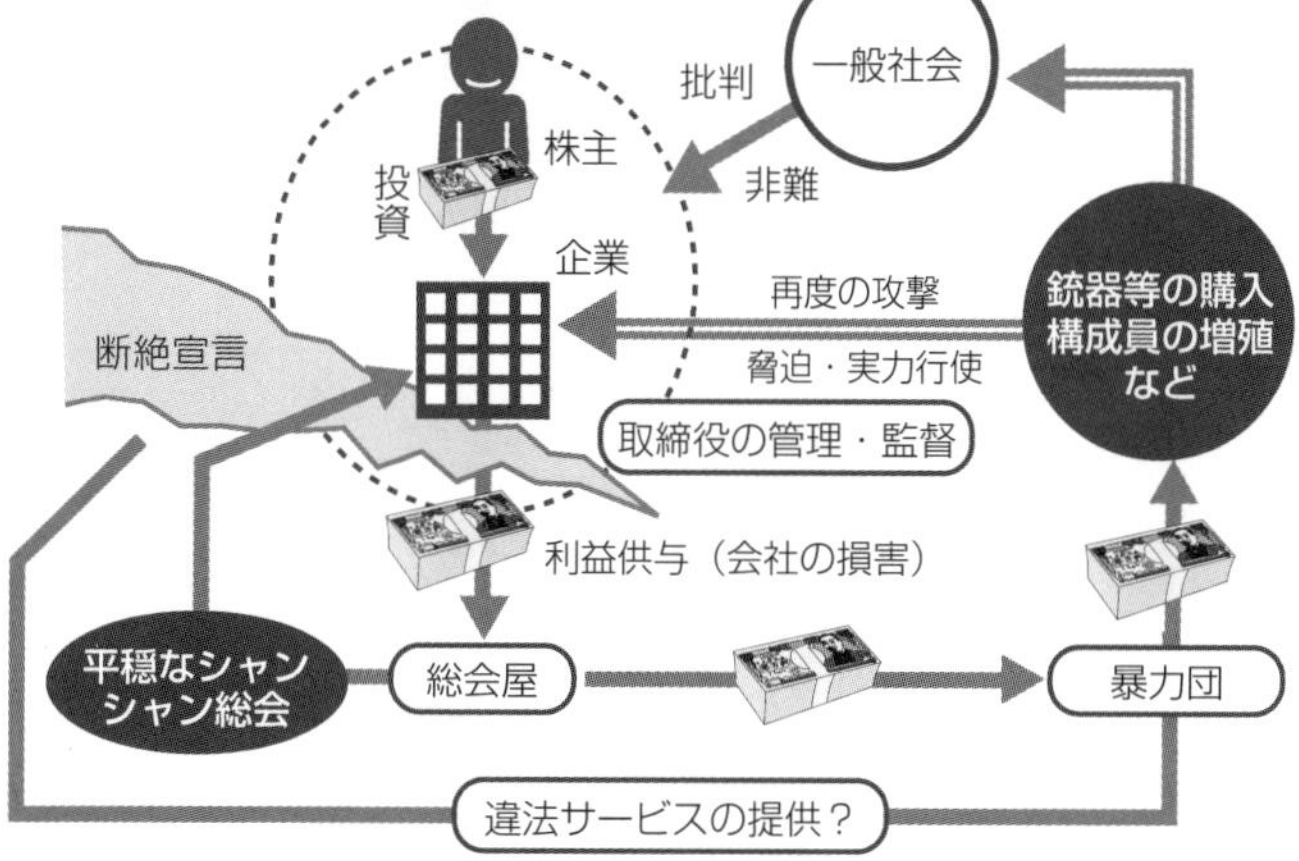

るようになったのも、主要企業による利益供与事件がきっかけだった。利益供与事件で「企業のため」という弁解は通用しない。総会屋との癒着は、反社会的勢力との癒着にもつながる。

会社は、情報誌の提供などを含む総会屋との一切の交際を断ち切る必要がある。

49

内部統制システム構築義務

――コンプライアンス推進のための体制作り

大会社では決定が義務

会社法は、内部統制システムの構築を奨励し、コンプライアンスの推進を図っている。内部統制システムの構築は、取締役会のある会社では取締役会の専決事項とされている。

大会社や委員会型の会社は、内部統制システムの整備の決定が義務づけられる。これにより、取締役等の職務の執行が法令及び定款に適合することを確保するための体制と、当該会社及び子会社から成る企業集団の業務の適正を確保するために必要な内部統制システムの整備など、会社法施行規則が定める体制の整備を決定することが必要だ。

「業務の適正」を「確保するため」との表現からすると、法律を受動的に遵守するのみならず、企業倫理等をも踏まえた適正な業務のために、積極的な方策を講じることが求められよう。

もっとも、具体的に何をどうすべきなのかは法律で明確に定められていない。会社の規模や実態、事業の性質などに応じて経営判断による裁量が認められる。しかし、適切な内部統制システムを構築することは、取締役等の善管注意義務・監督義務としても求められる。

そのため、内部統制システムに不備がある場合には、取締役等の役員に善管注意義務違反が生ずる恐れがある。

事業報告への記載も必要

内部統制システムの概要と運用状況は、事業報告への記載も必要となる。大会社等の内部統制システムの決定義務自体は、形式的なものだが、実質的な意味をもったコンプライアンス態勢のあり方を考える契機となり、善管注意義務から実質的な妥当性が求められる。

こうした内部統制システムの整備は、監査の対象ともなる。監査役や監査（等）委員らの監査報告においては、もし内部統制システムの内容や運用が不相当なものであれば、その旨と理由を記載する必要がある。

さらに、上場会社には金融商品取引法に基づく内部統制報告制度があるので、より高度な内部統制の整備・運用が期待される。社内弁護士を採用する等して、企業法務の高度化を図ることも重要だ（拙著『経営力アップのための企業法務入門』（東洋経済新報社）参照）。

内部統制システムの検討項目（概要）

取締役会設置会社（会社法施行規則100条1項等）

①取締役の職務の執行に係る情報の保存及び管理に関する体制
②損失危険管理に関する規程その他の体制
③取締役の職務執行の効率性を確保するための体制
④取締役や使用人の職務の執行が法令及び定款に適合することを確保するための体制
⑤企業集団における報告に関する体制及び業務の適正を確保するための体制

監査役設置会社（会社法施行規則100条3項等）

①監査役が補助使用人を求めた場合に関する事項
②監査役補助使用人の取締役からの独立性に関する事項
③補助使用人に対する指示の実効性の確保に関する体制
④取締役や使用人等が監査役に報告をするための体制
⑤報告をした者が当該監査役設置会社の監査役に報告をしたことを理由として不利な取扱いを受けないことを確保するための体制
⑥監査役の職務の執行について生ずる費用の前払又は償還の手続その他の当該職務の執行について生ずる費用又は債務の処理に係る方針に関する事項
⑦その他監査役の監査が実効的に行われることを確保するための体制

50 株式会社の年間スケジュール

期中監査と期末監査から定時株主総会で事業報告

期中監査と期末監査

株式会社の年間スケジュールは左頁の通りであり、事業年度ごとに定期的に行うべき事項がある。一般的には、取締役の指揮・監督下で会社の事業活動が行われ、日常的に金銭的な出入り等が生じる。

取締役は、会社法施行規則や会社計算規則の定め等に従って、事業年度中に会計帳簿を作成し、それに基づいて事業報告及び計算書類とこれらの附属明細書を作成する。事業期間中にも、監査役や会計監査人等は、監査計画に従って期中監査を行い、適正な業務が行われているかをチェックする作業を決算期まで行う。並行して、監査役等は内部統制等の監査も行い、期中の取締役会にも出席して業務監査を行う。

決算期が到来したら、期中監査が終了して、期末監査に移る。取締役が計算書類と事業報告を作成したら、会計監査人設置会社では、計算書類について会計監査人の監査を受け（53項）、監査役設置会社では、計算書類と事業報告等について監査役の監査を受ける。

監査を終了した計算書類及び事業報告は、取締役（会）に提供され、定時株主総会の招集通知で、計算書類と事業報告（取締役会設置会社の場合は取締役会の承認を受けたもの）を株主に提供する。また、監査報告または会計監査報告があれば、それも同時に提供する。

定時株主総会では、基準日が定められている会社の場合、基準日株主が議決権を行使して、総会決議を行うほか、事業報告が行われる。会計監査人設置会社の場合を除いて、計算書類は承認決議も行う必要があり、分配特則規定がない限り、剰余金配当の決議も行って、配当規制に従って基準日株主等に対して剰余金の配当がされよう。

株式会社の年間スケジュール

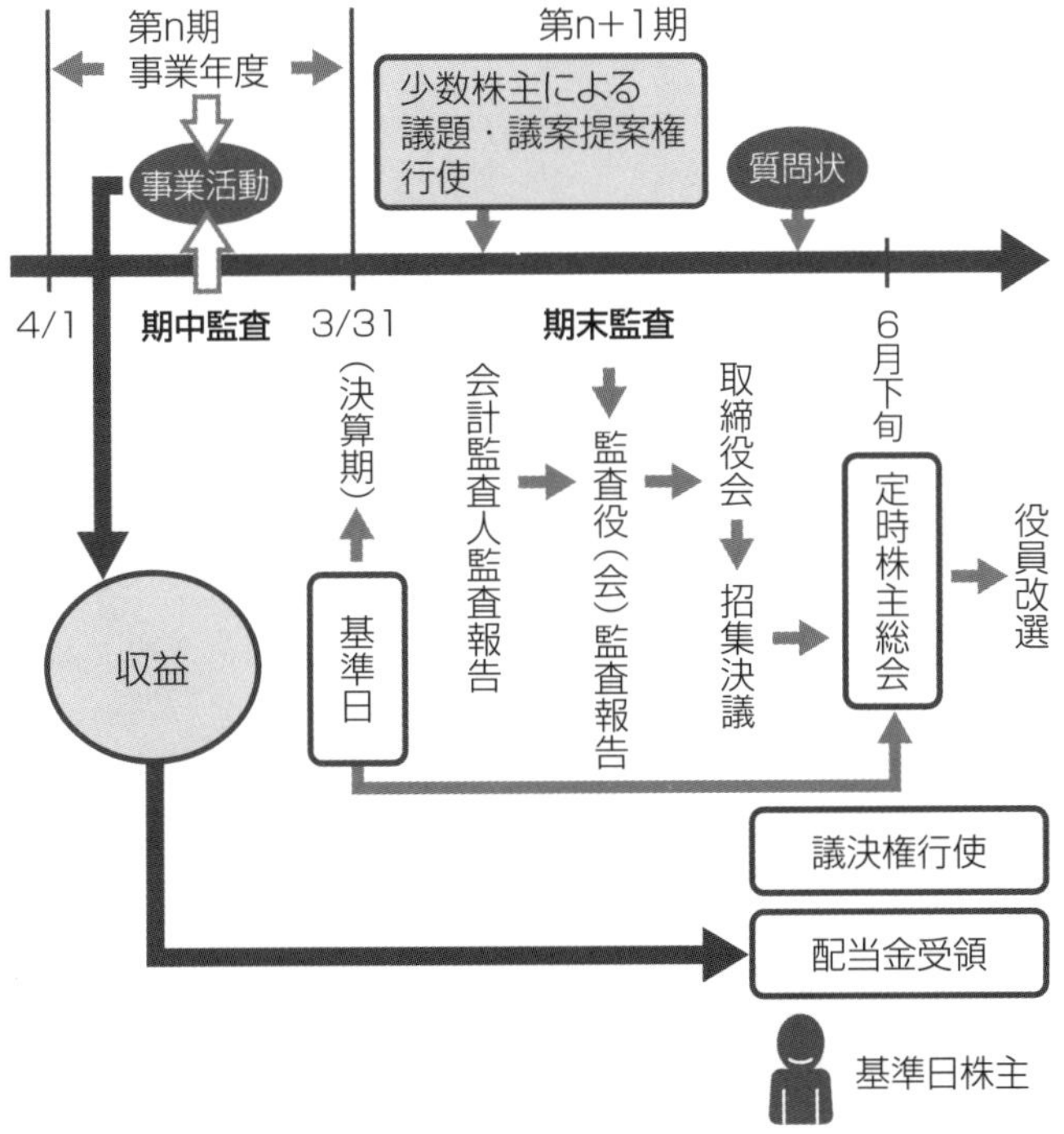

伝統的な「監督」と「監査」の概念

（委員会型の会社の登場で相対化している）

取締役の職務	**監督**	日常的に業務執行と並行して行われるモニタリング	業務執行者の立場でも行いうる。監督者が被監督者とともに意思決定でき、むしろ、それによって監督効果も達成できる。
監査役の職務	**監査**	独立的な評価	業務執行者ではない立場で行う。業務執行者は監査者となれない。

51

監査役の権限

独任制で強い調査権限あり

業務監査権限までであるのが原則

監査役は、会社の業務と会計の監査にあたる機関として、原則として、業務監査権限と会計監査権限を有する。

すなわち、監査役は、本来、経営陣から独立して役員らの業務執行についての調査・監査権限をもっており、取締役会への出席義務と意見陳述義務を負う。

特に取締役の職務執行を監査することが重要だ。監査役はいつでも取締役や支配人その他の従業員に対して事業の報告を求め、会社の業務や財産の状況を調査することができる。こうした権限を背景に、監査役は事業報告や計算書類を監査して、監査報告を作成する（三八一条）。

ただし、非公開の中小会社等は、定款で定めることにより、監査役の権限を会計監査権限に限定することができ、業務監査権限に関する規律が適用されない。

もっとも、会計監査権限しかない監査役がいるだけの会社は、登記上の表示を除き、「監査役設置会社」とは扱われず、株主が裁判所の許可なしに取締役議事録の閲覧請求ができる等、株主により強い監督是正権が認められることになる。

二人以上の監査役がいる場合

監査役会を設けない株式会社でも、複数の監査役が選任されることがある。そのような場合に、監査役会の同意又は決議を要する事項については、監査役の過半数の同意が必要である。

さらに、監査役会を設置する会社の監査役は、三人以上が必要で、そのうち半数以上は、社外監査役でなければならないし、常勤監査役も必要となる。

なお、平成二六年改正によ

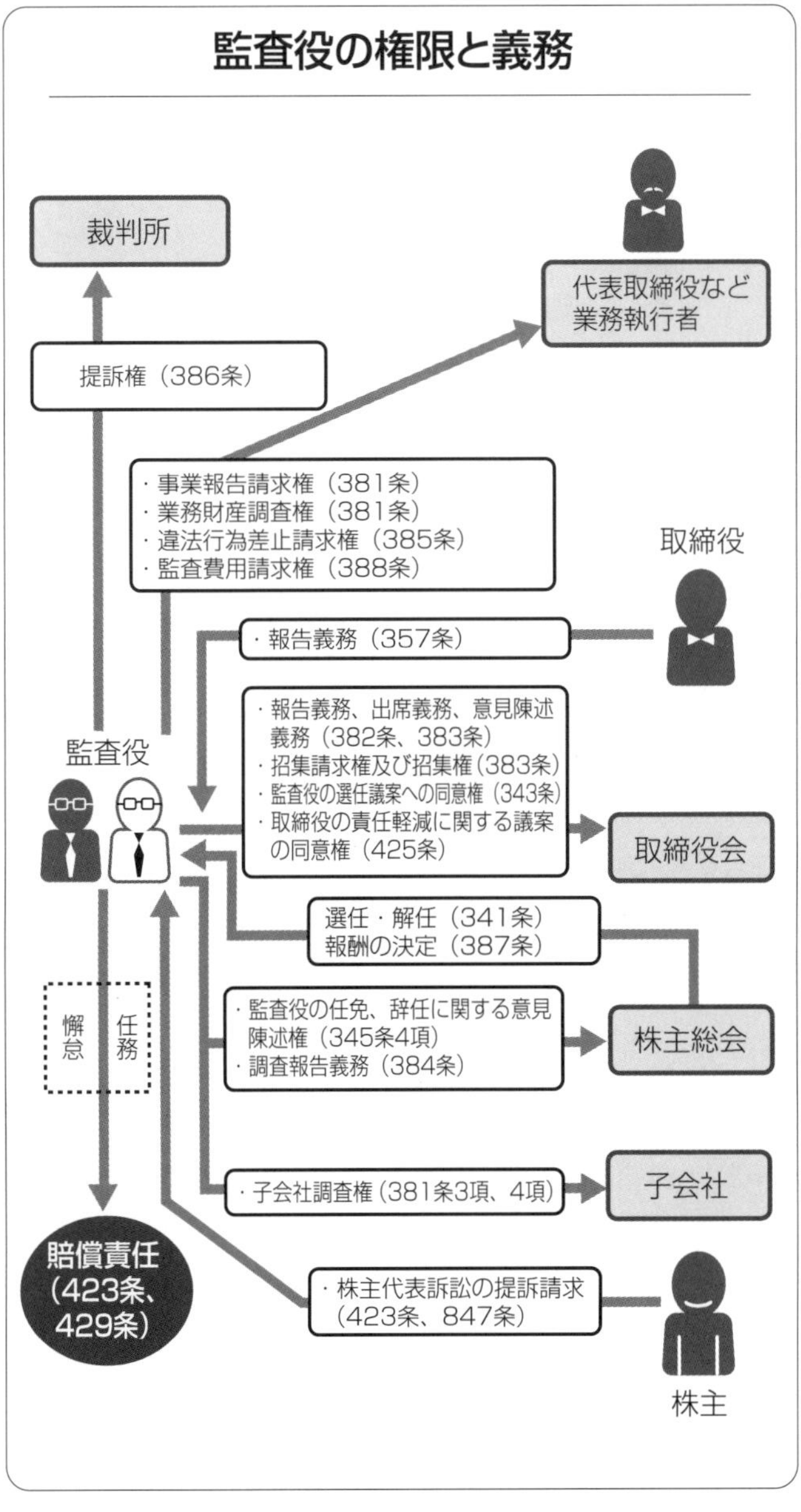

り、親子会社で社外監査役を兼ねることができない（64項）。

監査役の権限・機能については、重大な企業不祥事が起きるたびに改正が繰り返されてきた。監査役の任期も、原則として選任後四年以内に終了する事業年度のうち最終のものに関する定時総会の終結の時までとされ、比較的長い。監査役のチェックは適法性監査と呼ばれ、妥当性監査については議論がある。

52

監査役の選任と解任

取締役会が提案して株主総会で決定

監査役の同意が必要

監査役の選任・解任は、株主総会で行われる。その選任は過半数決議で足りる。取締役が監査役の選任に関する議案を株主総会に提出するには監査役の同意が必要とされる。監査役が二人以上いたら、その過半数の同意が必要だ（三四三条一項）。監査役の人事を、監査役がチェックできるようにするためだ。

また監査役は株主総会において監査役の選任・解任について意見を述べることができ、監査役を辞任した者も、その後最初に招集される株主総会に出席して辞任の旨と理由を陳述できる機会が認められる必要がある。

さらに、監査役は、取締役に対して、監査役の選任を株主総会の目的とすること、又は監査役の選任に関する議案を株主総会に提出するよう請求できる。

一方、監査役会設置会社においては、取締役が監査役の選任に関する議案を株主総会に提出するには監査役会の同意が必要とされ、監査役会は、取締役に対して監査役の選任を株主総会の目的とすること、又は監査役の選任に関する議案を株主総会に提出するように請求できる。

監査役の資格

監査役は、その会社又は子会社の取締役や支配人その他の従業員を兼ねることができないほか、取締役と同様の資格制限（35項）がある（三三五条）ものの、会計監査人（53項）や会計参与（54項）とは異なり、特別の職業的な資格は不要だ。

公開会社では、定款をもってしても「監査役は株主であることを要する」と決めることはできないという制限もあるが、非公開会

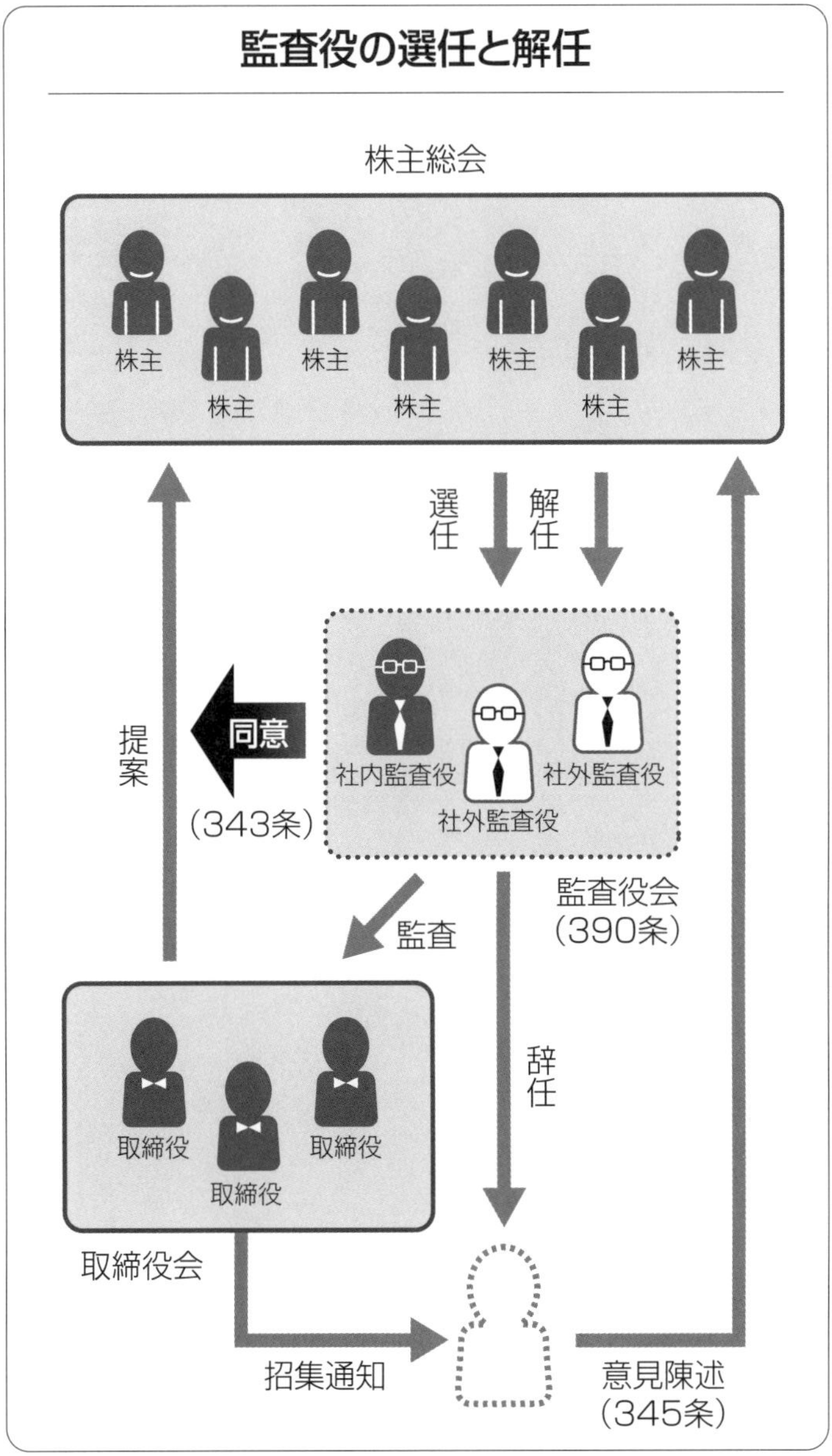

社では、そうした制限も可能だ。

監査役の辞任・解任

監査役は自主的に辞任できるほか、株主総会は、監査役を解任することができる。その解任決議は、取締役の場合とは異なり、過半数決議ではなく、特別決議（28 29項）によることが必要だ（三〇九条二項七号）。

53

会計監査人

――外部監査により計算書類の信頼性を確保する

会計監査人設置会社

自発的に会計監査人を置く株式会社や、大会社のように会計監査人を置かなければならない株式会社を「会計監査人設置会社」という。

委員会型の会社以外の会計監査人設置会社には、監査役が必要だ。従って、会計監査人を設置するには、監査役（会）、三委員会又は監査等委員会のいずれかを設置する必要があり、株主総会で選任される。ただ、いわゆるインセンティブのねじれを軽減するため、株主総会に提出する会計監査人の選任及び解任等に関する議案の内容は、監査役（会）や監査（等）委員会が決定する（三四四条等）。

会計監査人は、株式会社の計算書類とその附属明細書、臨時計算書類、連結計算書類等を監査した上で、会計監査報告を作成する。その内容は、会社計算規則に詳しく定められている。取締役会の承認を受けた計算書類が、会社の財産及び損益の状況を正しく表示しているとの会計監査人の無限定適正意見があれば、株主総会での承認を得る必要がなく、その計算書類の内容は定時株主総会に報告するだけで足りるという特例が認められる。

調査権限

会計監査人は、会社から独立して会社の会計を調査、チェックする役割を担う。このため会計監査人は、その職務上、会計監査人設置会社又はその子会社の取締役、会計参与、監査役や執行役又は支配人その他の使用人等を使用してはならない（三九六条五項）。

会計監査人は、いつでも会計帳簿やそれに関する資料の閲

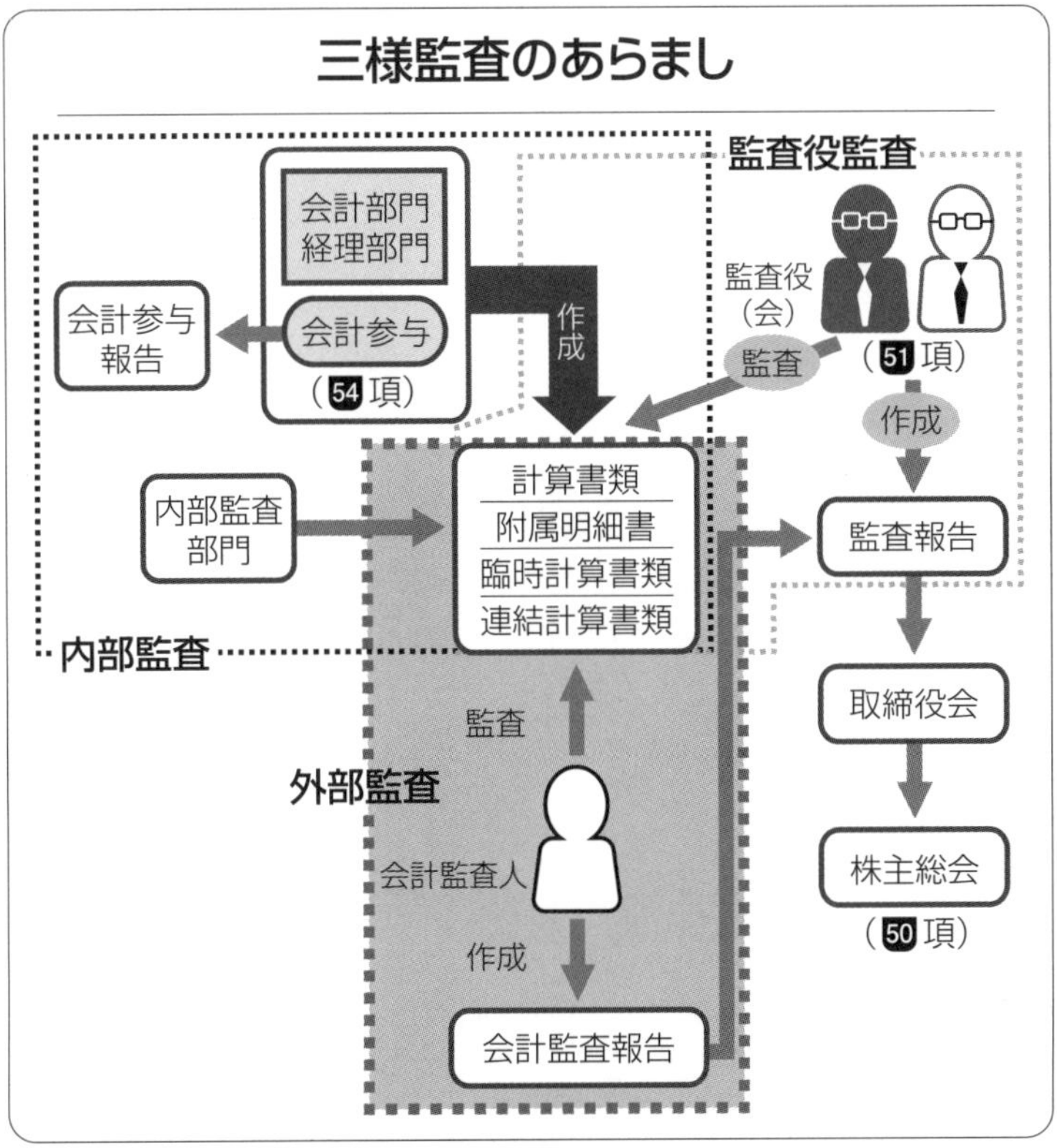

覧・謄写ができ、取締役、会計参与、支配人その他の使用人に対し、会計に関する報告を求めることができる（同条二項）。

また会計監査人は、その職務を行うため必要があるときは、会計監査人設置会社の子会社に対して会計に関する報告を求め、業務と財産の状況の調査ができる（同条三項）。ただし、その子会社は、正当な理由があれば、会計監査人への報告・調査を拒むことができる（同条四項）。

会社に対する責任

会計監査人は、社外取締役と同じように、株主代表訴訟の対象にもなる。監査法人は賠償能力があるため訴えられやすく、その責任が認められた事例もある。ただ、定款により責任限定契約を締結することもできる（59項）。このほか、第三者に対しても責任を負うことがあるが、こちらは責任限定契約の対象にならない（60項）。

54

会計参与

中小企業の計算書類の質の向上を目指して

税理士または公認会計士

「会計参与」とは、税理士または公認会計士の資格を有する者（法人も可）が、主として中小企業の計算の適正化を図るべく導入された機関である。株式会社は、どんな機関設計を採用しても、定款で会計参与を設置する旨を定めることができる。一つの会社で、会計監査人と会計参与を併存させてもよい。

会計参与は株主総会で選任され、その任期・報酬等については取締役と同様の取扱いを受ける（三三四条一項）。会計参与を設置したことや、その氏名や名称は登記事項だ。

会計参与は、取締役・執行役と共同して計算書類を作成する職務を行う点で、監査とは異なる面がある。ただ、会計参与は、その職務を行うに際して、取締役の職務の執行に関し不正の行為または法令や定款に違反する重大な事実があることを発見したら、遅滞なく株主等に報告する義務を負う。

さらに会計参与には、株主総会で計算書類等に関して株主が求めた事項について説明する義務がある。株主や株式会社の債権者は、会計参与に対して、いつでも計算書類等の閲覧等を請求できる。

会計参与は、株式会社とは別に、各事業年度の計算書類等を五年間保存する義務も負う。

役員としての重い責任

会計参与は、取締役のように経営そのものについて責任を負うわけではない。ただ、会社や第三者に対する責任については定められている。基本的には、会計参与は、取締役と同じように、善管注意義務を負い、株主代表訴訟等の対象にもなる。

ただ、会計参与も、定款に定めておくことによって責任限定契約を締結しておくことは可能だ（四二七条一項）（59項）。

専門的知見のある会計参与の活用によって、中小企業の計算の質が向上し、税理士等の社会的地位の向上に寄与することになるとの期待もあるが、代表訴訟リスク等のため、あまり広がってはいないようだ。

会計参与の職務

義務

- 計算書類等を取締役等と共同作成する義務（374条1項・6項）
- 会計参与報告の作成（374条1項）（会計参与は、計算書類等については取締役・執行役と共同して作成し、会計参与報告は単独で作成する）
- 株主総会における計算書類等の説明義務（314条）
- 計算書類等の保存、５年間の備置き（378条）
- 計算書類等の株主及び債権者への開示（378条2項）
- 計算書類等を承認する取締役会への出席及び意見陳述（376条1項）
- 株主または監査役への報告義務（375条）

権限

- 会計帳簿・資料の閲覧・謄写権（374条2項）
- 計算書類の作成につき、取締役等と意見を異にする場合における株主総会における意見の陳述（377条）
- 会計参与の職務を行うため必要がある場合における会社・子会社の業務及び財産の状況の調査権（374条3項・4項）
- 株主総会における会計参与の選任等についての意見の陳述（345条1項）
- 辞任した会計参与による株主総会における辞任の理由の陳述（345条2項）

55

役員等の責任

——各種の訴訟で追及される重い責任

刑事・民事・行政の三レベル

取締役、監査役等の役員や会計監査人（＝役員等）が負う責任は、抽象的な経営責任、社会的責任とか道義的責任だけではない。法的な責任も負う。

法的責任には、刑事責任、民事責任、行政責任がある。犯罪ならば刑事責任が追及される。会社では金銭的なトラブルが起きやすく、利害関係者も多い。民事上の責任については、立場や見解によって争いとなりやすい。許認可事業等では、行政規制による資格制限等もあろう。

株主代表訴訟と第三者責任訴訟

会社法で特別に認められている役員等の民事責任は二つに分けられる。一つは会社に対する責任（＝株主に対する責任）であり、もう一つは第三者、会社外の債権者に対する責任だ。

会社に対して民事責任を負う場合には、本来は会社自らが役員等に対して責任追及すべきだが、現実には役員間には特別の人間関係もあって、仲間であった役員の責任追及をするようなことは期待できない。

そこで、株主が会社に代わって訴訟を起こすための株主代表訴訟制度がある。株主代表訴訟は、役員等の職務執行について任務懈怠、すなわち故意または過失を要するのが原則で、一部に限って無過失責任等の例外（56項）が認められている。

これに対して、第三者責任訴訟（60項）では、取締役に「悪意または重大な過失」が原則として必要とされる。しかし、重要な事項に関する虚偽の情報開示等については、逆に無過失を役員側が立証できない限り、責任を負わされることがある。

役員等の責任

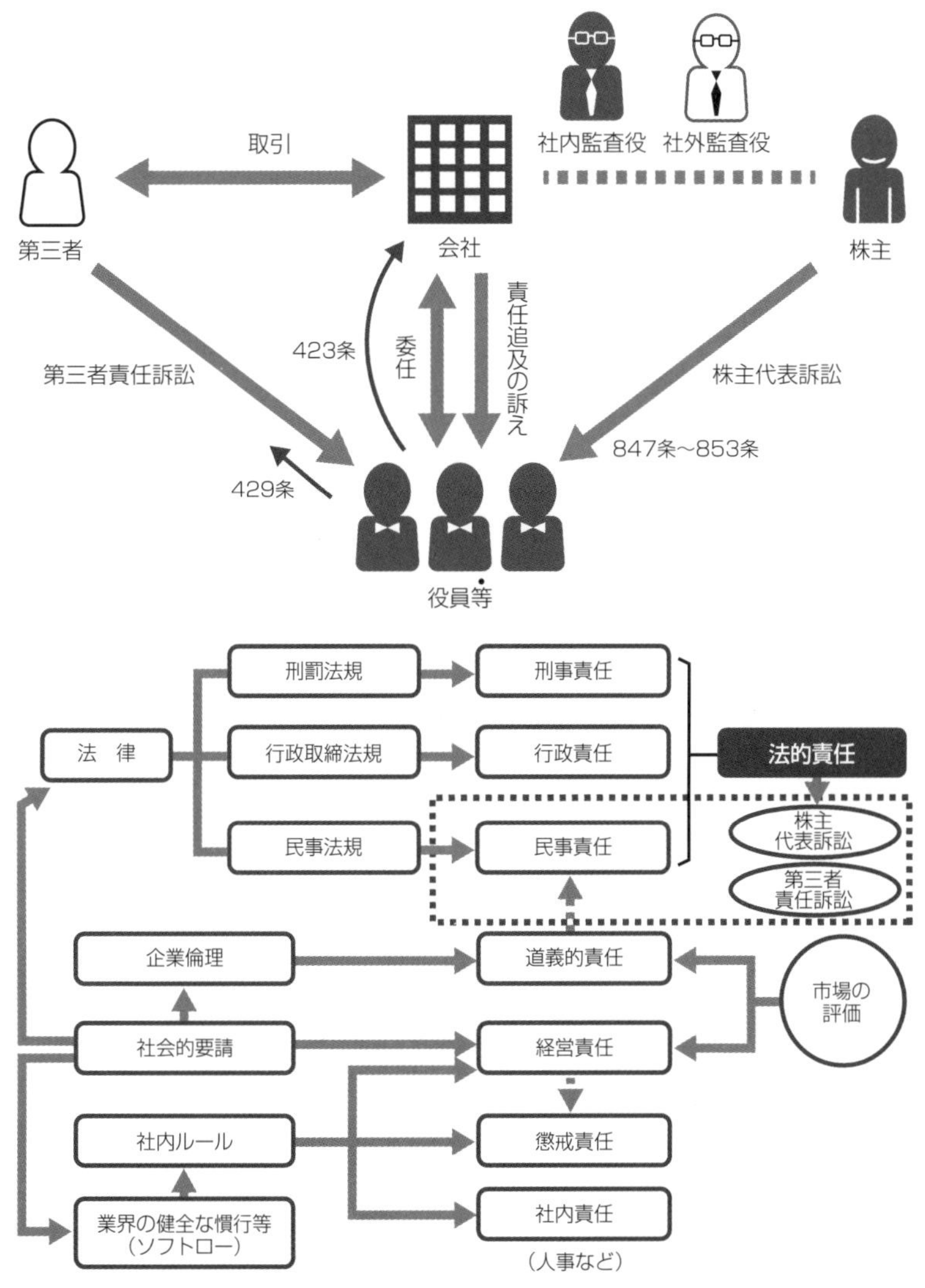
社内監査役
社外監査役
取引
第三者
会社
株主
423条
委任
責任追及の訴え
第三者責任訴訟
株主代表訴訟
847条〜853条
429条
役員等
刑罰法規
刑事責任
法　律
行政取締法規
行政責任
法的責任
民事法規
民事責任
株主
代表訴訟
第三者
責任訴訟
企業倫理
道義的責任
市場の
評価
社会的要請
経営責任
社内ルール
懲戒責任
業界の健全な慣行等
（ソフトロー）
社内責任
（人事など）

56

役員等の会社に対する責任

――過失責任の原則が明文化

どういう場合に責任を負うか

取締役、会計参与、監査役、執行役または会計監査人といった役員等は、会社に対して、任務懈怠によって生じた損害を賠償する責任を負う。これにより、役員等の会社に対する責任については**過失責任の原則**が認められ、原則として**任務懈怠**がなければ、会社に対して責任を負うことはない。

このため、何もしていないのに、取締役会決議に賛成しただけで、その行為をしたものとみなされるといった定めはない。ただ、取締役会決議に参加した取締役で取締役会議事録に異議をとどめていない場合は、決議に賛成したものと推定される。

立証責任の転換と厳格無過失責任の例外

過失責任は、あくまでも原則である。まず、立証責任が転換されている部分がある。

たとえば、利益相反取引による損害で任務懈怠の推定が働くとか、競業取引では損害額の推定が働く等、一部の立証責任が転換されている。違法な剰余金の配当等があった場合も、自らの無過失を立証しなければ責任を免れることができない。これは、任務懈怠責任とは性質が異なる特別の責任として定められている。これにより、分配可能額を超えて剰余金の配当等をした取締役又は執行役、及び分配議案を作成した取締役や執行役などの業務執行者は、分配した額等について連帯して弁済責任を負うべきものとされる。

さらに、役員等の責任について**無過失責任**とされる部分もある。自己のために会社と利益相反取引（45項）をした取締役や執行役は、会社に対して無過失責任を負い、その責任軽減も認められない。また、利益供与（48項）の責任についても、利益の供与をした取締役は無過失責任を負う。これに対して、他の取締役は、自分が利益供与に無過失であると立証できれば、その責任を免れうる。

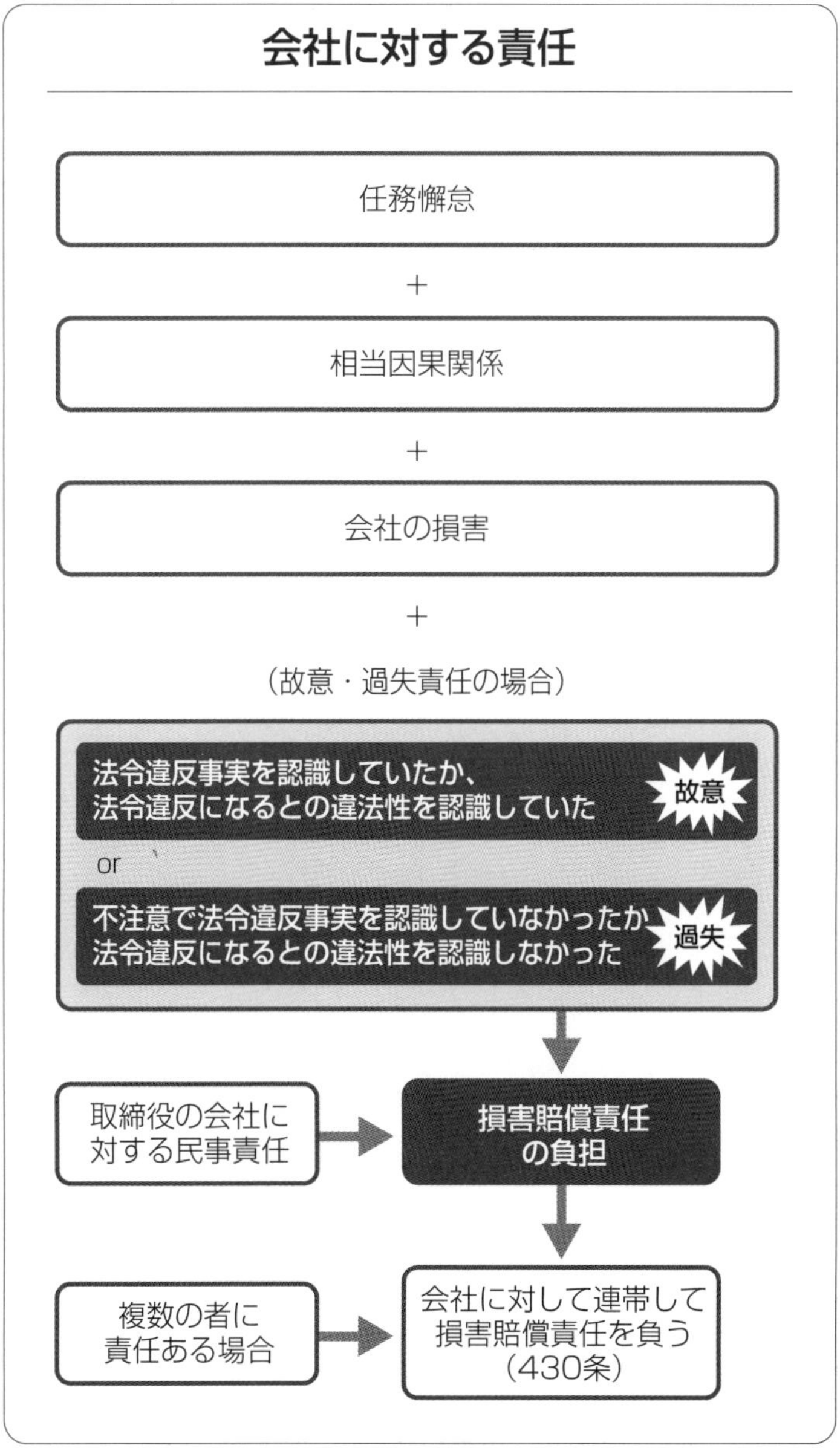

57

株主代表訴訟
――株主が会社を代表して役員ら個人を訴える

原告株主に賠償金は払われない

株主代表訴訟とは、会社が役員等に対して損害賠償を請求できるのに、それをしない場合に、株主が会社に代わって、取締役など役員等を相手取って会社への損害賠償をするように請求できる制度だ。ただし、株主が自己又は他人の不正な利益を図り、又は会社に損害を加える目的を有する場合には、株主代表訴訟は提起できない。

株主は、会社に損害が生じて株式の価値が下がった場合に、損害賠償を求めることができてもよさそうだ。しかし、日本では、株主が自ら所有する株式の価値が下がったことだけを理由に、取締役に賠償を求めることを認めない。その代わり、株主が間接的な形で賠償を求めることにしたのが株主代表訴訟だ。株主代表訴訟は、あくまでも会社への賠償金支払いを求めるにすぎない。そこが通常の損害賠償請求訴訟とは大きく異なる。

原告となる株主は、全株主を代表して訴えを起こすようなもので、また会社の代表機関のように被告の責任を追及することから、「代表訴訟」と呼ばれる。

会社の利益を確保するための合理化

株主代表訴訟では、これを提起する前に、株主は会社に提訴請求をしなければならない。その提訴請求があった日から六〇日は、会社が対応を検討できる期間とされる。会社が提訴しない場合に限って株主代表訴訟を起こせるが、会社は、株主や役員等の請求により**不提訴理由書**を出す必要がある。なお、役員等の責任を追及する代表訴訟や会社による訴訟が起きた場合、遅滞なく株主への通知か公告をする必要がある。訴訟上の和解を行うに際しての手続も規制されている。また被告となった取締役を補助するために、会社が訴訟に参加申出をすることもできるようになっている。ただし、会社の補助参加は、監査役の同意等が要件となっている。

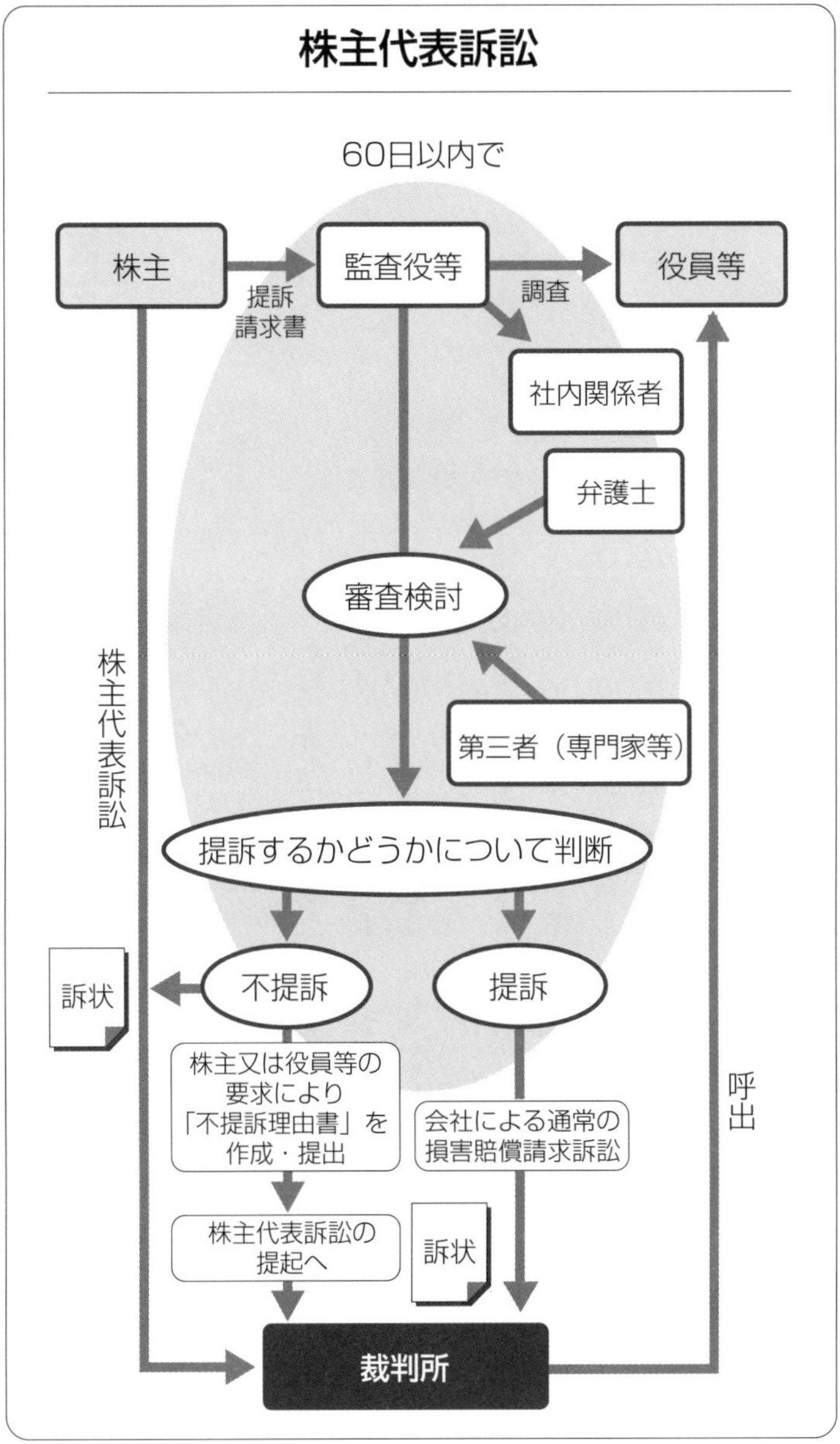

58

多重代表訴訟

最終完全親会社等の株主による責任追及の訴え

最終完全親会社の株主

多重代表訴訟とは、子会社や孫会社の役員等に対しても代表訴訟を提起できる制度である。ただ、日本における多重代表訴訟は、最終完全親会社の株主が、その重要な子会社の役員等に対して代表訴訟を提起できるという形に限られる。ここで最終完全親会社とは、子会社や孫会社等に対して直接又は間接的に、一〇〇%の株式を通じた支配権を有する元締めの会社をいう。

これは平成二六年改正で新たに導入されたものだ。会社法は、これを**特定責任追及の訴え**と呼んでいる（八四七条の三以下）。ただ、その適用範囲はかなり限定されている。

一%以上の少数株主権

多重代表訴訟の原告となれるのは、最終完全親会社の総株主の議決権の一%以上の議決権又は当該最終完全親会社の発行済株式の一%以上の数の株式を有する株主に限られる。

また、被告となる役員等が属する会社も、最終完全親会社が有する当該株式会社の株式の帳簿価額（当該最終完全親会社の完全子法人が有する当該株式会社の株式の帳簿価額を含む）が当該最終完全親会社の総資産額の二〇%を超える場合に限られる（たとえば、左頁の子会社レベル参照）。さらに、当該訴えに係る責任の原因となった事実によって当該最終完全親会社に損害が生じていない場合は認められない等、通常の代表訴訟と同様の制限もある。

この制度は、持株会社が増えている中で、子会社・孫会社等の役員等への責任追及に道を拓くものだ。しかし、経済界の大

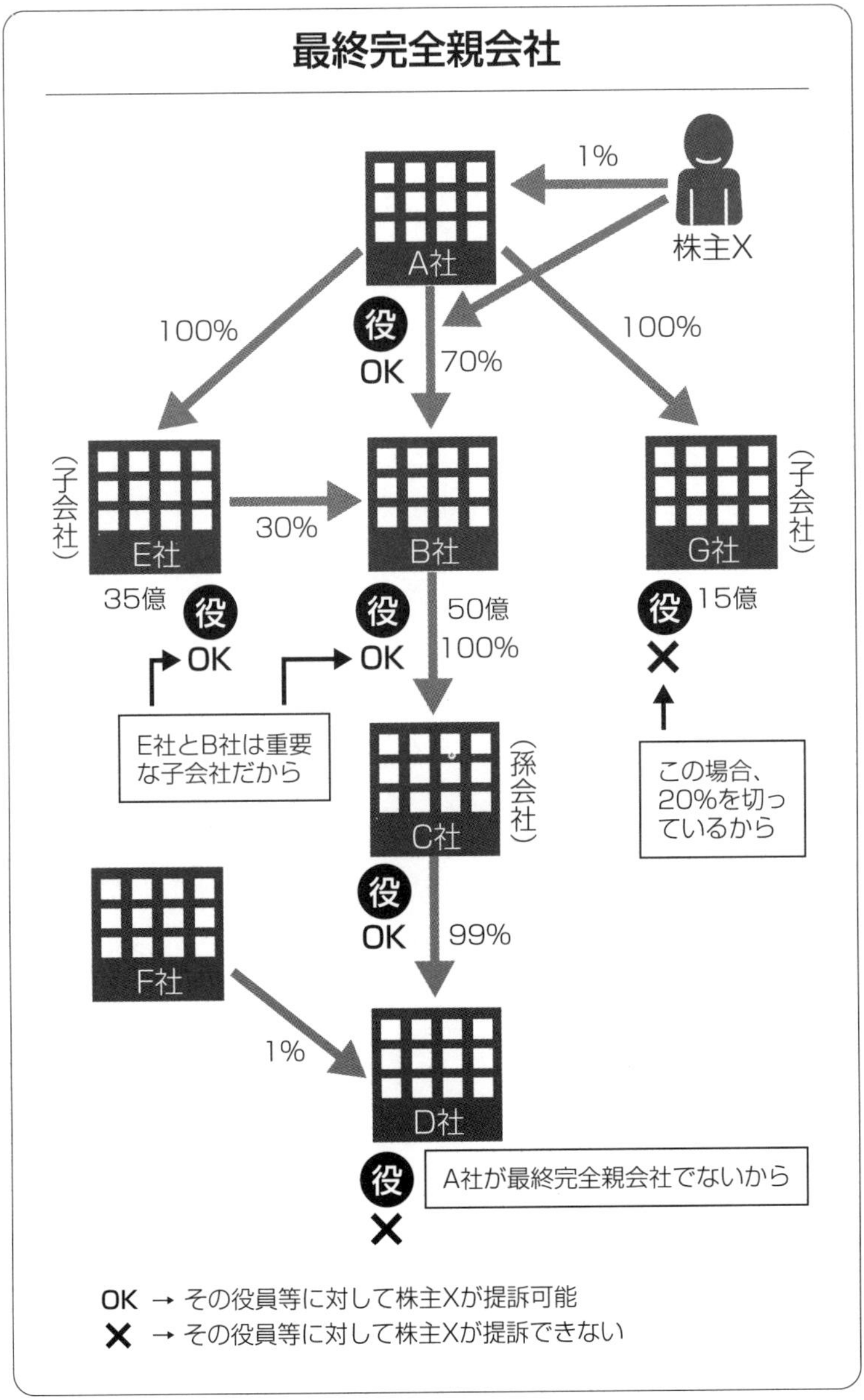

反対に対し、法務官僚が巧みにリードして導入が実現したことから、現実に提訴できるケースはかなり限られる。とはいえ、中小企業ではその資本関係によっては起こされる場合もありえよう。

59

役員の責任軽減

過酷な賠償責任から解放するための手続と要件

悪意または重大な過失のないことが条件

会社に対する役員等の責任については、その軽減手続が整備されている。ただ、役員等の責任軽減のためには、職務の執行について、善意で、重大な過失がないことが条件であり、手続としては監査役等の同意や株主に対する理由の説明等が必要とされる。

賠償責任が軽減できる金額は、賠償責任を負うべき額から所定の金額を控除した額が限度だ。概ね、代表取締役や代表執行役は六年分の報酬等、平取締役や執行役は四年分の報酬等、社外取締役、監査役、会計参与、会計監査人は、二年分の報酬等にまで賠償額を限定できる。

責任軽減のための三つの手続

この手続には三種類のものがある。第一に、株主総会の特別決議で責任軽減をする方法。第二に、定款に特別に規定することによって、取締役会の決議等だけで免除できる方法。第三に、定款に基づいて非業務執行の取締役、監査役、会計参与、会計監査人と**責任限定契約**を締結し、会社に対する損害賠償責任を限定する方法。ただし、責任限定契約を結んだ役員等が会社又は子会社の業務を執行する取締役や支配人・従業員等になると、責任限定契約は将来に向かって効力を失う。

この点に関連して、令和元年改正では、取締役会決議によって、業務執行者の指揮命令に服さない限りで、所定の業務を社外取締役に委託でき、その場合は社外性が失われないとする例外が定められた。

なお、定款に基づいて取締役

会が責任の免除の決議等を行った場合、取締役は、遅滞なく所定の事項、とりわけ控除額や算定根拠、免除に異議があれば一カ月以上の期間内に述べるべき旨を公告するか、株主に通知する。総株主の議決権の三％以上を有する株主がその期間内に異議を述べたときは、この方法による免除ができないが、その後に株主総会の特別決議で責任軽減を受けることはできる。

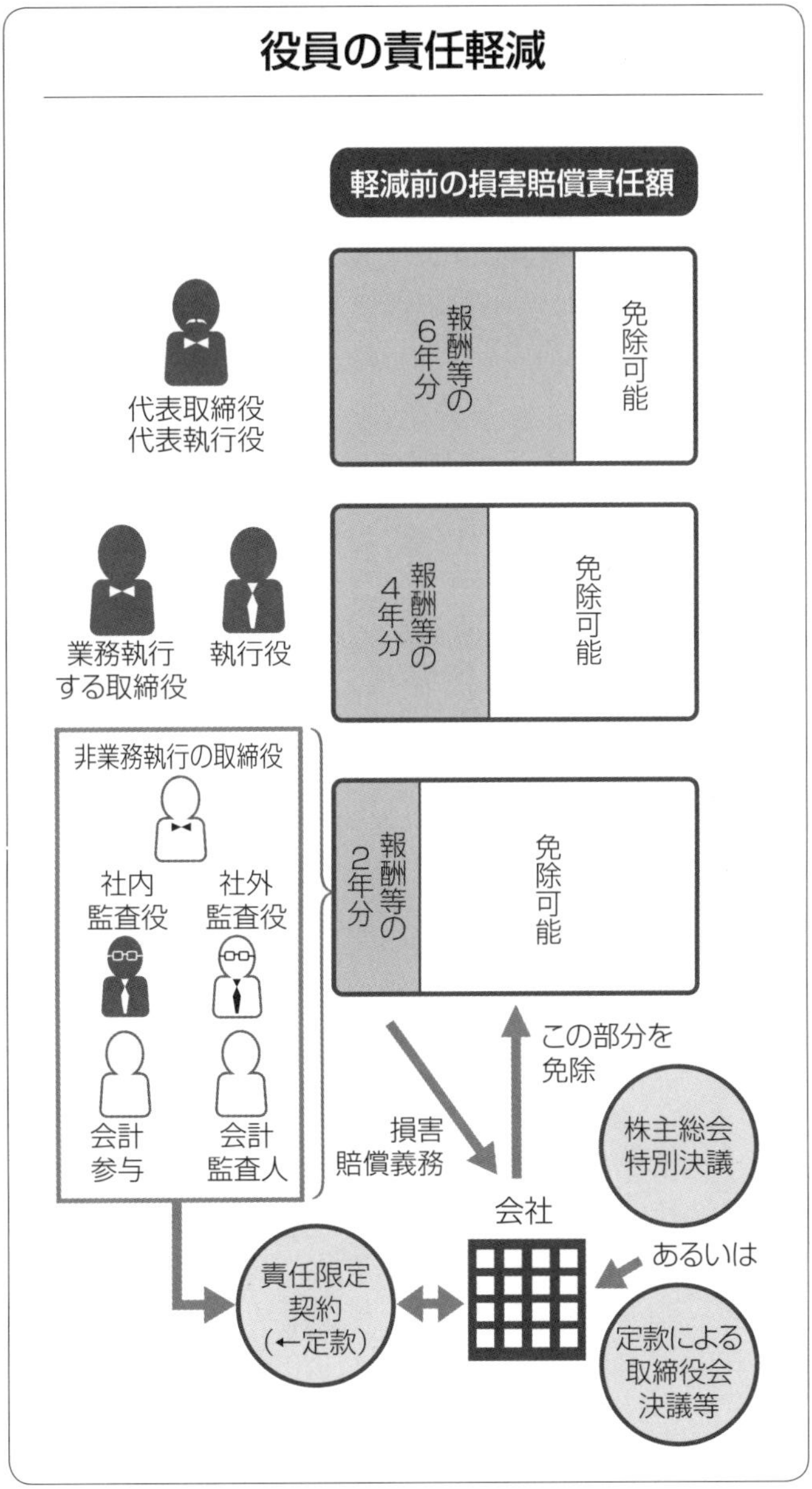

60

役員等の第三者に対する責任

悪意・重過失があった場合の法定責任

役員個人が責任を負わされる

会社債権者（＝第三者）が役員等の民事責任を追及する訴訟を「第三者責任訴訟」という。本来、債権者が取引したのは、取締役・執行役等ではなく会社だ。したがって、一次的には会社の責任と財産によってまかなわれるべきものだ。その責任を、何の保証もしていない取締役・執行役等の個人にまで負わせるのがこの制度だ。これらの取締役の責任問題は、会社が倒産した場合など、会社からの回収が困難な場合に起きることが多いが、必ずしも会社が倒産した場合に限られない。

会社債権者が役員等個人に責任追及できる要件

役員等が会社債権者（＝第三者）に対して連帯して損害賠償責任を負う場合は限られている。これは単なる過失ではなく、原則として、職務の執行について「悪意または重過失」の場合に限って、会社債権者を救うために役員個人に賠償責任を負わせている（四二九条一項）。

ただ、「軽過失」なら簡単に責任を免れるというほど、甘い運用ではなく、決済見込みのない手形振出しや仕入れ、社長の違法行為の見逃し等でも重大な過失が認められている。

これに対して、たとえば、取締役や執行役が株式申込証の用紙、新株引受権証書、新株予約権申込証、社債申込証もしくは新株予約権付社債申込証の用紙や目論見書等の重要な事項に虚偽の記載・記録をした場合や、虚偽の登記・公告をした場合等のように虚偽の情報開示をした場合は、重過失がなくとも第三者に対して責任を負う。これらは、役員等がその記載・記録、登記又は公告等について、注意を怠らなかったことを証明できた場合に限って、責任を免れることができるという形で、立証責任が転換されている。

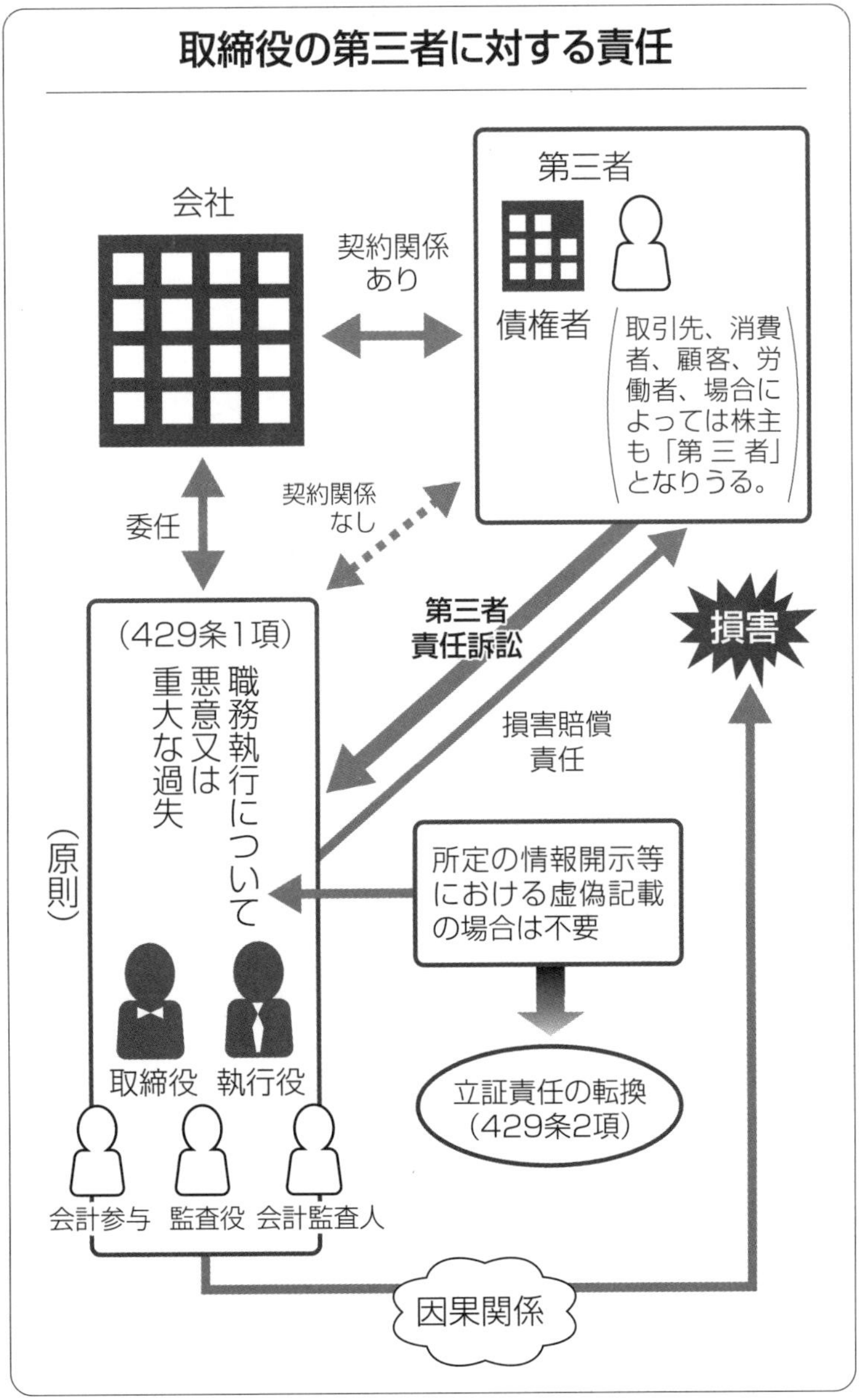

COLUMN

特別利害関係

特別利害関係を有する者が決議に参加できるかどうかは、取締役会と株主総会とで異なる。まず取締役会においては、「特別の利害関係」を有する取締役は決議に参加できず、この特別の利害関係のある取締役の数は定足数にも算入しない（39項）。これは、取締役が会社に対して忠実義務を負っていることから、その議決権が公正に行使されない恐れがある場合には議決権を認めないのが合理的だと考えられたからだ。

それに対して、株主総会では原則として特別の利害関係を有する株主も決議に参加することができる。ただ、特別の利害関係のある株主が議決権を行使した結果、著しく不当な決議がされた場合には、総会決議取消の訴えの対象になるものとして対応することになっている（33項）。

実は、昭和五六年改正前の会社法では、特別利害関係のある株主の議決権は制限されていた。しかし、会社に対して忠実義務を負っている取締役と違って、株主の議決権行使は、自分の利益のために行使されても、特に不合理というわけではない。そのため、株主の特別利害関係はかなり狭く解釈されていたので、法改正でそういう制限はなくなったのだ。

もっとも、特定の株主から自己の株式を取得するための特別決議における当該株主（一六〇条四項）、一四〇条三項や一七五条二項の株主は、議決権を行使できないとの例外がある。この場合には特別利害関係の株主の議決権行使制限が一部復活しているともいえる。ただし、その場合にも例外があり、全部の株主がこれによって議決権を行使できない場合には、再び議決権を行使できるようになる。

第5章

大規模会社のガバナンス

61

コーポレート・ガバナンス——欧米流経営手法の導入と発展

パフォーマンスとコンプライアンス

コーポレート・ガバナンス（企業統治）の意味は、必ずしも明確ではない。論者によってさまざまな捉え方がされ、一九九〇年代以降、欧米にならう形で、わが国でも活発に議論されてきた。特に、企業不祥事を契機として、コンプライアンス経営の重要性が叫ばれてきている（拙著『図解 コンプライアンス経営〈第5版〉』（東洋経済新報社、二〇二三年刊）を参照）。

迅速かつ機動的な企業の意思決定のための規律が要請され、執行役員制度（65項）の導入がされるなど、実務ではさまざまな工夫がなされてきた。

こうした経緯から、企業統治の内容は、経営の効率性・業績の向上（＝パフォーマンス）を確保するための議論と、会社経営の適法性・適正さ（＝コンプライアンス）を確保するための議論とに分けられる。これらについては、内部統制システムの構築義務（49項）という形で制度化されており、金融商品取引法に基づく内部統制報告制度もある。

リーガルリスク・マネジメント

リスク・マネジメントの概念にも定説はないが、おおむねさまざまなリスクについての事前の予知・予防と、事後の対応の管理とに分けられる。リスクが特に著しい損害をもたらすものに対しては「クライシス・マネジメント」（危機管理）もある。

ただ、リスクにはさまざまなものがあり、リスクの中でもリーガルリスクについてのマネジメントは、コンプライアンス実現のための手法として重要だ。今後は、金融庁が持続的な成長と中長期的な企業価値の向上のために進める**コーポレートガバナンス・コード（CGコード）**や責任ある機関投資家の諸原則を定める**日本版スチュワードシップ・コード**等も重要な指針となろう。CGコードが適用される上場会社は、奨励される原則等に従うか、さもなければ説明が求められるいわゆる**comply or explainの規律**によって実効性が担保されている。

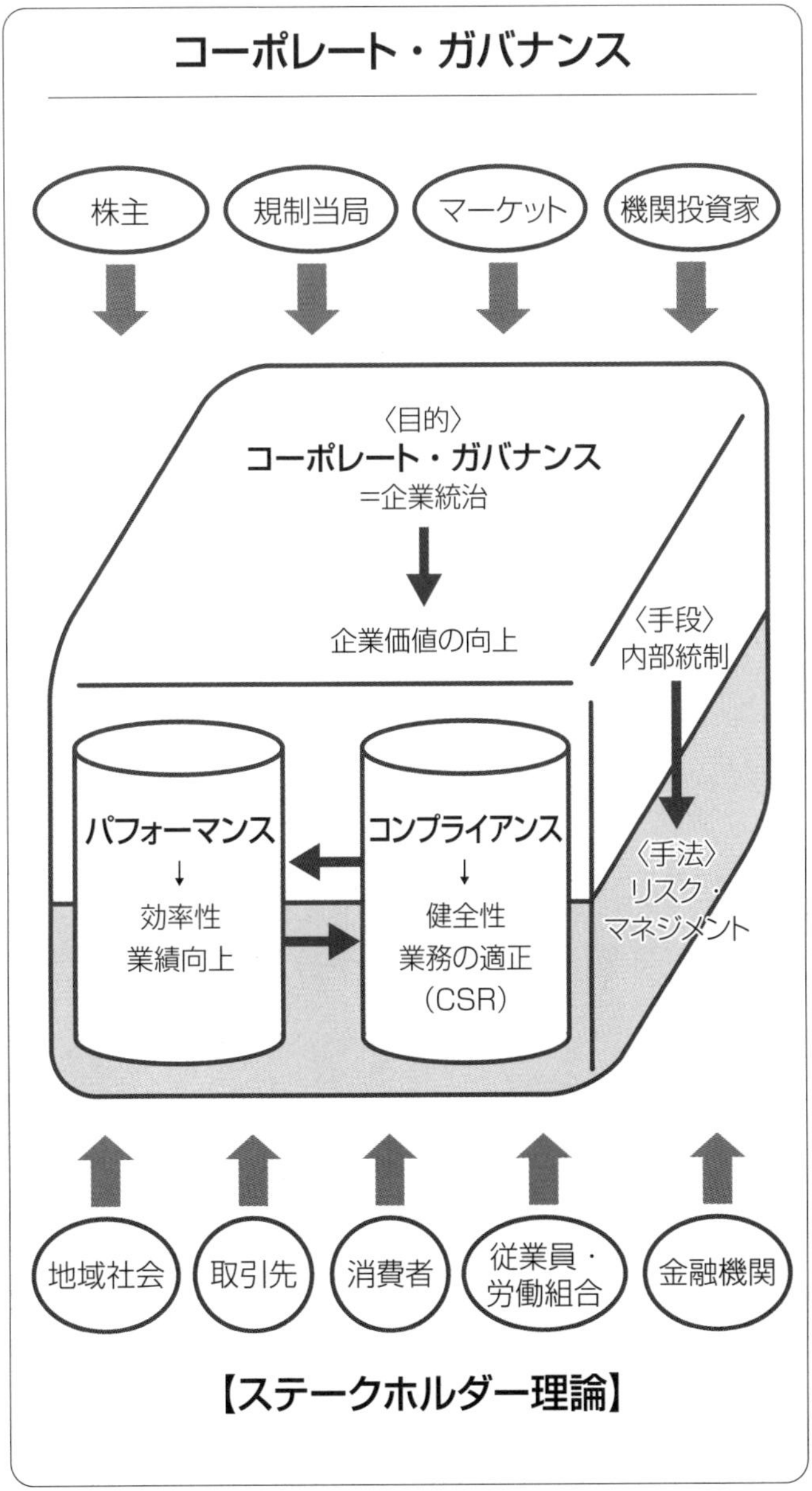

62

公開大会社

企業社会をリードするがゆえにより厳しい規律が求められる

機関設計は三つから選択

　公開大会社は、監査役会設置会社、指名委員会等設置会社、又は監査等委員会設置会社のいずれかを選択する必要がある。これは、制度間競争による規律の試みの現れでもある。

　指名委員会等設置会社の指名委員会や報酬委員会が多くの企業で敬遠されていたことから、より採用しやすい委員会型の機関設計として監査等委員会設置会社の制度が導入された。

　監査委員会も監査等委員会も、常勤が必置ではなく、必ずしも実査をしなくてもよく、監査役のような独任制が認められない等の点で共通する。

　いずれの機関設計がベストかは一概に言えないが、監査等委員会設置会社が増えつつある。

社外取締役の選任義務

　経営者の独走を牽制するため、令和元年改正で、監査役会設置会社でも有価証券報告書提出会社の公開大会社には社外取締役の選任が義務付けられた。独立性のある社外取締役の役割が期待される。

　特に、ＣＧコード（61項）が適用される上場会社では、社長等の指名・報酬に関する社外取締役の監督機能の発揮が注目される。このため、法定ではなく、任意の指名委員会や報酬委員会の設置も促され、その活用が広がりつつある。

モニタリング・モデル

　監査役会設置会社では、取締役会が重要な業務執行の決定にかなりの時間を取られる。他方、大幅な権限委譲が認められる取締役会のスタイルは、監督・評価機能に重点を置くので、モニタリング・モデルと呼ばれる。

監査役会設置会社、指名委員会等設置会社、監査等委員会設置会社の比較・検討

	監査役会設置会社	監査等委員会設置会社	指名委員会等設置会社
モデル	取締役会の業務執行決定権限広範		モニタリング・モデル
取締役会が委任可能な職務範囲	362条4項の規制範囲内（38項）	362条4項の事項も委任可能（執行役員への権限委譲拡大）	重要な一部事項（416条4項但書）を除き、執行役に広く委任可能
監査・監督の監視の対象	取締役等の職務執行	取締役等の職務執行	執行役及び取締役の職務執行
監査役･監査（等）委員の任期	4年	2年	1年
その他の一般取締役の任期	2年以下（⇒1年にして459条の規律も可能）	1年	1年
監査・監督の独立的調査権限（独任制の有無）	あり（381条）	なし（399条の3第1項～4項）	なし（405条）
選解任等への意見陳述権	監査役についてのみ意見陳述権あり	監査等委員になる取締役及び他の取締役の選解任、報酬等に関して、意見陳述権あり	なし
解任・辞任後の意見陳述権	あり（345条4項）	あり	なし
監査者の報酬規制	定款又は株主総会決議による	他の取締役とは別に定款又は株主総会決議による	報酬委員会による
423条の推定規定	必ず適用	監査等委員会の事前承認で任務懈怠の推定規定が不適用	必ず適用
会計監査人の選解任議案	監査役会が決定	監査等委員会が決定（399条の2第3項2号）	監査委員会が決定
会計監査人の報酬	監査役会の同意（399条1項）	監査等委員会の同意（399条3項）	監査委員会の同意（399条4項）
特別取締役の設置	可能	可能（ただし、362条4項の権限委譲をしたら不可）	不可（373条）
選解任種類株式の発行	可能	可能	不可（108条）

63

使用人兼務取締役
――取締役と従業員の地位の矛盾も

実務上の必要性

取締役が従業員を兼ねて、社長の指揮監督下で働くことがある。従業員のことを会社法は「使用人」というため、従業員の地位を兼ねた取締役を「使用人兼務取締役」という。

「使用人兼務取締役」は、「監督する側」と「監督される側」の立場を兼ねている。また、社内昇進者は社内の内向きの論理に染まっており、自分を昇進させてくれた上司の意向を付度してしまい、客観的な観点から監督をすることは難しい。そのため、使用人兼務取締役は、取締役会の機能不全をもたらした原因として問題視されてきた。

しかし、監査役とは異なり、取締役は使用人との兼務が禁止されていない。日本の企業社会では、従業員からの取締役登用は会社の人事政策や実務運営においても多くのメリットがあるので、一般的に許容されている。

ただし、監査等委員や業務執行と監督とを分離することを重視する指名委員会等設置会社の取締役は、明文で使用人との兼務が禁止されている（三三一条三項、四項）。

使用人兼務取締役の処遇

従業員の地位も兼ねる「使用人兼務取締役」であれば、従業員でもあるから、当然に従業員と同様に会社に勤務する義務を負う。また、取締役服務規程などによって、取締役の勤務形態や常勤である場合の取扱いが決められていれば、それに従う義務も負うと解される。

就業規則に「役員には適用しない」といった規定がない限り、就業規則も使用人兼務取締役に適用される。

使用人兼務取締役

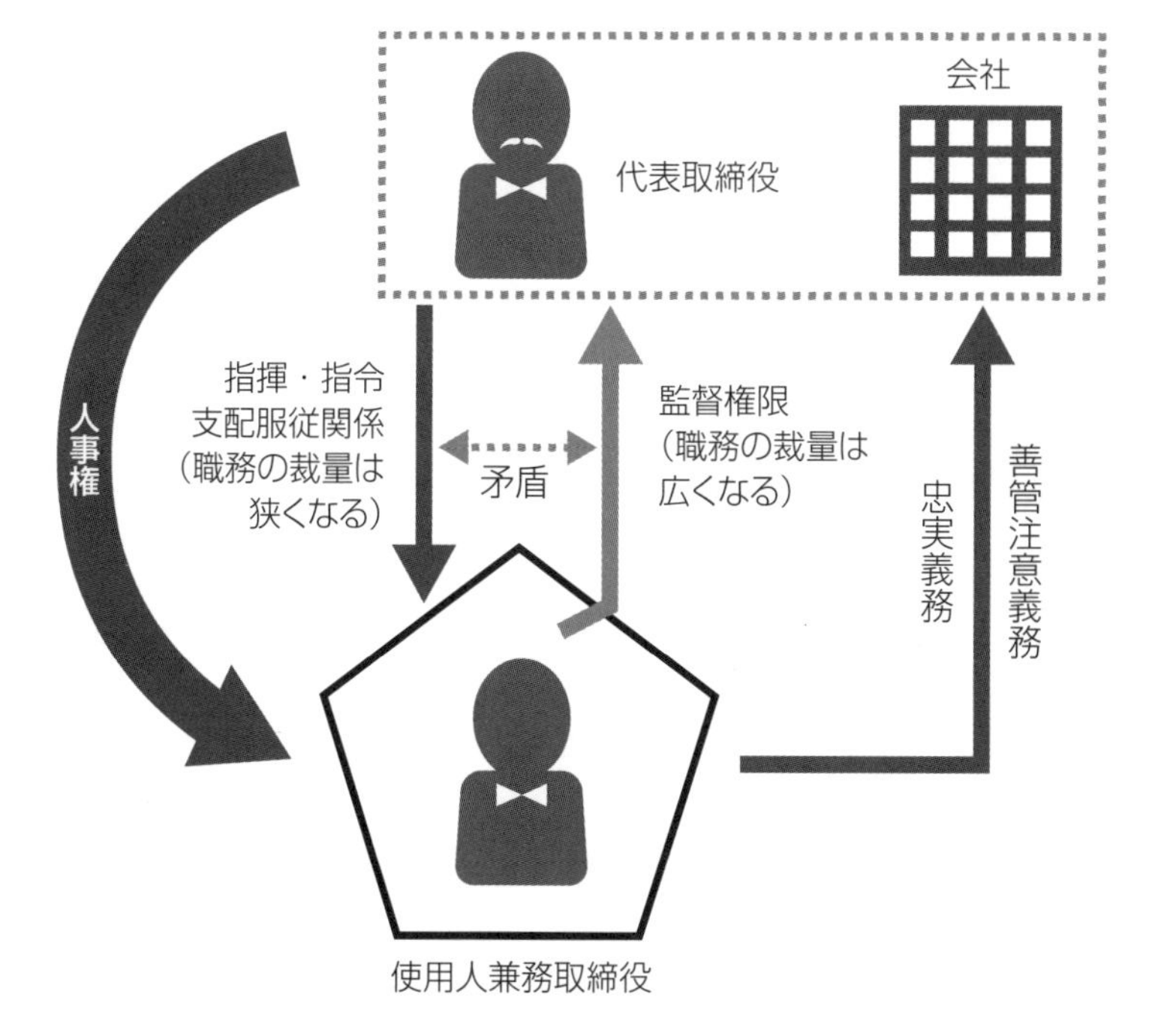

取締役が経営陣の一員であるという位置づけからすると、取締役の処遇については、なるべく取締役会で決めることができるようにする方がいいだろう。そこで、取締役には取締役服務規程を別途設けることも有意義だと考えられる。

使用人兼務取締役の報酬

職務の対価を、取締役の報酬としてではなく、使用人給与として受けると、役員の報酬規制（71項）を潜脱できてしまう。これを防ぐため、使用人として受ける給与の体系が明確に確立されている場合、株主総会で承認する取締役報酬額には、使用人兼務取締役の使用人分給与は含まれない旨を明示して取締役全員の報酬総額だけを決議することも適法とされる。

64

社外取締役と社外監査役

——形式的要件でも外部チェックが期待される

仲間主義の克服

取締役会のメンバーが身内の昇進者ばかりであると、その緊密な人間関係から仲間主義に陥り、取締役会のチェック機能が働かない恐れがある。これを克服するために、社外取締役や社外監査役の導入が図られ、令和元年改正で、ようやく社外取締役の義務化が一部導入された。

要件の厳格化と緩和

会社法が定義する社外取締役とは、おおまかにまとめると、現在及び過去一〇年間にわたって、当該株式会社又はその子会社の業務執行取締役もしくは執行役又は支配人その他の使用人（以下「業務執行取締役等」という）であったことがなく、また、当該株式会社の親会社等又は姉妹会社等の業務執行取締役等でも、当該株式会社の取締役、執行役、重要な使用人又は親会社等の配偶者又は二親等内の親族でもない者から選任された取締役をいう。

また、社外監査役も、ほぼ同様に定義されており、現在及び過去一〇年間にわたる要件は同様だが、当該株式会社の親会社等の取締役、監査役、執行役もしくは支配人その他の使用人でもないことが必要だ。このため、親子会社で社外監査役を兼ねることができない。

しかし、重要な取引先等の関係者は社外役員等になることが許容されている。また、過去要件が一〇年に限られたことから、一〇年待てば社外役員になる道が開かれたことになる。

さらに、特別な利害関係を有する親会社や姉妹会社等の関係者等には過去要件がなく、利害関係がなくなれば、すぐに社外

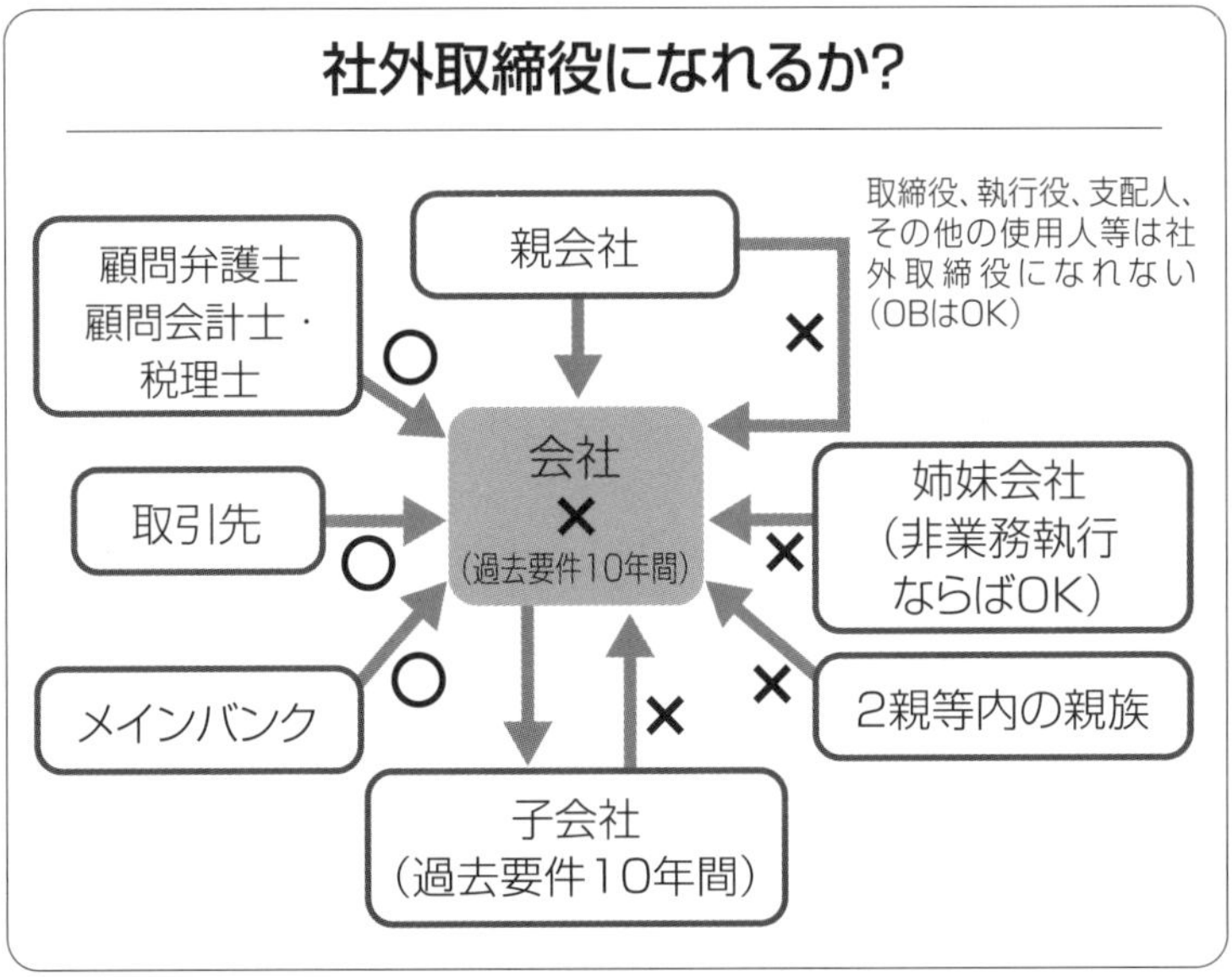

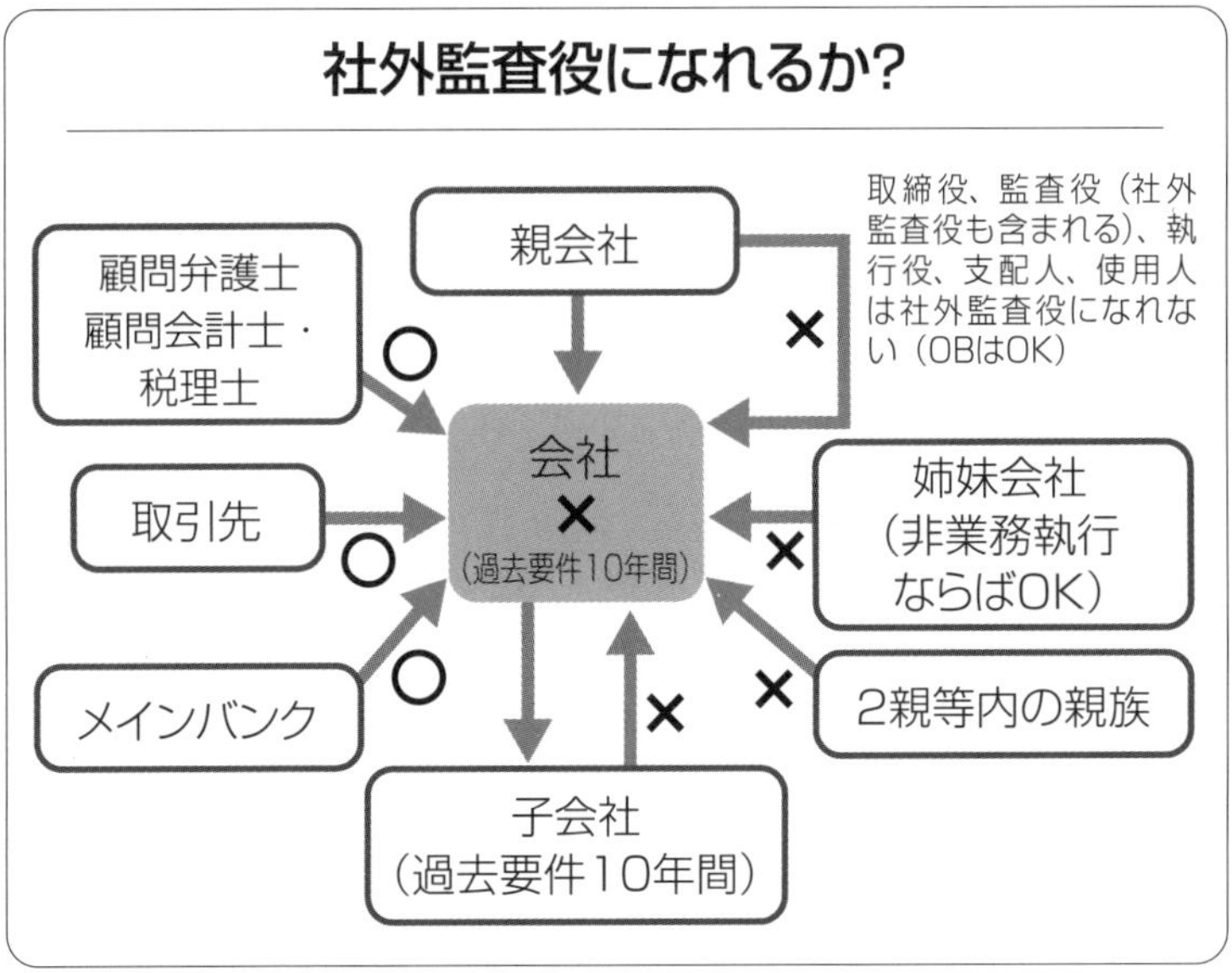

○→社外役員にもなれる。　×→社外役員になれず、社内役員の扱いとなる。

役員になれる。これらの形式要件で実効性があるのかは疑問もあるが、上場会社では社外役員に関する詳細な事項やその兼職の状況等が開示される関係で市場によるチェックがある。

65

執行役員制度

業務執行と監督権限の役割分担

執行役員制度の導入の意義

取締役会を活性化し、取締役会の業務執行に対する監督を実効あるものとするため、執行役員制度を導入することも有意義だ。取締役が自ら業務執行を行い、それをチェックするというのでは、日常の業務に忙殺され、大局的な見地から戦略的な経営判断をすることが難しいだけでなく、自らの業務執行をチェックするにも限界がある。

そこで、業務執行機能を分化して執行役員に委ね、取締役会は大局的・戦略的意思決定に重心を置き、業務執行を監督チェックすることに専念する体制にすることが考えられる。それが執行役員制度の眼目であり、このような体制によって取締役会の監督機能が高まれば、株主代表訴訟の原因となる違法行為を防止することにも役立つ。

なお、指名委員会等設置会社の「執行役」制度（68項）は、執行役員制度とはまったく別物だ。会社法は執行役員制度に何も触れておらず、執行役員は会社の機関でもない。

また、監査等委員会設置会社（69項）では、定款変更等をすることにより、指名委員会等設置会社で執行役に委任できるのと同じ範囲で、業務執行取締役への権限委譲が可能となる。これを活用して、執行役員兼務取締役に対しては執行役に近い大幅な権限委譲ができる。

代表訴訟の被告にならない執行役員

非取締役の執行役員は、任意の制度なので原則として株主代表訴訟の被告にならない。ただ、代表訴訟逃れを意図している場合や取締役退任後も取締役と同じ職務を執行している場合に、例外的に「事実上の取締役の法理」が適用される余地があるかもしれない。

任意の「執行役員制度」については、何ら明確な規制はないので、執行役員制度を工夫することが今後も認められよう。執行役員制度には多岐にわたる問題があるので、詳細については拙著『執行役員制度〔第五版〕』（東洋経済新報社）を参照されたい。

執行役員制度

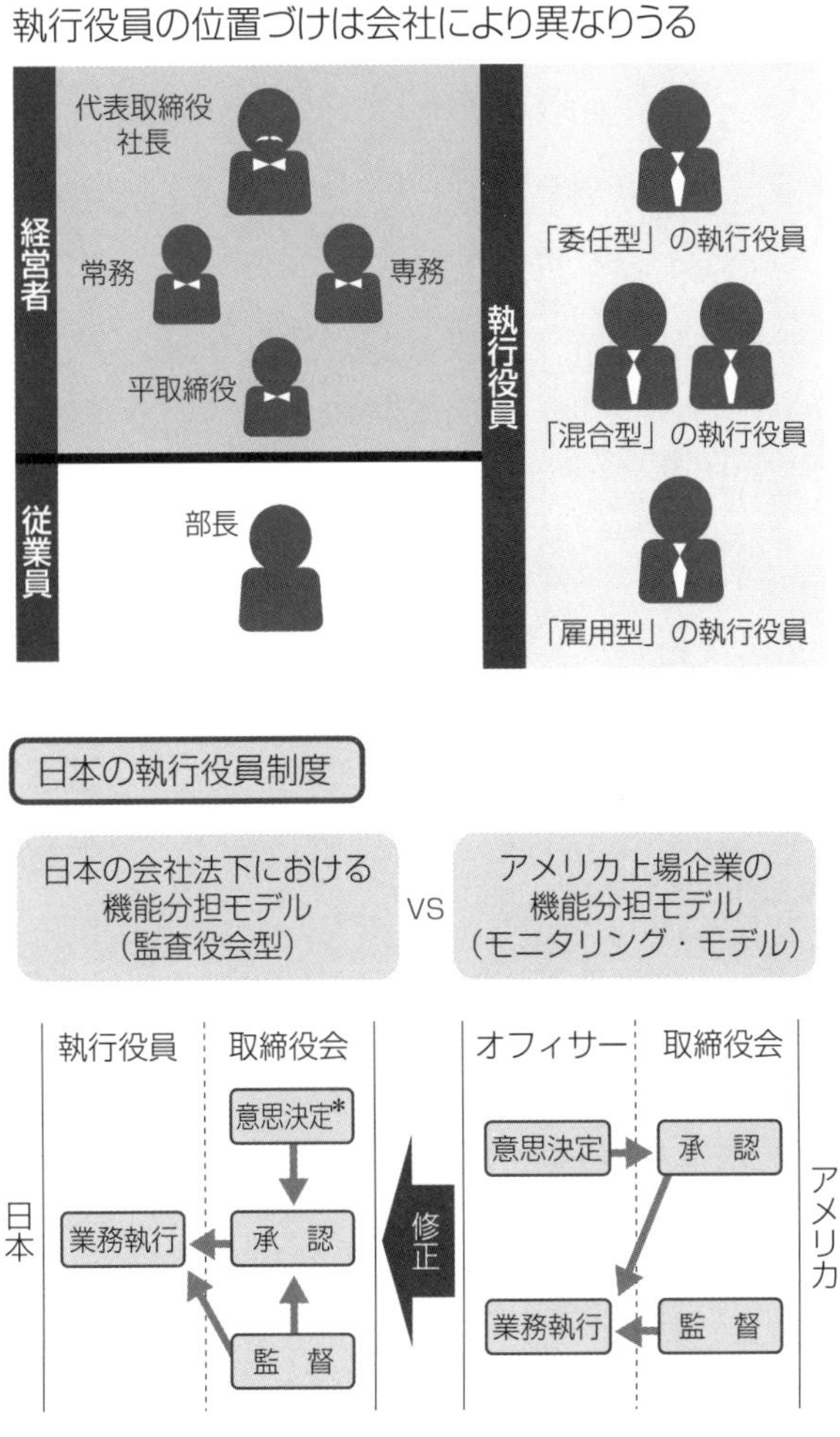

＊意思決定とは重要事項に関する基本的・戦略的意思決定を意味する。

66

指名委員会等設置会社

——業務執行と監督の分離を徹底するアメリカ型

三委員会と執行役の設置

指名委員会等設置会社とは、広範な業務執行権限を委任できる執行役を設ける代わりに、指名委員会、監査委員会、報酬委員会といった三つの委員会（67項）を設ける会社だ。この会社では監査役を置くことができない。執行役による迅速かつ機動的な経営が期待できよう。

各委員会は、取締役三人以上で構成され、社外取締役を過半数にして監督機能を高める。社長の権力の源泉である人事と報酬の権限を奪って、社外取締役が過半数の指名・報酬委員会を設ける点に大きな意義がある。

会社法は、大会社だけでなく中小会社にもこの選択を認めるが、取締役会や会計監査人の設置が必要である。

取締役会の監督機能強化

取締役会は、各委員会の委員を選定し、所定の事項を決定するだけで、業務の監督に重点を置くことになる。すなわち、指名委員会等設置会社における取締役会に残る所定の決議事項を除き、取締役会は、指名委員会等設置会社の業務を執行役に決定させる。

もっとも、取締役は会社の業務執行はできないが、監査委員を除く取締役は、執行役を兼ねることができる。しかし、取締役が使用人を兼務することはできない（三三一条四項）。

執行役（68項）の人数には制限がないものの、会社の重要な業務執行をなしうる機関であり、執行役の氏名は登記もされる。

指名委員会等設置会社は、会計監査人設置会社なので、取締役会の承認を受けた計算書類が法令及び定款に従い財産及び損

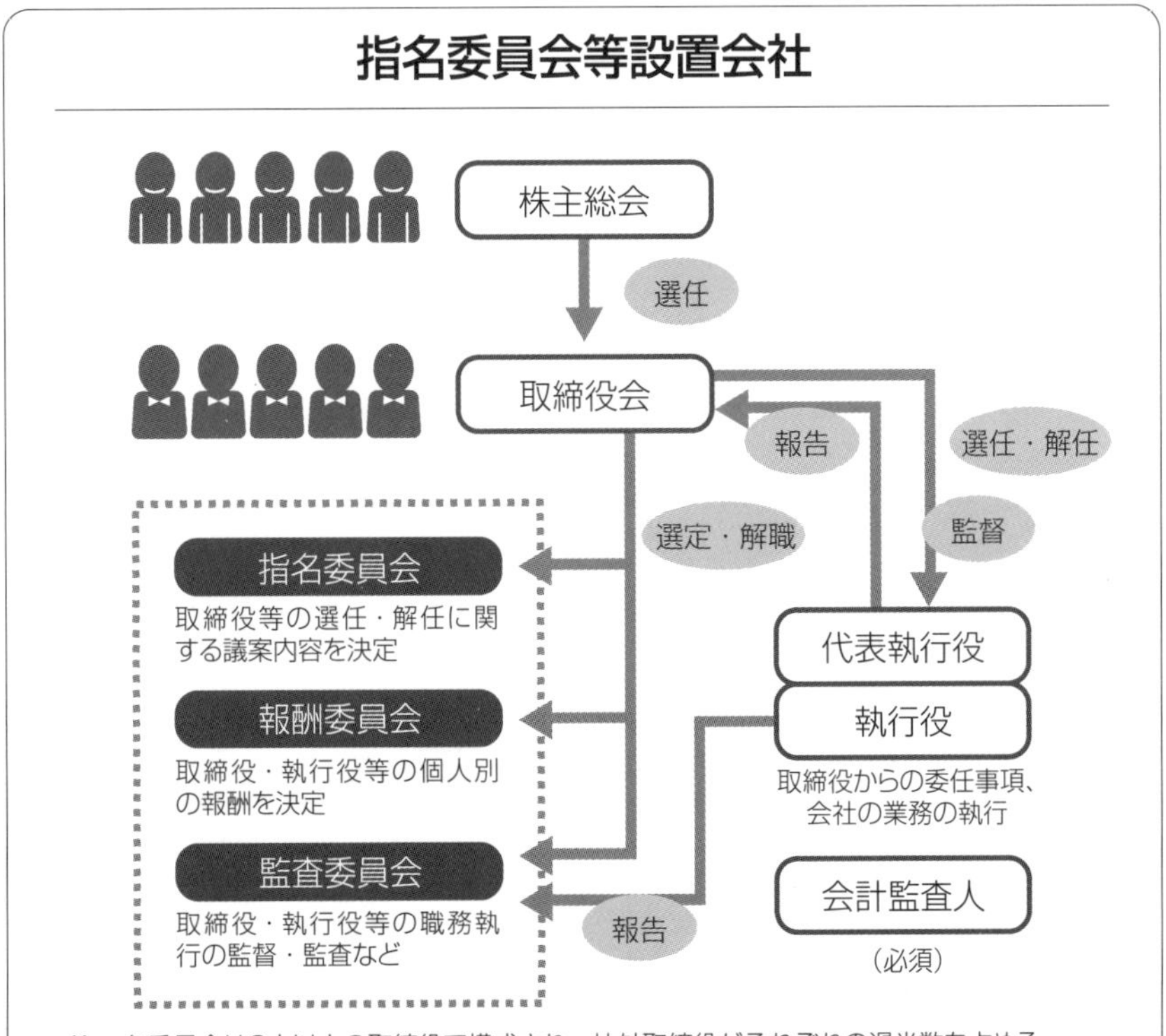

注：各委員会は3人以上の取締役で構成され、社外取締役がそれぞれの過半数を占める

益の状況を正しく表示していれば、計算書類は株主総会の承認が不要で、定時株主総会への報告で足りる。その代わり、指名委員会等設置会社の取締役の任期は、選任後一年以内の最終の決算期に関する定時総会の終結の時までとされ、そこで経営陣の信任が問われる。このため、分配特則規定（97項）の適用がある。

これはアメリカ型の**モニタリング・モデル**で、市場における評価が資金調達でも重要な意味を有する公開会社にふさわしい経営体制だと考えられている。

ただ、三委員会の過半数が社外取締役である必要があるだけでなく、法定の指名・報酬委員会も敬遠されがちで、上場企業でさえこれを選択するのはなかなか難しい状況だ。

67

三委員会——社外取締役が過半数の委員会で経営チェック

過半数が社外取締役の各委員会

会社法による各委員会を組織する取締役は、取締役会の決議によって定められる。いずれの委員会も三名以上が必要だ。

各委員会の過半数は社外取締役でなければならないほか、当該会社やその子会社の執行役、支配人その他の従業員、その子会社の業務を執行する取締役は、監査委員会を組織する取締役（＝監査委員）になれない。

取締役と執行役は、各委員会の要求があったら、各委員会の求めた事項について説明をしなければならない。この制度を使って十分な情報を収集することが、委員会の機能を働かせるために重要だ。

また、各委員会を組織する取締役であってその所属する委員会が選定した者は、当該委員会の職務の執行の状況を、取締役会に遅滞なく報告しなければならない（四一七条三項）。

取締役会を招集すべき取締役が定められた場合でも、その取締役以外の各委員会を組織する取締役で、所属する委員会が選定した者は、取締役会を招集できる（四一七条一項）。

三委員会の特徴

各委員会の任務は、左頁のとおりだ。各委員会の権限を、取締役会の権限にしてしまうことはできない。

指名委員会等設置会社には監査役がいないが、その代わりに、監査委員会の監査委員が監査役に似たような職務を行うことが定められている。

ただ、監査役が独任制の機関であるのに対して、監査委員は基本的に監査委員会を通じて行動することが予定されている。

また、監査委員が取締役であることから、妥当性監査を行い、業務執行のパフォーマンスの評価についても職務を行うことが期待されており、監査役とは異なった側面もある。

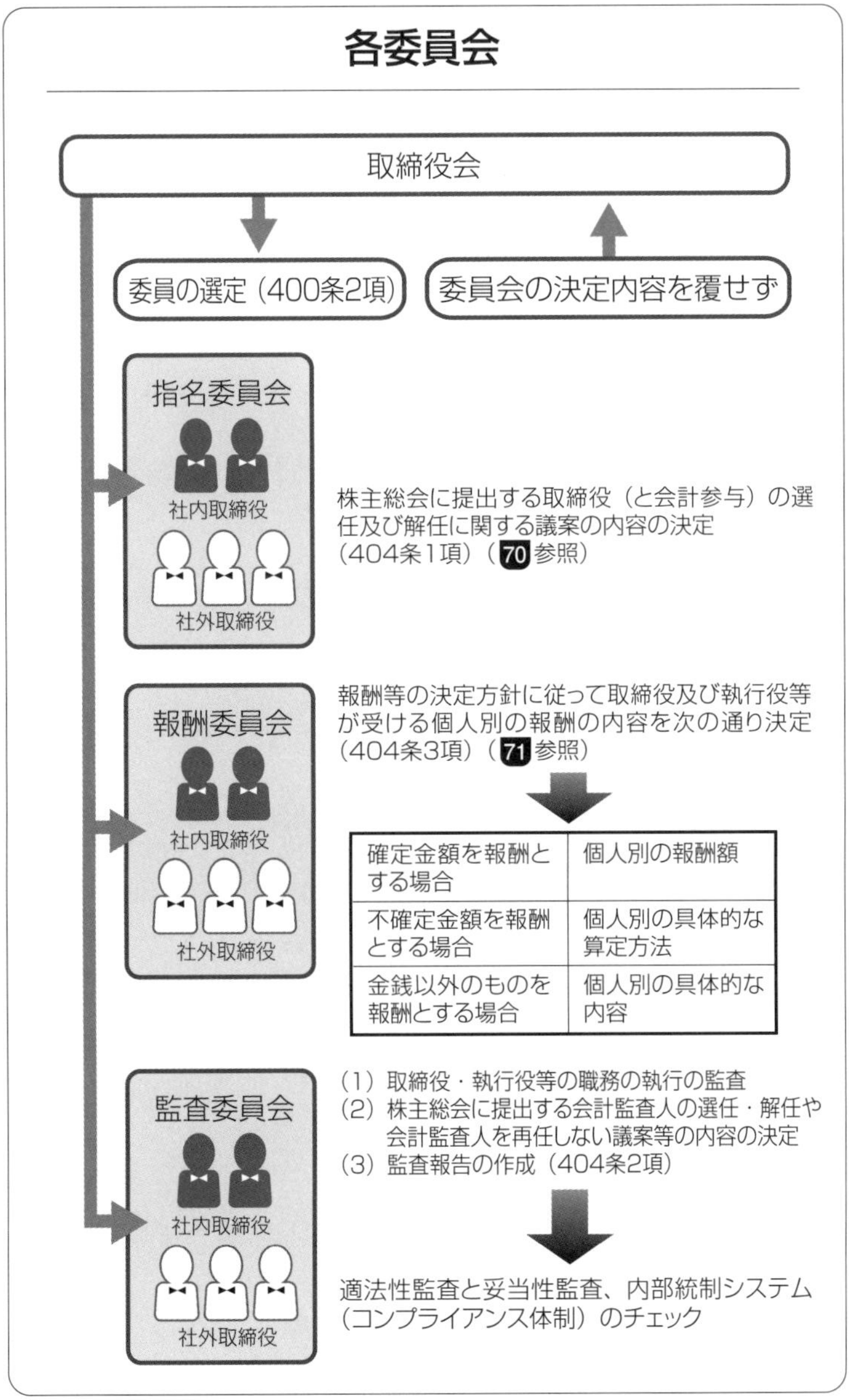

確定金額を報酬とする場合	個人別の報酬額
不確定金額を報酬とする場合	個人別の具体的な算定方法
金銭以外のものを報酬とする場合	個人別の具体的な内容

68

執行役

——指名委員会等設置会社の効率的な業務執行を担う

執行役と代表執行役

執行役の選任・解任は、取締役会の決議で行われる。指名委員会等設置会社では、代表取締役を決める必要はない。その代わり、取締役会の決議で、指名委員会等設置会社を代表する執行役を決める。これが**代表執行役**で、その行為は、当然に会社を代表して行う行為だと考えられ、通常の会社の代表取締役よりも強い権限を有する。

また、取締役と執行役は兼務できるので、代表執行役が取締役会のメンバーとなることもできる。従って、多くの場合は、代表執行役が取締役も兼ねて、会社の業務執行についての最高責任者（ＣＥＯ）となるだろう。

執行役は、業務執行をする役員であり、従業員とは異なり登記の対象にもなる。執行役の任期は、選任後一年以内の最終の決算期の定時総会が終結した後に最初に開催される取締役会の終結の時までとされる。

広範な業務執行権限

会社と執行役の関係は委任であり、会社に対して善管注意義務と忠実義務を負う。

執行役は、その職務において一定の裁量権が認められ、取締役会から委任を受けた事項の決定や会社の日常的な業務執行を行う。重要な業務執行の決定のために、いちいち取締役会決議を要しない点に大きな意義がある。もっとも、執行役は利益相反取引や競業行為については規制があり、取締役会に対して報告義務等を負う。

会社法で定められた取締役会や各委員会の決議事項以外のほとんどすべてについて、執行役に権限を委ねることができ、そ

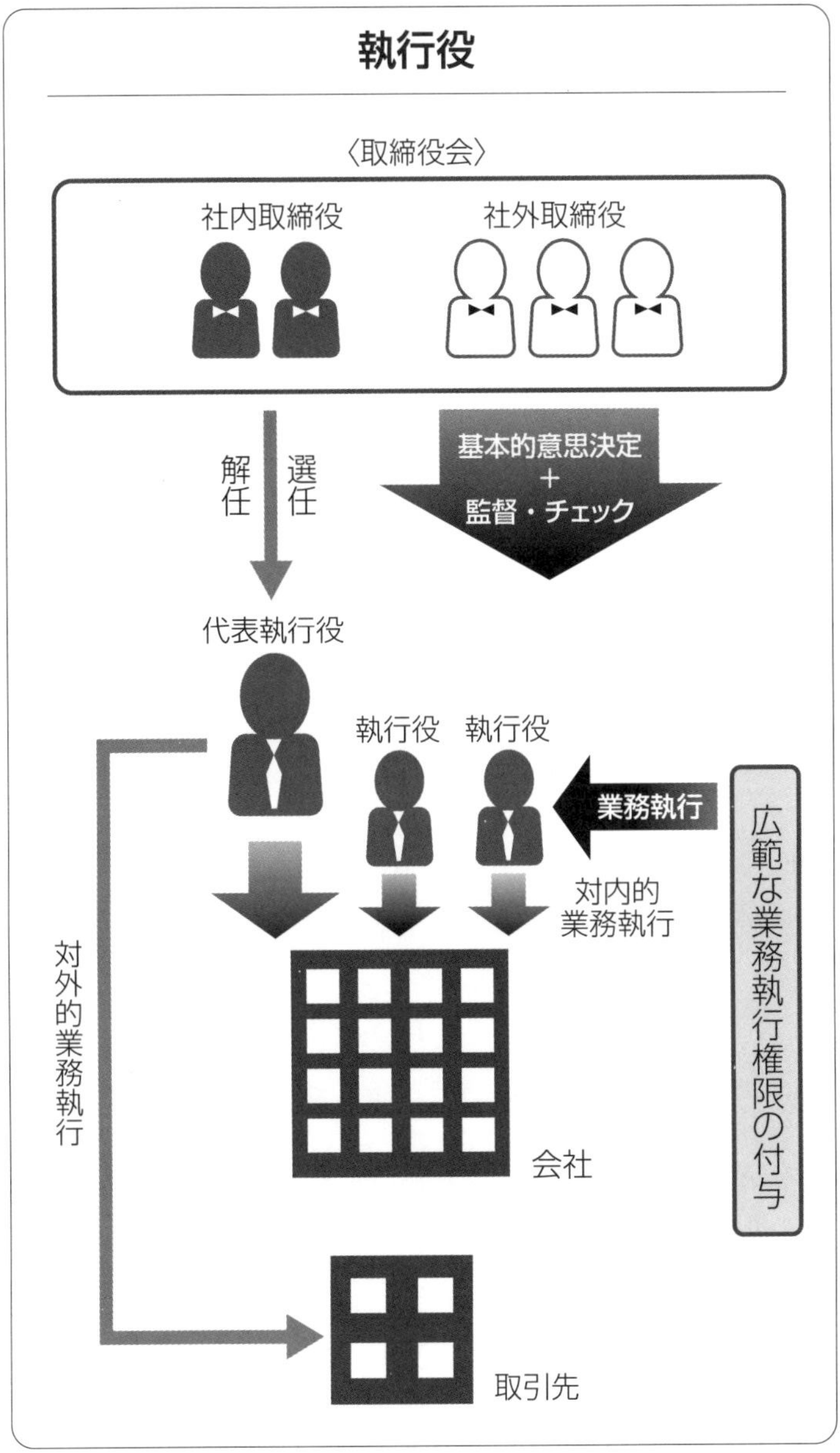

の中には新株や社債の発行など、かなり広範にわたって重要な業務執行権限が含まれ、効率的な業務執行が期待されている。

もっとも各執行役の職務権限は、取締役会で定められ、無制限に認められるわけではなく、代表執行役でない限り当然に会社を代表するわけでもない。

69 監査等委員会設置会社

——平成二六年改正で追加された新たな選択肢

指名・報酬委員会が不要

監査等委員会設置会社とは、取締役会の監督のために「監査等委員会」を設け、指名委員会や報酬委員会を不要とするものだ。この場合、取締役会及び会計監査人が置かれるが、監査役はいない。

監査等委員となる取締役とそれ以外の取締役の選任・解任やその報酬枠の決定は、株主総会が別々に行うこと等によって、監査等委員の独立性を図るものとされている。ただ、同委員会に選定された委員しか調査権限がないので、監査役のような独任制はない。

監査等委員以外の任期は一年

監査等委員の任期は二年とされ、監査役の半分の任期である。また、常勤の監査等委員は義務付けられてはいない。

これに対して、監査等委員以外の取締役の任期は一年となるが、毎年の定時総会で監査等委員以外の取締役の信任が得られるので、**分配特則規定**（四五九条）（97項）の適用を受ける。また、利益相反による損害についても、監査等委員会の承認があれば任務懈怠の推定が働かないという特則が認められる。

広範な業務執行の委任も可能

監査等委員会設置会社の取締役会は、重要な業務執行について決議する権限を維持することもでき、監査役型の場合と同様に、代表取締役等が業務執行をする形となる。

しかし、定款変更等をすることにより、指名委員会等設置会社で執行役に委任できるのと同じ範囲で、業務執行取締役に権限委譲をすることも可能だ（三九九条の一三第六項）。これに

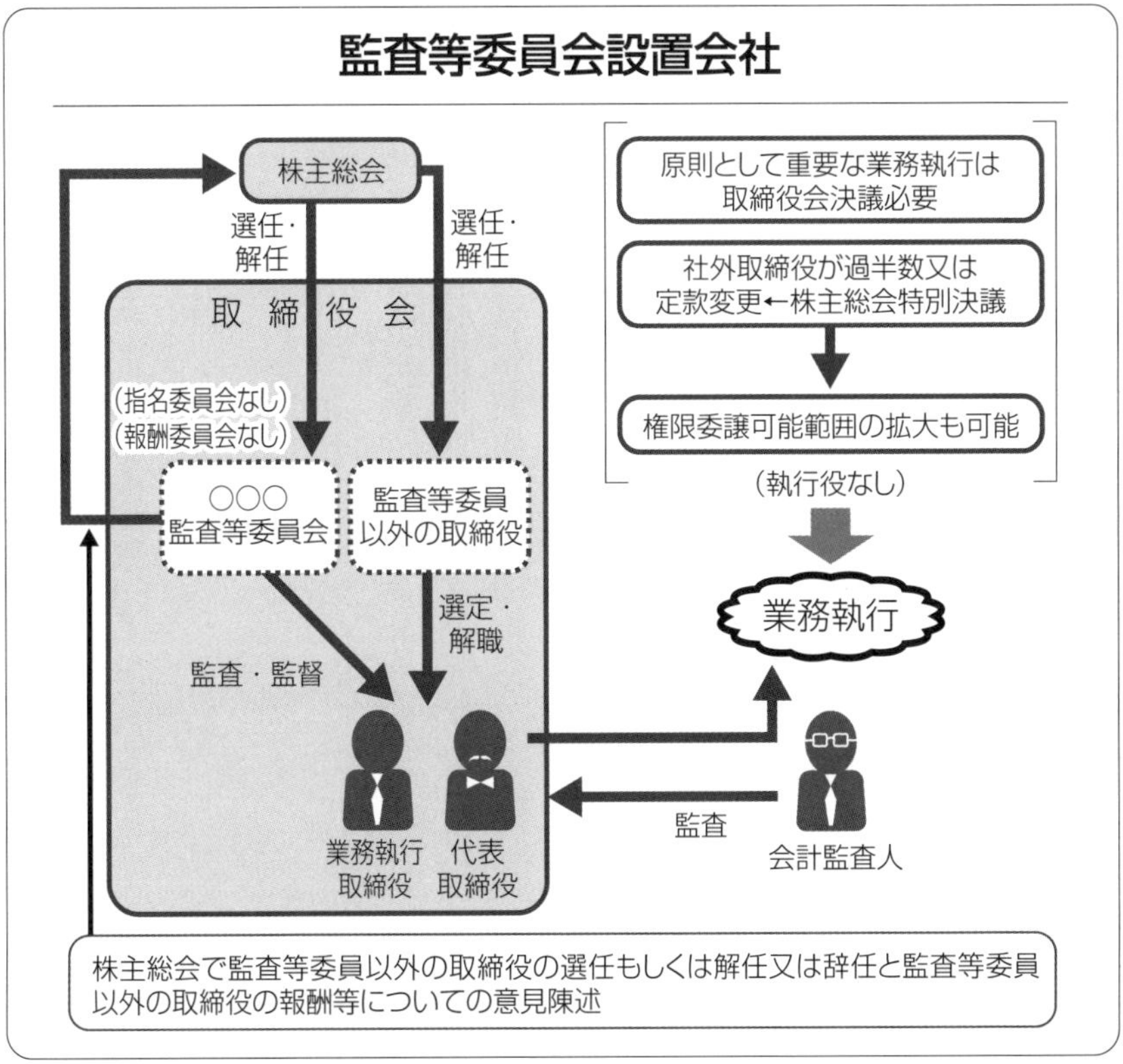

より、重要な業務執行の全部又は一部の決定を取締役に委任でき、実質的には指名委員会等設置会社と同様の「モニタリング・モデル」の体制とすることもできる。

この機関設計では、運用の仕方によっては監査役会設置会社に近い形のガバナンスにすることも、モニタリング・モデルとすることも選択でき、どのような運営をするかに左右されるところが大きい。

公開大会社の機関設計における選択肢の一つとしても有力だ（62項）。理屈の整合性よりも、経済効率性を重視した利用勧奨策が優先されているとも言われているが、上場企業においてどれだけ利用されるかが注目される。

70

役員の指名と選任

ガバナンスの中核的な課題への改革案

誰が舵を取るのか

取締役等の役員を誰にするかはガバナンスの中核的な問題だ。近時、社内論理に拘泥して経営環境の変化に対応できない危険性が指摘され、前任者を超える改革の必要性が叫ばれている。今後は、退任者の意向だけで社長を選出するやり方からは脱却すべきだろう。

株主総会に上程する会社提案の取締役候補者の決定は、指名委員会等設置会社の場合には指名委員会が行うが、それ以外の場合には取締役会で決める。ただ、CGコード（61項）が適用される上場会社では、任意の指名委員会を設ける会社も増えつつある。

株主総会では会社提案が承認されることが多いとはいえ、議決権行使助言会社の影響も強まっており、選任決議でマーケットからの評価が見えやすくなりつつある。

指名のプロセス

経済産業省の「コーポレート・ガバナンス・システムに関する実務指針」では、指名委員会等が、左頁のような七つのステップを基本として検討することが提案されている。

もっとも、後継者計画の策定・運用の具体的な取り組みのあり方は、各社が置かれている状況や企業文化、候補人材の状況などに応じて企業ごとに異なり得る。重要なのは、その基本形を踏まえつつ、最適なタイミングで最適な後継者に経営トップが交代するという本来の目的を実現するために、自社にとってどのような取り組みが必要かを議論し、試行錯誤と工夫をしていくことだ。

社外役員の選任

社外役員でさえあれば、誰でもよいわけではない。社外役員の重要性が高まれば、その必要な資質や適格性も、より厳しく問われよう。社外役員の独立性・監督の実効性の確保や取締役会の新陳代謝を図るため、再任（就任期間）の上限を設けることも検討に値する。そのため、社外取締役の再任基準の設定を検討することも有意義だ。

役員選任に向けた七つのステップ

ステップ	主な内容
1	後継者計画のロードマップの立案
2	「あるべき社長・CEO 像」と評価基準の策定 ➡基本的な事項の整理・再確認を中心に行う
3	後継者候補の選出
4	育成計画の策定・実施
5	後継者候補の評価、絞込み・入替え
6	最終候補者に対する評価と後継者の指名
7	指名後のサポート

出所：経済産業省「コーポレート・ガバナンス・システムに関する実務指針（CGS ガイドライン）」より作成

選任基準の整備状況　「基準あり」企業の割合

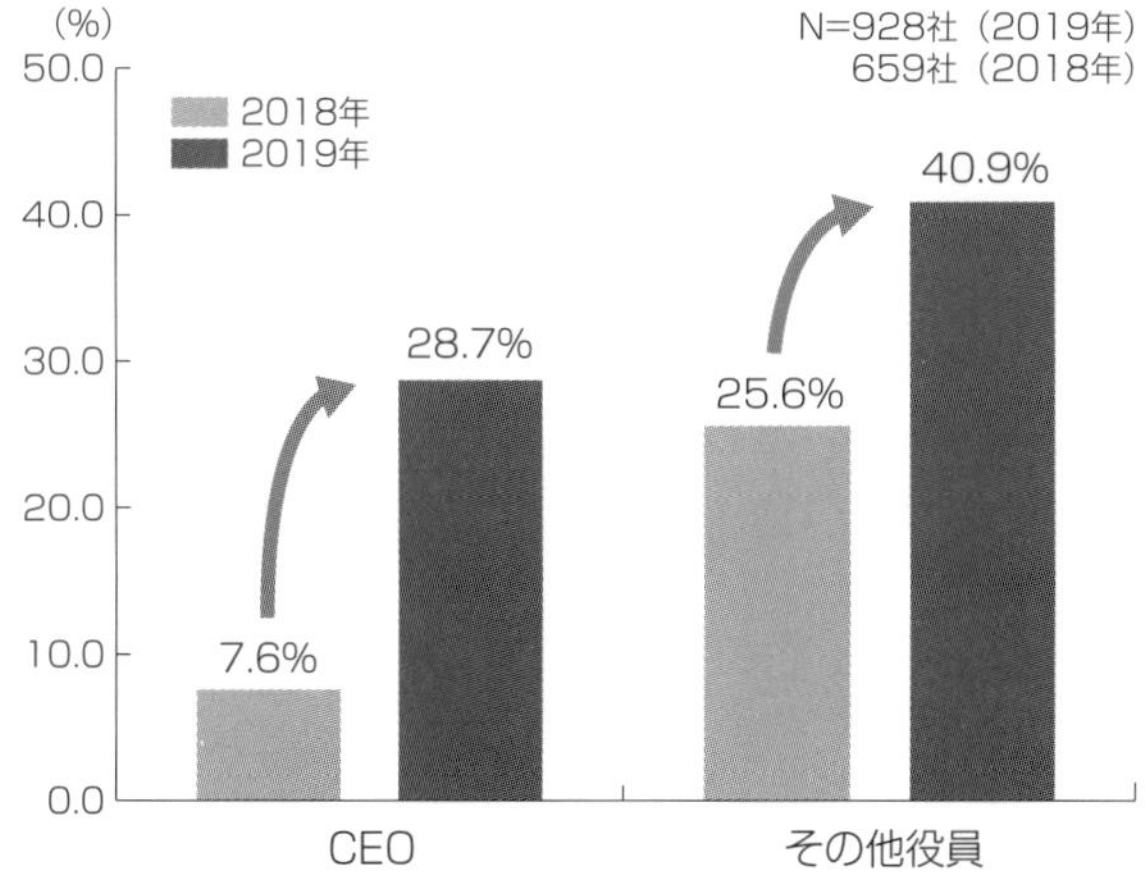

出所：三井住友信託銀行「役員報酬サーベイ（2019年度版）」（2019年7月～9月調査）より作成

71 役員の報酬規制

お手盛り防止からインセンティブ向上へ

報酬規制の目的

役員の報酬契約は、会社と役員との直接の利益相反取引の典型である。そこで、指名委員会等設置会社を除き、取締役や監査役等の報酬等（賞与その他の職務執行の一切の対価を含む）は、定款に定めがない限り、株主総会の決議によって定める（三六一条）。

こうした取締役の報酬規制は、伝統的に**お手盛り防止**が目的とされ、監査役の報酬規制は監査の独立性を確保する目的であるとされてきた。このため、取締役会設置会社では、株主総会が定めた報酬等の総額の範囲内で、個別の取締役の報酬の金額又は具体的な算定方法の決定は取締役会に委任できる。さらに、株主は個別の役員にどう分配されるかに関心が低いため、取締役会から代表取締役への再一任も許容されると説明されてきた。

しかし、取締役の報酬規制が「お手盛り防止」だけでは、取締役の報酬等は安ければ安いほど良いという話になりかねない。そのため、近時、役員報酬の客観性や透明性が不足しているとか、持続的な成長の追求を促すインセンティブとして機能する制度となっていない等の批判が高まった。

報酬等の決定方針

指名委員会等設置会社では、報酬委員会が報酬等の決定方針に基づいて個別の報酬を決めることになっていたが、令和元年改正により、監査等委員会設置会社と監査役会設置会社の有価証券報告書提出会社の公開大会社でも、取締役会に取締役の個人別の報酬等の内容についての

公開大会社等が決定を義務付けられる項目（会社法施行規則98条の5）

①取締役の個人別の報酬等の額又はその算定方法の決定に関する方針
②（ある場合に）業績連動報酬等に係る業績指標の内容や非金銭報酬等の内容、及びその額若しくは数又はその算定方法の決定に関する方針
③報酬等の額、業績連動報酬等の額又は非金銭報酬等の額の取締役の個人別の報酬等の額に対する割合の決定に関する方針
④報酬等を与える時期又は条件の決定に関する方針、決定の委任に関する事項、決定の方法等、重要な事項
（ただし、取締役の個人別の報酬等の内容が定款又は株主総会の決議で定められていれば不要）

指名・報酬委員会（任意含む）設置の有無（東証1部）

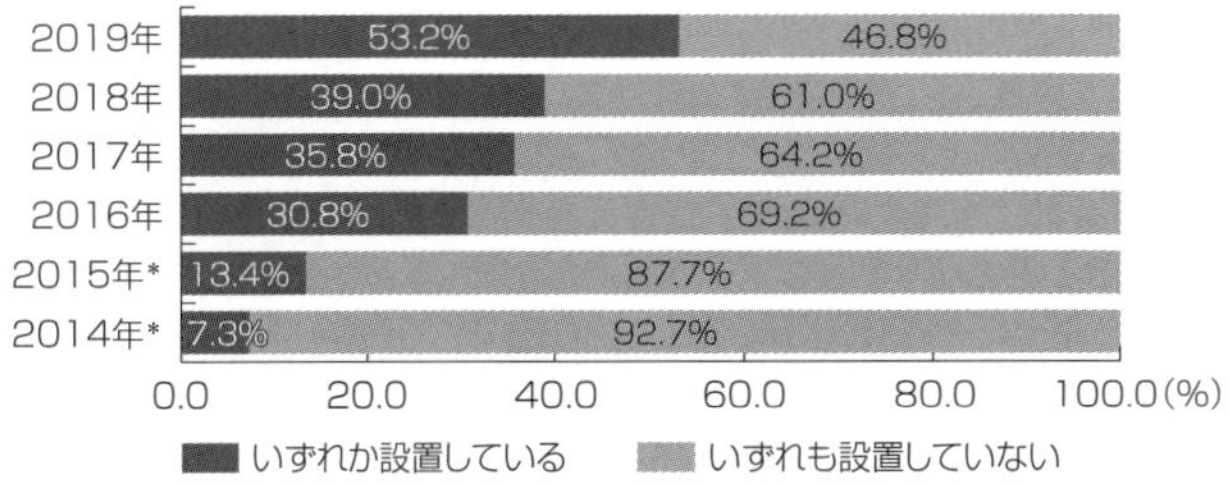

＊東証コーポレート・ガバナンス白書より算出。その他は東証コーポレート・ガバナンス情報サービスを利用して作成。毎年8月1日に集計。
出所：日本取締役協会「上場企業のコーポレート・ガバナンス調査」（2019年8月1日）より作成

決定に関する方針として所定の事項を決定する義務が課された（三六一条七項、左上表）。

さらに、会社役員の報酬等に関する所定の事項について、公開会社には事業報告に開示することが義務付けられる。この規律の対象は、公開会社だが、その決定義務を負わない会社は、事実上、開示する義務も負わない。決定義務がある会社の事業報告や有価証券報告書における開示内容が、市場でチェックされ、取締役報酬の決定プロセスの透明性の確保の実効性が期待されよう。

取締役の報酬は、経営者の動機付けの手段ともなる。そこで、令和元年改正では、インセンティブ報酬の比重を高めるべく、取締役に対して株式報酬や新株予約権（90～93項）を付与する手続の便宜を図り、上場会社の取締役や執行役への報酬等に限り、株式発行や新株予約権の行使に際して払込みを不要とすることを可能としている。

COLUMN

コンプライアンス経営

企業不祥事が相次ぎ、会社の法令等の遵守を含むコンプライアンス態勢のあり方が問題とされている。もともと、会社が適法な経営をするのは当然のことである。会社法も取締役に遵法義務や監督義務（43項）を負わせている。それだけでなく、大会社や公開会社に対しては、監査役等のチェック機関の設置を必須のものとしている（62項）。

コンプライアンスというのは単なる精神論だけでは足りない。不祥事を防止するためのコンプライアンスを推進するには、それなりの組織、人的サポートやさまざまな教育・研修プログラムなどを充実させなければならない。そこで、会社法は、大会社については内部統制システム構築と開示に関する義務を明文で定めるに至った（49項）。

それに加えて、すべての株式会社が機関設計の選択をすべきことにもなっている。これによって、これまでにも増して、コーポレート・ガバナンスに対する理解と実践が求められる。コンプライアンス態勢の整備において、どういう経営体制を選択するかを、経営者はその自己責任で選択する必要がある。規制緩和が進めば進むほど、法律の不完全な部分を補う企業倫理が、今後、よりいっそう重要な課題となる。

ここでクローズアップされてくるのが、法令にとどまらず、企業倫理や社内ルールの遵守をも含めたリスク・マネジメントとしての「コンプライアンス経営」なのだ。このコンプライアンスを業務体制の一環として推進する責務は、基本的に取締役・経営陣の役割であることを肝に銘ずる必要がある（コンプライアンス経営の内容については、拙著『図解 コンプライアンス経営〔第5版〕』（東洋経済新報社、二〇二三年刊）等参照）。

第6章

株式・社債制度

72

資金調達方法としての株式と社債

投資家から直接的に資金を調達する

間接金融から直接金融へ

資金調達をするためには、銀行等からの借入れによってまかなう方法があり、これを**間接金融**という。

それに対して、会社は多くの人々から多額かつ長期の出資を集めるために株式や社債を利用することもできる。株式や社債等で直接に投資家から資金を調達する方法を**直接金融**という。

わが国の企業は、戦後長く間接金融に頼りがちだったが、グローバルな資本市場の発達や資金調達手段の高度化に伴い、直接金融の比重が高まりつつある。

多様なメニューからの選択

資金調達手段に関しては、何度も法改正が繰り返されてきた。株式会社がマーケットから直接に資金を調達する方法には、新株発行によって**自己資本（エクイティ＝Equity）**となる資金を調達するものと、社債の発行によって**他人資本（デット＝Debt）**の資金を調達するものとがある。

いずれを選択するかは、課税上の取扱い等も含めて総合的に考慮して判断すべき資本政策の問題でもある。資金調達は、各種の株式のほか、さまざまな社債を利用することも考えられる。種類株式、新株予約権や社債等の設計方法の多様化により、数多くの選択肢の中から会社のニーズにあった資金調達手段を選択すべきことになる。

株式と社債は、左頁のように元来まったく別物だ。株主がさまざまな共益権を有し、分配可能額のある場合にしか剰余金の配当を受けられない株式に対し、社債の場合は分配可能額の有無にかかわらず一定の利息を受けることができる。

株式と社債の比較

	株式 73	社債 74
共通点	・投資しやすくするため、有価証券で転々と流通させることも可能（ただし、証券は不発行が原則） ・集団的な取扱いが可能 ・公衆からの長期かつ巨額な資金調達が目的（直接金融）	
相違点	社員（出資者）（9 項）	債権者
	経営への監督是正権あり（総会議決権あり）	経営への監督是正権なし（総会議決権なし）
	償還期限がない	償還期限がある
	株主総会は毎年、定時総会がある（28 項）	社債権者集会は原則として開催されずにすむ
	分配可能額がある限度で剰余金の配当あり（**非累積的**）	分配可能額がなくても利息支払いあり（**累積的**）
	業績向上ならばキャピタル・ゲインも（時価の変動大）	業績向上でも所定の利息のみ（時価の変動小）
	配当額は変動（**参加的**）	確定的な利息が多い（ただし、変動利付きもあり）（**非参加的**）
	投機証券	利殖証券

しかし、その機能面でも、法的な取扱いでも、両者は接近してきており、社債のような種類株式や、株式のメリットが取れる社債もある。本章では株式と社債の両方を取り上げる。

73

株式のしくみ——株主の持分を細分化した均等な割合的単位

不特定多数の出資者を想定

株式会社は、元来、不特定多数の人々から出資を受けやすくすることを可能にするための制度であった。

株式の制度により、個性のない多くの人々が会社に出資して株主という社員となれるようになり、会社も資金調達がしやすくなった。もっとも、株主の権利は、通常の債権とは異なり、自益権や共益権等、さまざまな権利の束であり、そのうち個別の権利を分離して処分できない（ただし、金銭債権として確定したものの処分はできよう）。

普通の株式は、社員の持分を細分化した均等な割合的単位なので、「株主平等の原則」が導かれる（27項）。

また、社員（＝株主）となる出資者が投下資本を回収しやすいように、原則として株式譲渡の自由が認められてきた（19項）。しかし、株式譲渡等で株主が変動しても、誰を株主として扱えばよいのかを確定できるようにする必要がある。そこで、株主名簿（22項）や権利行使の基準日等の制度（24項）がある。

分配可能額により配当する

株主は、会社に分配可能額がなければ、剰余金の配当を受けることもできない（97項）。その代わり、社債権者が単なる債権者であるのと異なり、会社の実質的所有者として会社の意思決定に参加する機会がある。

本来、会社の価値が上がれば株式の価値も上がるが、会社の価値が下がればそれだけ株式の価値も下がる関係にある。とはいえ、市場で取引されていない非公開会社の株式の評価は容易

株式のしくみ

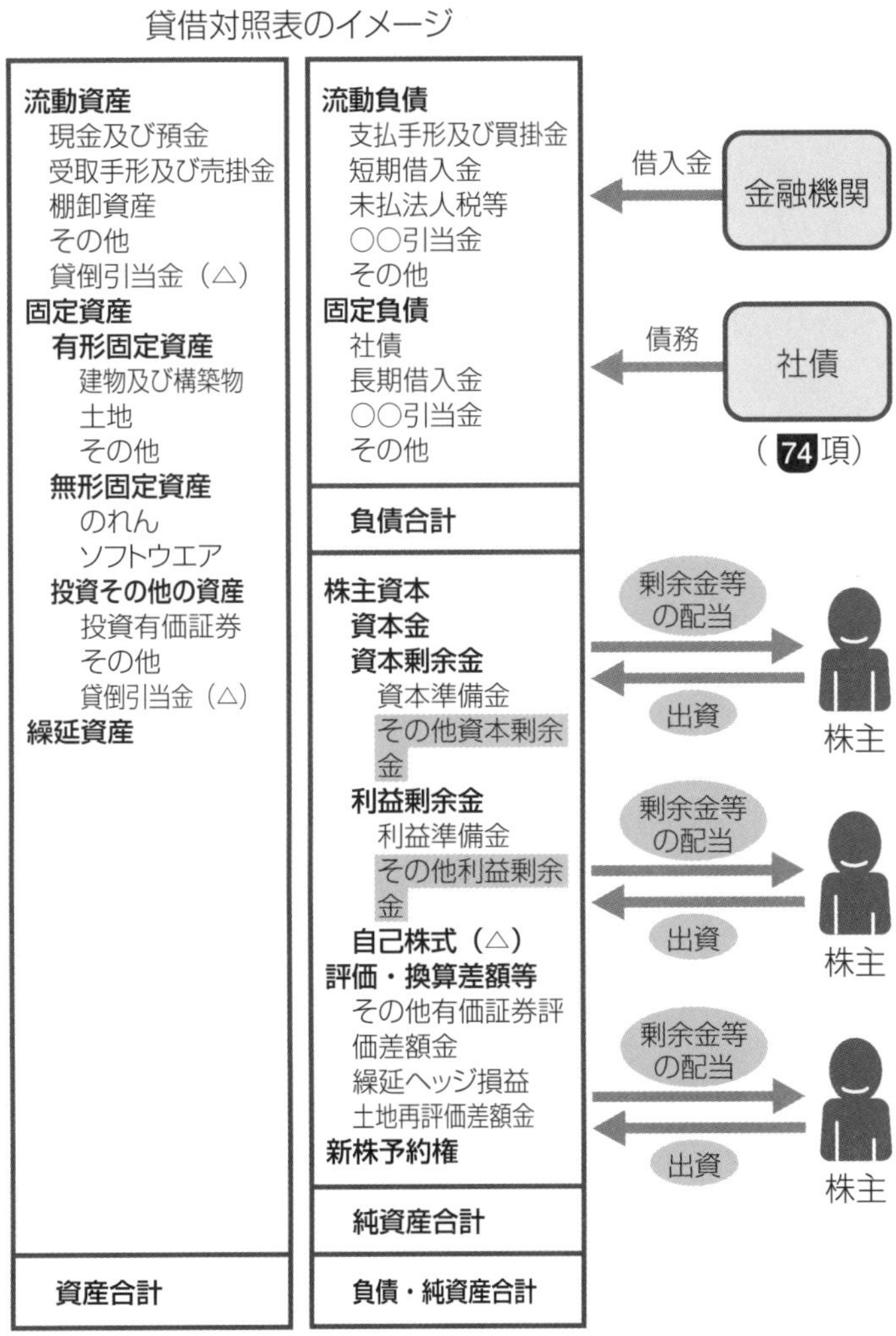

注：(△) は控除項目

ではない。

株式には額面・無額面の区別がなく、株式の純資産額規制も撤廃されており、会社が発行する株式の大きさは自由に決めることができるようになっている。

74

社債のしくみ

——巨額かつ長期に細分化された負債

社債の種類と特徴

　社債とは、会社を債務者とする金銭債権であって、会社法に基づいて会社が行う割当てによって発生し、所定のルールに従って償還されるものをいう。社債は金銭債権を細分化することで不特定多数の人々から巨額かつ長期の資金を調達する手段となりうる。こうした社債は、株式会社が取締役会の有無に関係なく発行できるほか、持分会社も発行できる（4項参照）。

　社債は、無担保社債と担保付社債、普通社債と新株予約権付社債などに分類できる。一般的な社債について規制する会社法が一般法となり、担保付社債信託法が担保付社債に関する特別法として位置づけられる。

　社債は償還期限が比較的長く、多くの人々との権利関係を管理する必要がある。そこで社債を募集するには、原則として**社債管理者**を定めて、社債権者のために弁済の受領、債権の保全その他の社債の管理をすることを委託する。ただ、社債管理者のコスト負担を回避するため、多くの社債が例外規定による不設置の発行となっていた。しかし、社債がデフォルトに陥った場合に最低限の事務を行う者を置くニーズもあったので、令和元年改正で、社債管理者よりも権限と裁量が限定された**社債管理補助者**の制度が導入された。

　社債管理者や社債管理補助者は、社債権者のために公平・誠実に社債を管理しなければならず、社債権者に対して善管注意義務を負う。

社債権者集会による団体的取扱い

　同じ種類の社債権者は利害を

社債のしくみ

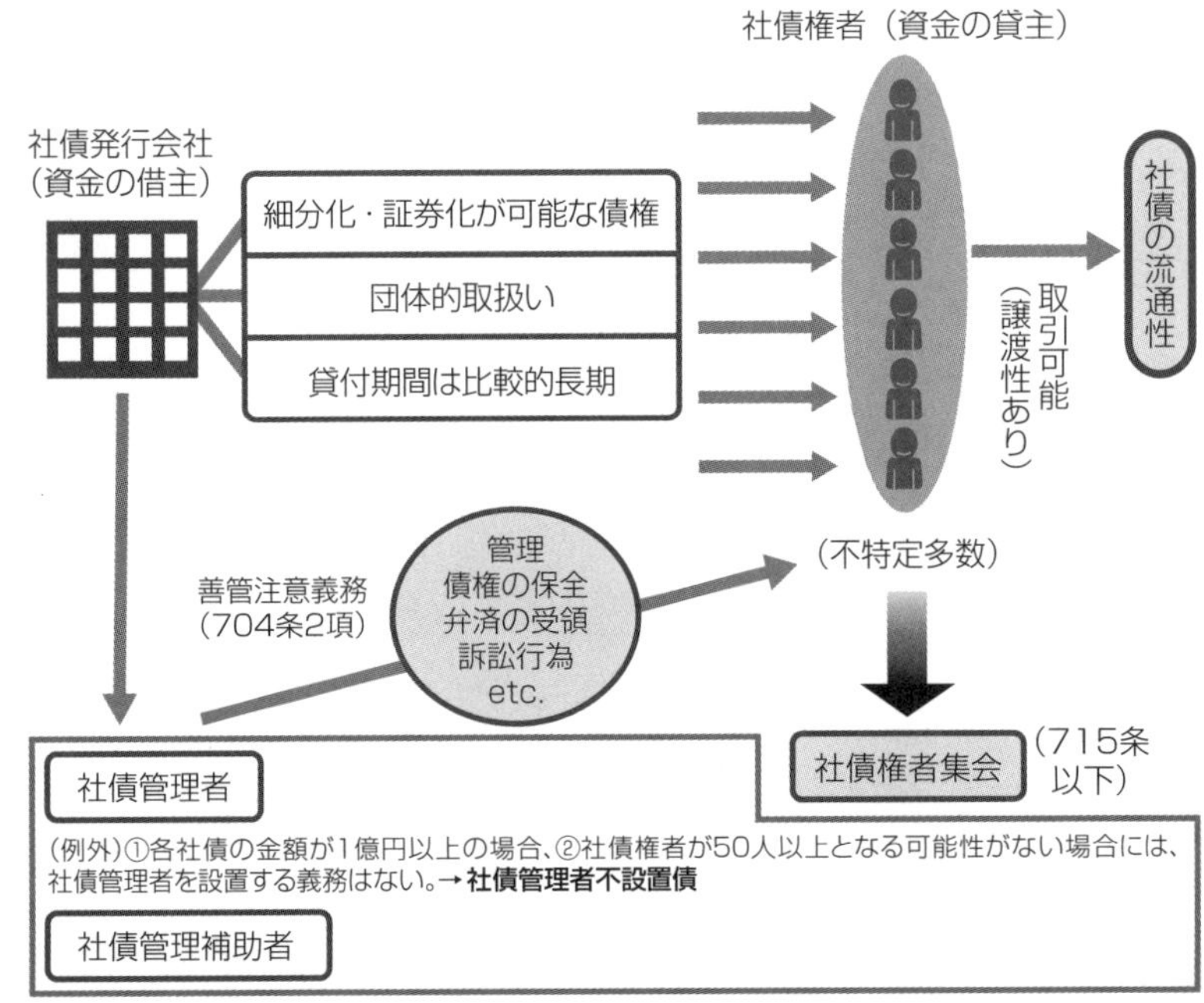

同じくするので、種類ごとに社債権者集会を構成し、団体的な取扱いが認められる（七一五条）。

これによって、株主総会の場合と同様に、社債権者集会の決議事項等、社債に関して会社法や担保付社債信託法が定めた一定の重要な事項については社債権者集会で決めることができる。社債権者集会の決議について、招集者はその決議日から一週間以内に、裁判所に対して決議の認可の申立てをする必要があり（七三二条）、認可を得て効力が生じる。

ただし、令和元年改正で、社債権者集会の議決権者全員の同意があれば、社債権者集会の決議があったものとみなし、裁判所の認可も不要とする例外が認められた（七三五条の二）。

75

株式の譲渡制限

非公開会社における株主構成の安定性を確保

株式会社の多くが非公開会社

会社に出資した者の立場からすると、株式は自由に譲渡することによって投下資本をいつでも自由に回収できるのが理想だ。

しかし、株式が好ましくない者に譲渡されることによって、株主総会が荒らされ、会社経営の安定を害されることに耐えられないような会社もある。特に、小規模で閉鎖的な会社では、株主の個性が重視されているのが現実だ。そこで、定款によって、会社の承認がなければ株式を自由に譲渡できないようにすることが認められる。そうした譲渡制限によって、好ましくない者が株主になることを阻止できる。

発行する全部の株式の譲渡について会社の承認を要する株式会社のことを「非公開会社」と呼び、多くの中小企業がこれにあてはまる（17項）。

日本の株式会社のほとんどが小規模な非公開会社だが、大規模な会社でも非公開会社があり、ベンチャー企業の多くは公開前までは非公開会社として活動し、公開前に株式の譲渡制限を外すことが多い。

承認機関

譲渡承認をする会社の機関は、取締役会である必要はなく、株主総会、代表取締役などでも差し支えない。

ただ、どこが譲渡承認をする機関となるかといったルールは定款で明らかにする必要がある。また、公開会社が定款で、一部の種類の株式の譲渡についてのみ承認を要することを定めることもできる。

譲渡制限株式について、一定の場合に会社の承認をしたものとみなすときは、その旨とその

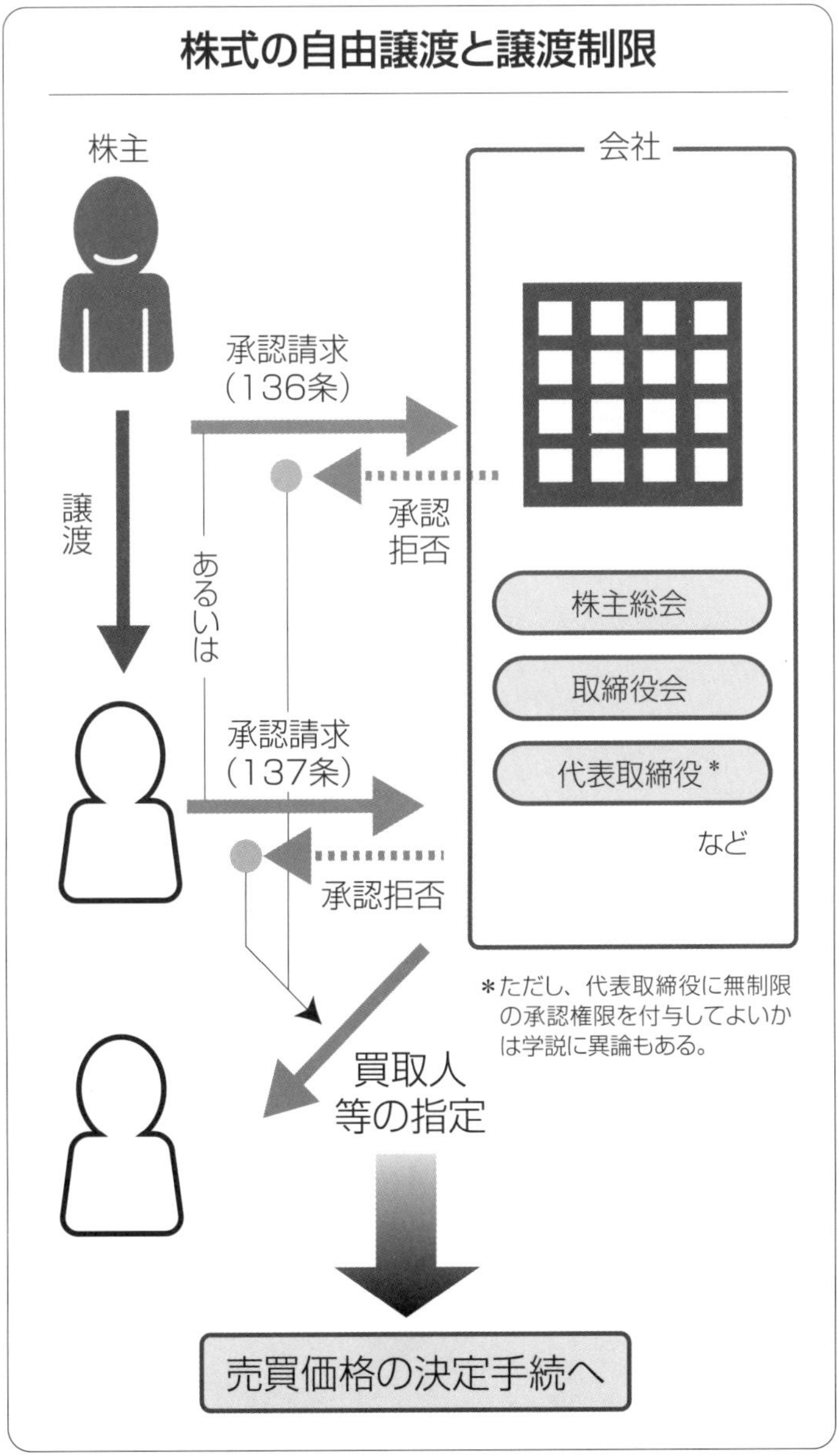

一定の場合を定めることもできる。たとえば、特定の属性を有する者に対する譲渡については、承認機関を代表取締役等に委任し、または承認を不要とすることを定めることもできるし、株主間の譲渡であれば、承認を要しない旨を定めることもできる。

76

譲渡制限株式の処分方法

相続人からは会社が取得できる特別の手続も可能

株式の譲渡性を確保する手続

株式の譲渡が制限されても、株主に投下資本を回収するための手段を認める必要がある。そこで、会社が譲渡を承認しない場合には、その代わりに認められる譲渡を行うための手続が定められている。

この承認の請求は、その有する株式を他人に譲り渡そうとする株主からでも、新たな取得者からでも行うことができる。ただ、株式取得者による請求の場合には、原則として、その取得した株式の株主として株主名簿に載っている者またはその相続人その他の一般承継人と共同してしなければならないものとされる。

この譲渡承認を請求する手続は、名義書換請求のために要求される手続と同様のものだ。この請求があったら、会社はその譲渡承認をしないで、名義書換を拒むこともできる。

もっとも、承認を拒否したら、株主の請求があった場合に、会社は、自ら買い取るか、その株式の全部または一部の株式を買い取る者の指定をする必要がある。譲渡を承認しない場合に、指定の請求があったときの買取人をあらかじめ定款で指定しておくこともできる。

相続・合併等の場合

一般的には相続や合併等は譲渡ではないから、承認の対象にはならない。しかし、相続その他の一般承継によって、譲渡制限株式を取得した者に対して、その株式を会社に売り渡すことを請求できるように定款で定めることができる。これを採用した会社では、相続、合併など一般承継の場合も、事実上、会社が認めないと取得できないこと

売渡請求手続

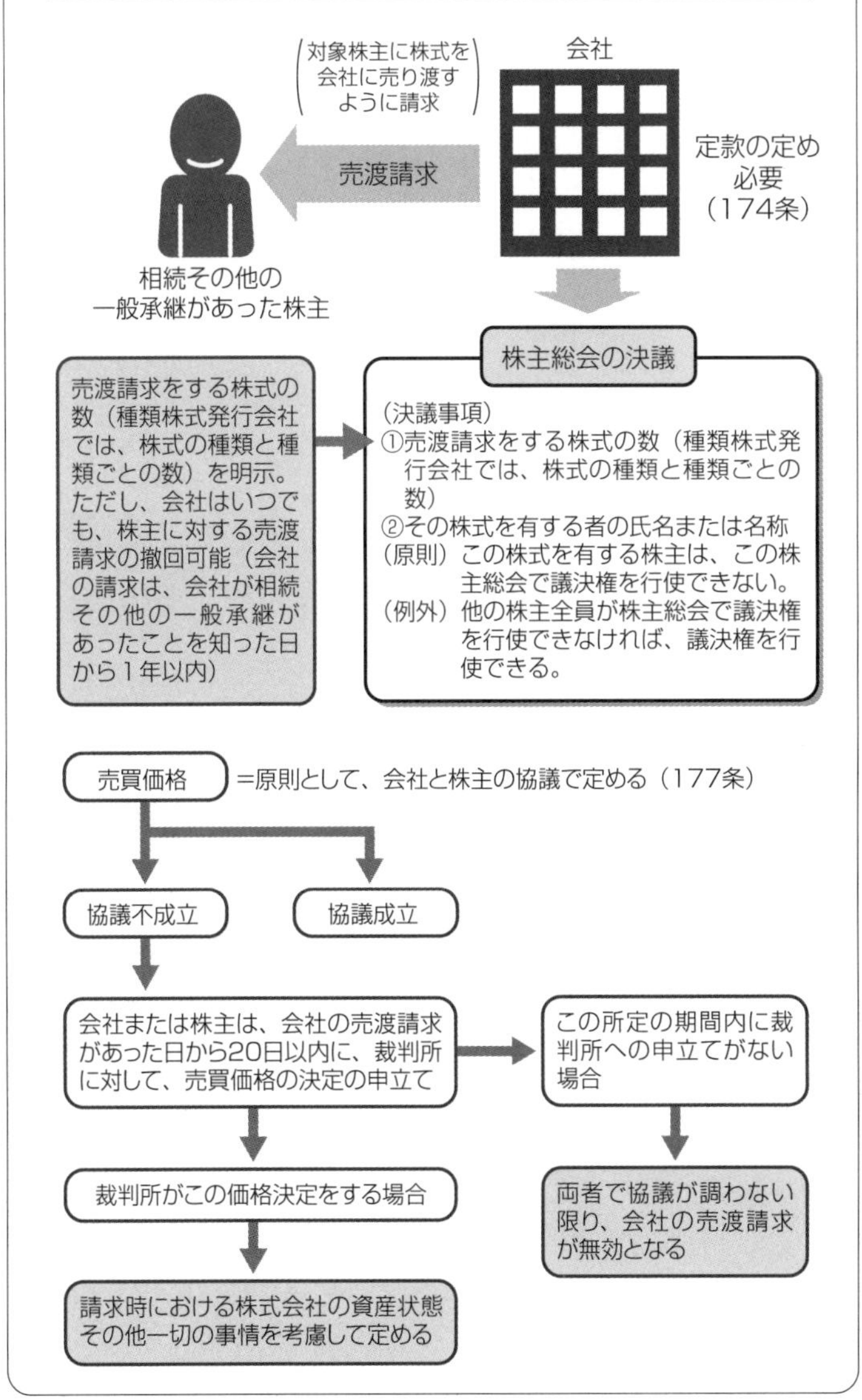

になる。また、これがうまく活用できれば、相続人としても納税資金調達のために役立つ。会社としては、好ましくない子供には跡を継がせないことが可能となるが、相続人の側とすれば、会社側の支持がなければ、相続による承継は困難になることもあるだろう。

77

全部の株式の内容に関する特別の定め

取得請求権付株式と取得条項付株式

特別の定めとは

会社の株主の構成を安定させておくため、株式会社が発行する全部の株式の内容として、譲渡制限株式のほかにも、次のような特別の内容を定めることが認められている（一〇七条）。

第一に、株式について、株主がその株式会社に対してその取得を請求できること。こうした事項を定めた株式を**取得請求権付株式**という。これは、株式会社がその発行する全部又は一部の株式の内容として、株主がその株式会社に対して、その株式の取得を請求できる旨の規定がある株式である。

第二に、株式について、「一定の事由」が生じたことを条件としてその株式会社がこれを取得できること。こうした事項を定めた株式を**取得条項付株式**という。これは、株式会社がその発行する全部又は一部の株式の内容として、その株式会社が一定の事由が生じたことを条件としてその株式を取得できる旨の規定がある株式である。これを定款に定めておくことにより、会社は、株式会社の成立後に株主の同意なく、その有する株式を取得することができる。

これらの制度を使うことによって、閉鎖的な会社の中で、株主間の対立が起きた場合に対応するルールを、あらかじめ定めておける。全部の株式についての定めなので、株主平等の要請にも反しておらず、合意しやすいだろう。

取得条項付株式を発行するための定款変更

定款変更をするためには、原則として株主総会の特別決議が必要とされる。しかし、定款を

全部の株式の内容に関する特別の定め

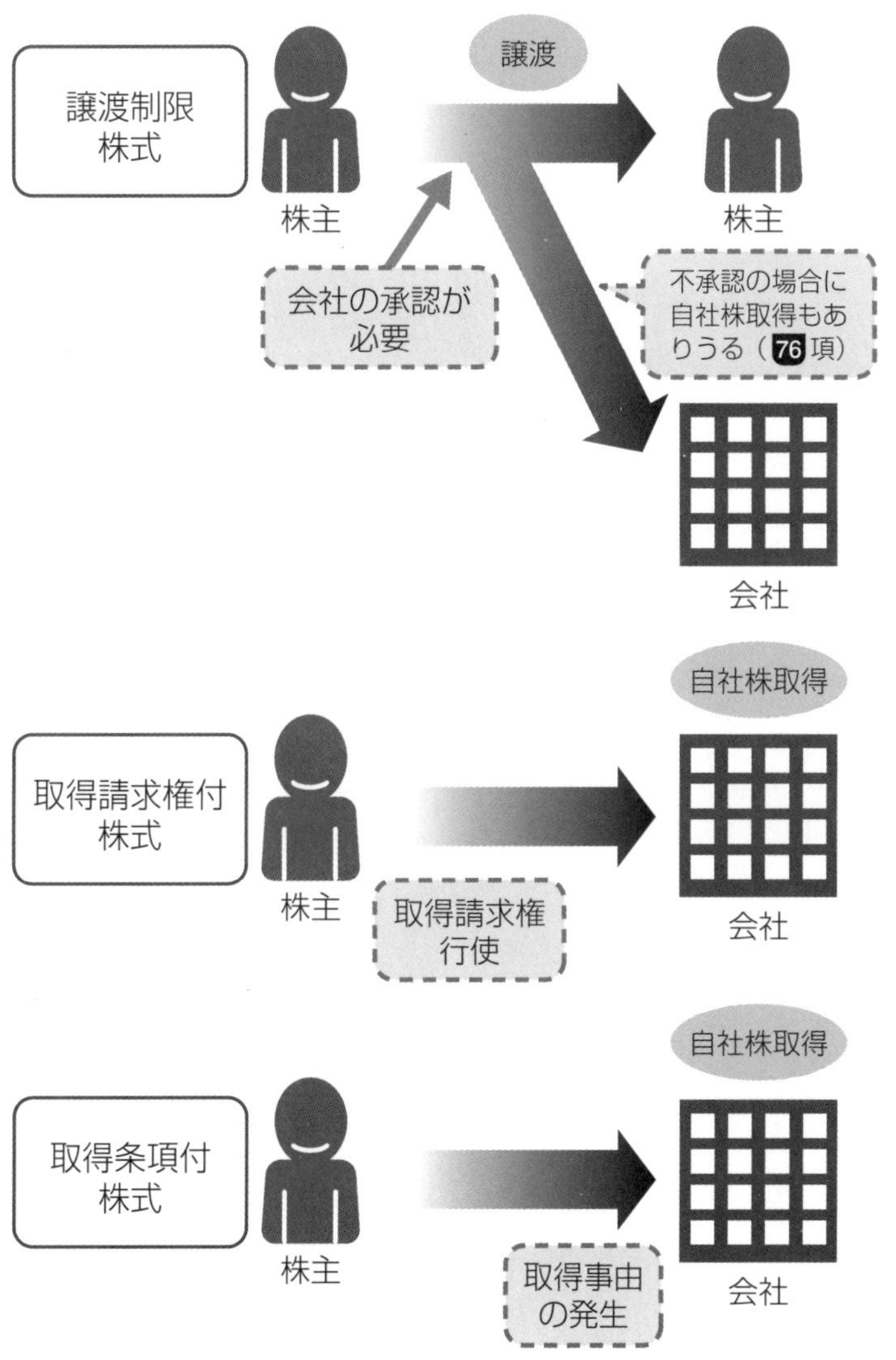

変更してその発行する全部の株式の内容として、取得条項付株式に関する事項についての定款の規定を設ける（その変更を含む）場合には、基本的にその株主全員の同意が必要とされる。

78

種類株式

出資者のニーズに応じた多様な株式発行が可能

内容が異なる株式

投資家にも、いろいろなニーズがあり、キャピタルゲインにしか興味のない者から、会社運営に対していろいろ注文をつけたい者までさまざまだ。

また、株式を発行して資金調達を図るにしても、投資家の特性に応じて株主権の内容を自由に決めることができれば便利である。さらに、合弁事業を行うに際しても、株主間契約で株主を拘束するだけでなく、会社を直接に拘束できるものであることが望ましい。

そこで、株式会社は、左頁の一覧表に掲げられているような内容の異なる二以上の種類の株式を発行できる（一〇八条）。逆にいえば、これらの内容以外の種類株式は発行できない。

発行の方法

数種の株式を発行する場合、会社は定款で、種類株式の内容や数を定めなければならない。

定款での定めが必要であることから、これらは原則として株主総会の**特別決議**が必要とされるが、種類株式の内容によっては決議要件の厳しい**特殊決議**等が必要とされることもある。たとえば、種類株式発行会社が、ある種類の株式の発行後に、その種類の株式の内容として取得条項付種類株式に関する規定を設けるような定款変更をしようとするときは、その種類の株式を有する株主全員の同意が必要となる。

また、定款変更をしなくても、新株の引受の募集、株式の併合・分割、買受け・消却、株式交換・株式移転、会社の分割・合併による株式の割当や新株予約権・新株予約権付社債の

種類株式

①剰余金の配当が異なる株式	優先株式、劣後株式、トラッキング・ストックなど
②残余財産の分配が異なる株式	
③議決権制限株式（79項）	株主総会において議決権を行使することができる事項が異なる。議決権なき株式も含む
④譲渡制限種類株式	譲渡による株式の取得について会社の承認を要する
⑤取得請求権付種類株式（80項）	株式について、株主が会社に対してその取得を請求することができる
⑥取得条項付種類株式（80項）	株式について、会社が一定の事由が生じたことを条件としてこれを取得することができる
⑦全部取得条項付種類株式（81項）	会社が株主総会の決議によってその全部を取得することが可能となる
⑧拒否権付種類株式（79項）	株主総会（取締役会設置会社にあっては株主総会又は取締役会、清算人会設置会社にあっては株主総会又は清算人会）において決議すべき事項のうち、その決議のほか、その種類株式の種類株主総会の決議があることを必要とする
⑨選解任種類株式（指名委員会等設置会社以外の非公開会社に限る）（82項）	種類株主総会（他の種類の株主と共同して開催するものを含む）における取締役や監査役又は監査等委員の選任に関する事項について内容の異なる種類株式

引受等に関して、株式の種類ごとに格別の定めをする場合には、定款に特別の定めがない限り、損害を受ける種類の種類株主総会の特別決議が必要とされている（三二二条一項）。

79

議決権制限株式と拒否権付株式

議決権の一部または全部を制限する

議決権を行使できる事項が異なる

株主が議決権を行使できる対象（議題）にはさまざまなものがある。そこで、株式会社は、種類株式の一種として、議決権を行使できる事項について内容の異なる数種の株式を発行することができる。これを「議決権制限株式」と呼び、「議決権普通株式」と区別される。議決権の行使制限をする事項の範囲や条件は、かなり自由に考えうる。

かつて議決権のない株式については、無配当になると議決権が強制的に復活させられていた。しかし、会社としてはそのような株式は議決権が復活した場合の対応が面倒で利用しにくかった。投資家にとっても、議決権が復活しなくても株式の発行価額が低くなれば、投資利回りは高くなることが期待できる。議決権制限株式は配当の優先・劣後とは切り離されており、無配当でも議決権が復活しないものとして差し支えはない。

ただし公開会社では、議決権制限株式を発行済株式総数の二分の一を超えないようにする必要がある。しかし、非公開会社にはこうした規制がない。

拒否権付株式

議決権制限とは逆に、株主総会や取締役会で決議すべき事項の全部・一部について、ある種類株主総会の決議を必要とする拒否権付種類株式というものもある。これを活用することで、一定の種類株主に一種の拒否権を与えたり、多数派株主を牽制するような種類株式を設けることもできる。これによって、ベンチャー企業等に出資する者に一定の種類株式を取得してもら

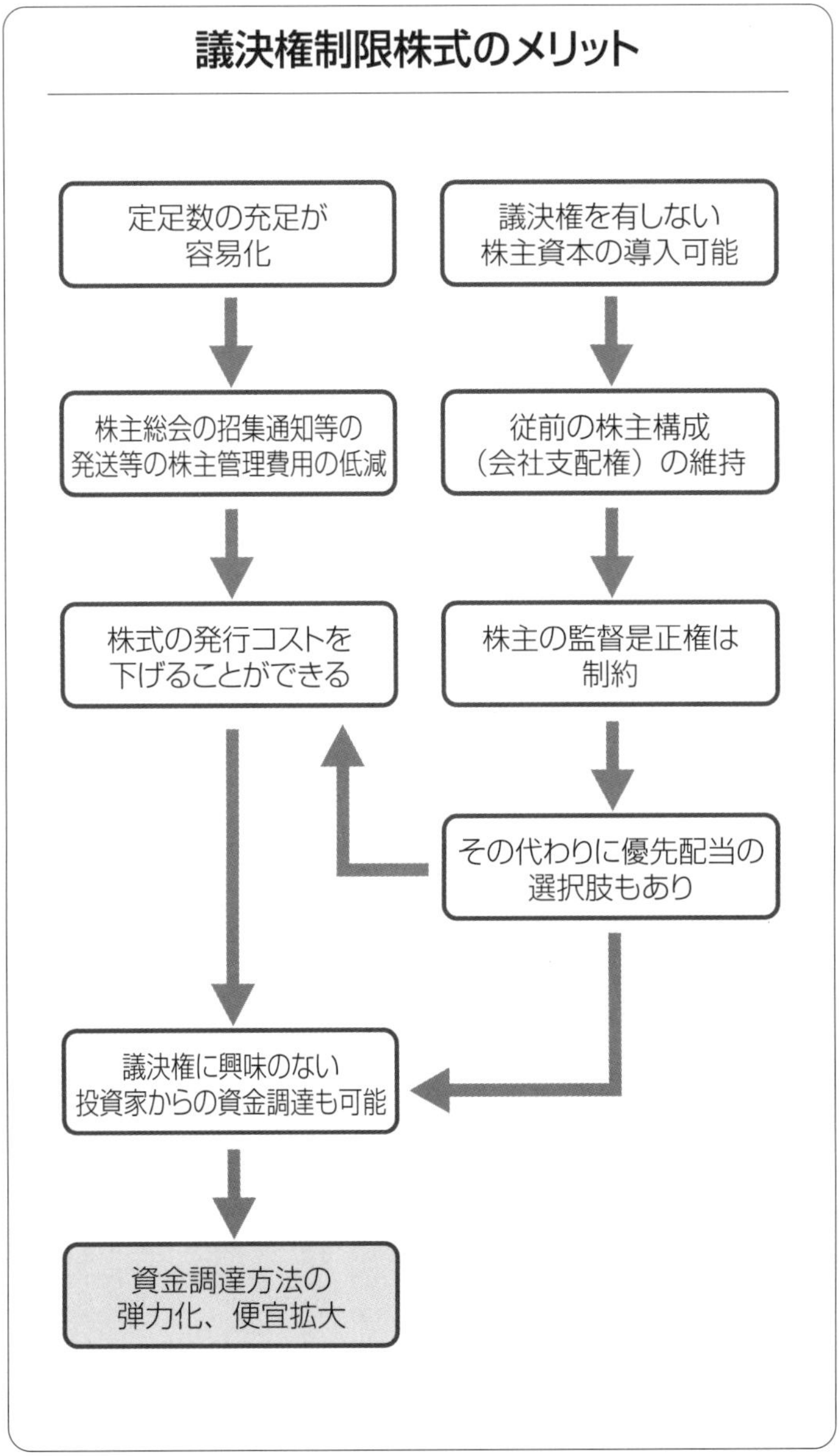

い、そこにさまざまな拒否権を盛り込むことも考えられる。

また、こうした株式に譲渡制限を加えると、いわゆる「黄金株」として敵対的な買収防衛策にも活用できると考えられるが、上場会社の場合には証券取引所のルール等にも留意する必要がある。

80 転換株式

取得請求権付種類株式と取得条項付種類株式の活用

転換予約権付株式

　株式の転換とは、配当優先株式から普通株式に転換するように、ある種類の株式から他の種類の株式に転換することを意味していた。この転換には、株主の請求によってできるものと、会社の方から転換するものが考えられる。しかし、会社法は「転換」という用語を使って定めてはいない。

　株主の方からの請求によって別の種類の株式を取得できる株式を、旧商法は「転換予約権付株式」として定めていたが、会社法において、「転換予約権付株式」は、「取得請求権付種類株式」と「新しい種類株式の交付」の組み合わせとなっている。

取得請求権付種類株式とは、会社がその発行する種類株式の内容として、株主がその会社に対してその株式の取得を請求できる旨の規定があるものである。これにより、たとえば、取得請求権がついた甲種株式を会社に引き取らせ、代わりに乙種株式の交付を受ければ、株主の権利行使により、あたかも甲種から乙種に転換したような形になる。

強制転換条項付株式

　同様に、会社の側から別の種類の株式に転換できる株式のことを、旧商法は「強制転換条項付株式」として定めていた。ところが、会社法において、「強制転換条項付株式」は、「取得条項付種類株式」と「新しい種類株式の交付」の組み合わせとなっている。

　取得条項付種類株式とは、会社が発行する種類株式の内容として、その会社が一定の事由が生じたことを条件として、その株式を取得できる旨の規定があ

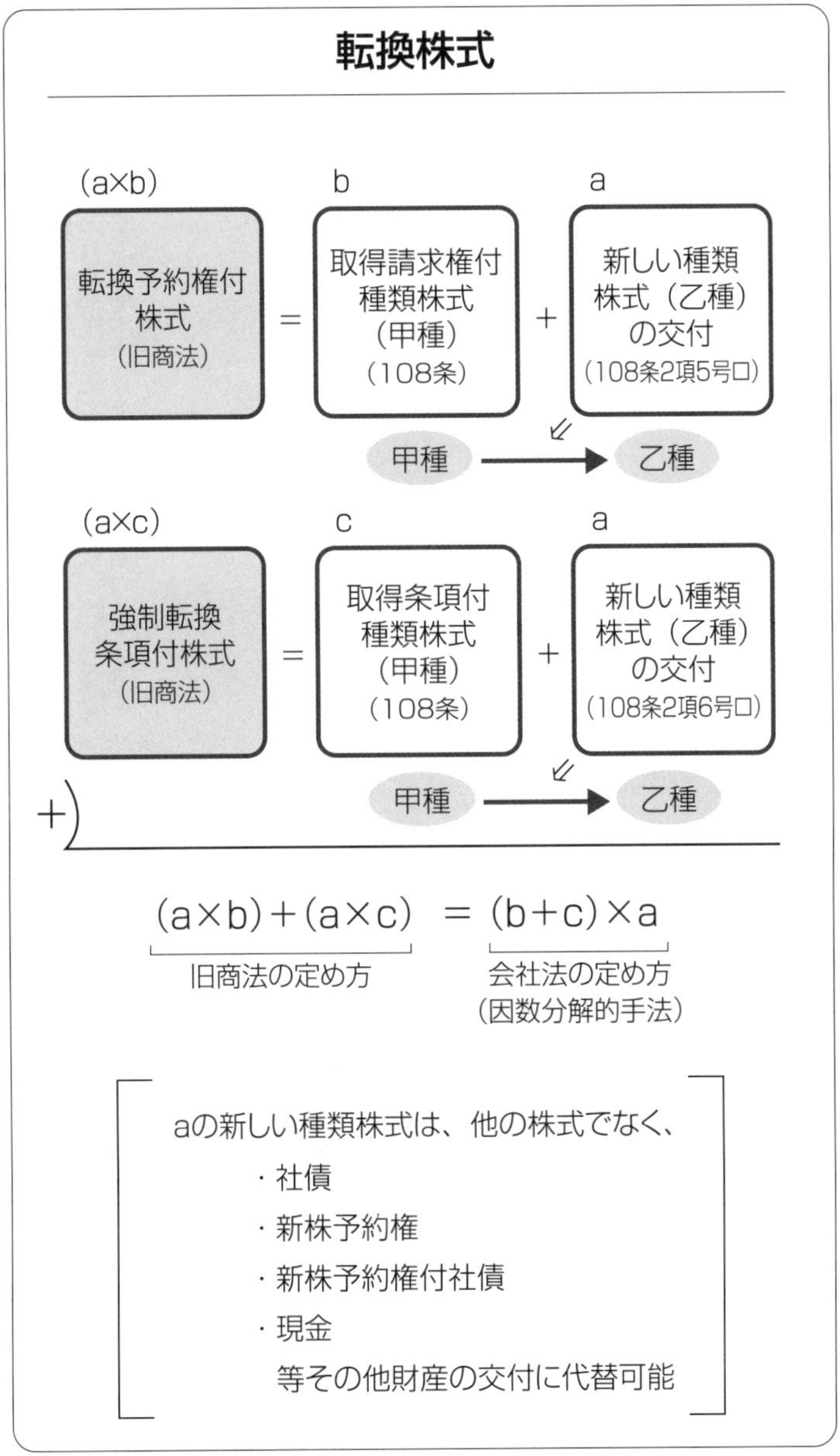

るものだ。これにより、たとえば取得条項が付いた甲種株式を会社が引き取り、代わりに乙種株式を交付すれば、会社の側から、あたかも甲種から乙種に強制的に転換できる形になる。

なお、これらの制度を応用することで、株式を社債に転換する設計もできるだろう。

81

全部取得条項付種類株式

——一〇〇%減資を特別決議だけで実現するしくみ

特別決議だけで全部取得

株式会社は、数種の株式を発行する会社になって、ある一つの種類株式の全部を株主総会の三分の二以上の賛成による特別決議によって、有償または無償で取得することができる旨の定款の定めを設けることができる。これを「全部取得条項付種類株式」という。これにより、ある種類の株式全部を、株主総会の特別決議だけで会社が取得してしまうことが可能となる。

こうした種類株式を発行する場合は、①会社が取得する対価の価額の決定方法、②その株主総会の決議をできるか否かについての条件を定めるときは、その条件、③その発行可能種類株式総数、といった事項を定款で定めておく必要がある。

こうした定款の定めを設ける旨の定款変更に反対した種類株主は、株式買取請求権を有する(一一六条)。この場合、取得価格(無償の場合には、無償であること)に不服がある株主は、裁判所に対して、自己の株式に関する取得価格の決定の申立てをすることができる(一七二条)。

一〇〇%減資と増資

この制度は、株主総会の特別決議で一〇〇%減資をした上で企業再建を図る場合等のほか、**少数株主の締め出し**(**スクイーズ・アウト**)のためにも利用できる。その手順は、左頁のとおりである。平成二六年改正で、全部取得条項付種類株式の取得対価等に関する書面等の備置き及び閲覧等の制度が整備された。また法令又は定款に違反し、株主が不利益を受ける恐れがある場合の差止請求の制度もできた(一七一条の三)。

100%減資の方法

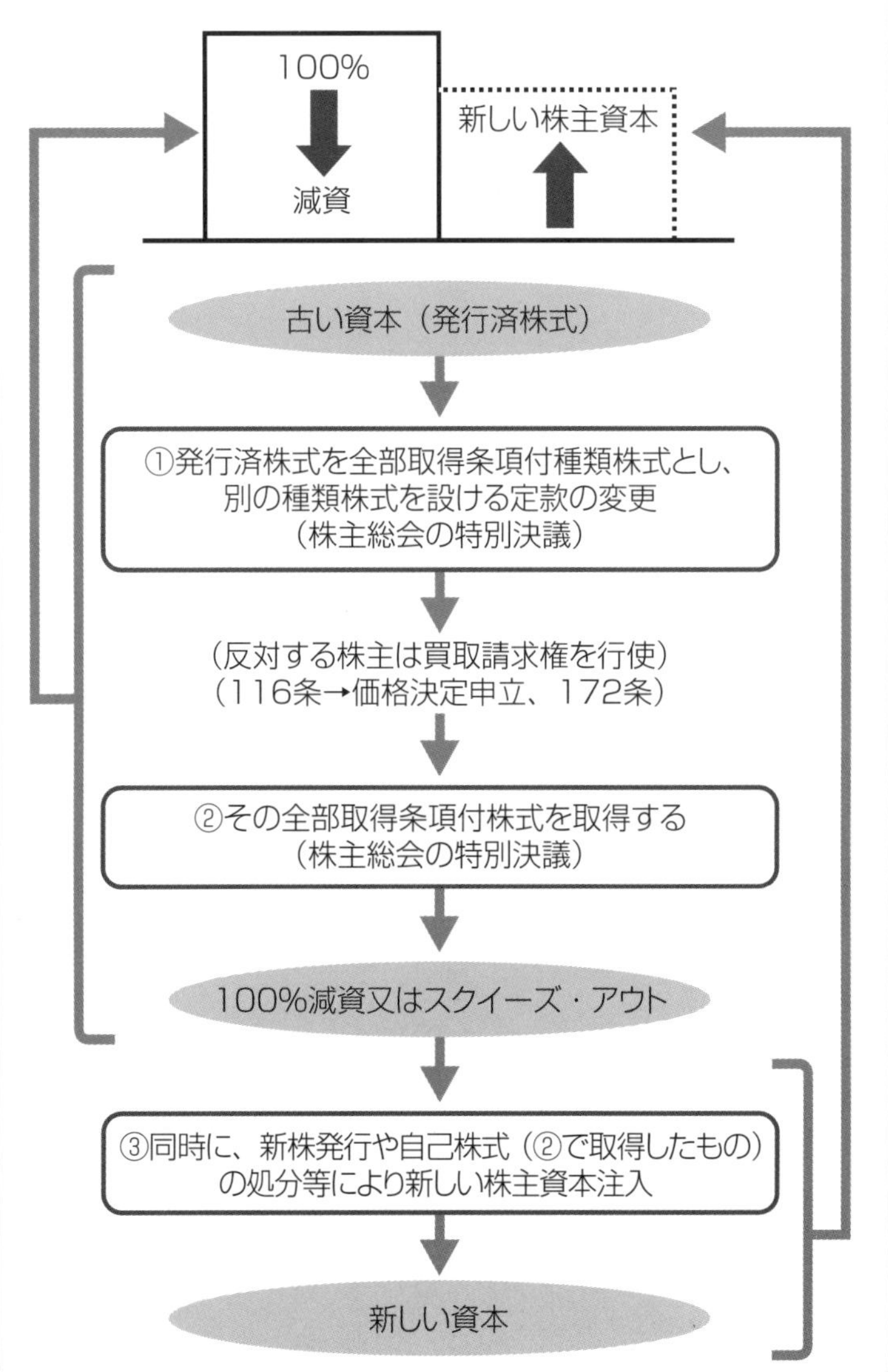

ただ、キャッシュ・アウトの制度（114項）が整備されたことにともない、スクイーズ・アウトの場合には全部取得条項付種類株式のスキームは使いにくくなるものと考えられる。

82

取締役等の選解任種類株式

——役員の選任権限を分配するスキーム

制度目的

合弁事業のために日本法に基づいて株式会社を設立しようとする場合、従前は**株主間契約**を締結して、出資割合や事業への関与の度合いに応じて、取締役等の選任・解任をはじめとする経営事項について縛りをかけていた。ただ、この方法は株主を契約上拘束するにすぎない。会社を当然に拘束するものではなく、少数株主の保護に欠ける。

そこで、指名委員会等設置会社以外の非公開会社に限って、種類株主総会で取締役や監査役又は監査等委員の選任・解任に関する事項について内容の異なる数種の株式が発行できる。

こうした種類株式の典型的な活用方法としては、合弁企業の取締役等の役員の選任権限を分配するスキームが考えられる。これによって、それぞれ合弁企業に出資する者が一定数の取締役を確保することができる。

全体の株主総会との関係

会社が取締役の選任に関して内容の異なる数種の株式を発行する場合、全部の種類株式について、各株式の内容として、選任できる取締役等の員数、当初決めた事項の変更条件等、所定の事項を定款に定めなければならない。

各種類の株主総会で選任される取締役は、原則として全体の株主総会で選任・解任されないが、会社全体に対して義務を負う。取締役の選任決議で、種類株主総会に出席を要する株主の有すべき議決権は、定款変更でも、議決権を行使することができる株主の議決権の三分の一未満に下げることはできない。

もっとも、ある種類の株主が

いなくなれば、その種類株主総会もなくなる。そのような場合、取締役の任期満了前に、その種類株主総会の決議ができないので、全体の株主総会において、その取締役の解任決議ができる。

取締役等の選解任種類株式

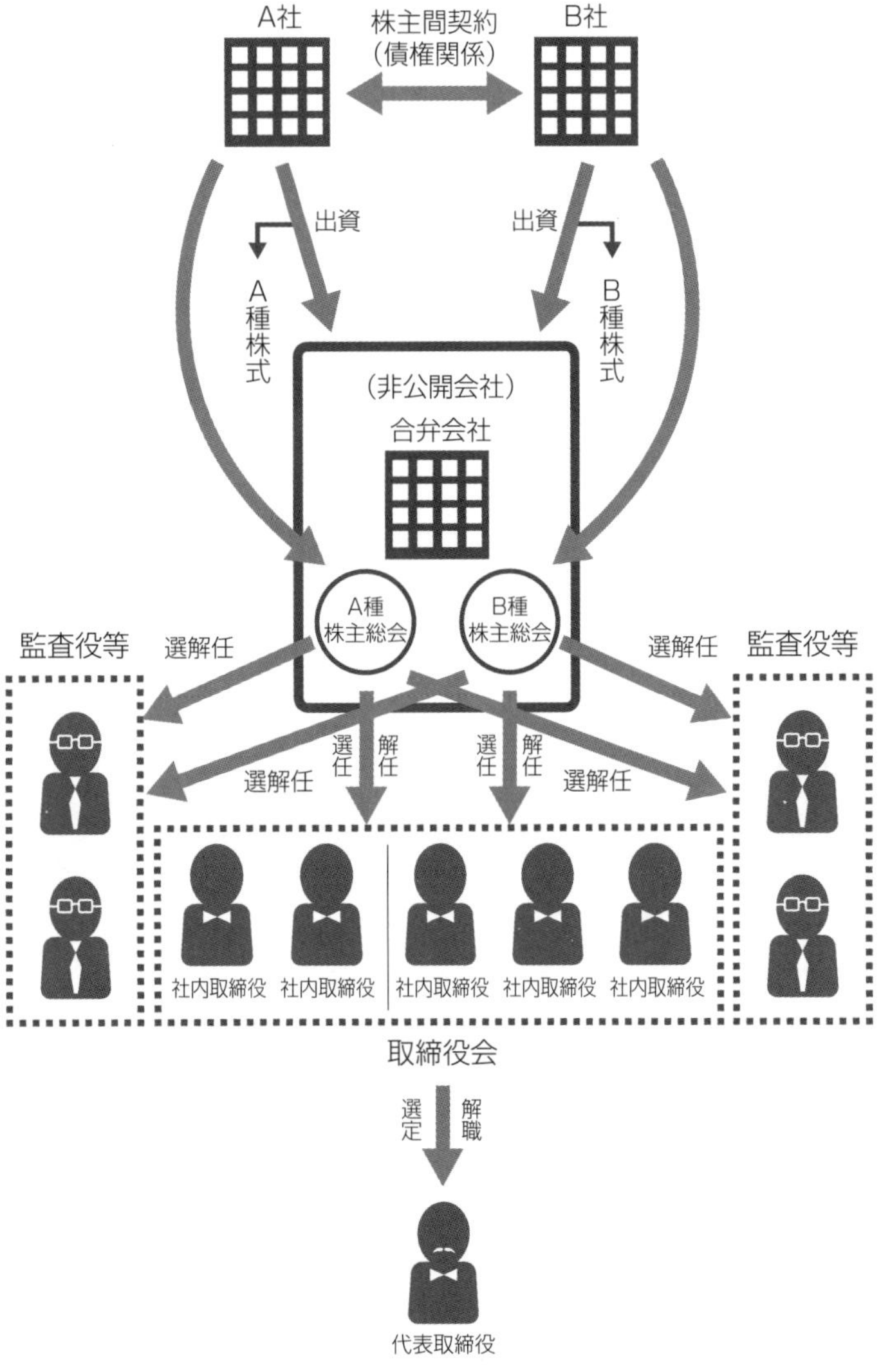

83

属人的定めの許容

―旧有限会社法に由来する定款自治

株主平等原則の例外

株主平等の原則の大きな例外として、非公開会社においては、剰余金分配や議決権等に関して、定款で特別の属人的な定めを置くことができる。

属人的定めの制度は、株主間の緊密な結びつきを前提としたもので、旧有限会社法の制度を引き継いで定められた。旧有限会社法では社員五〇名以下に限られた場合しか使えなかったが、会社法の下では、非公開会社であれば、株主数にかかわらず使えるものとなった。

定款に属人的定めをする場合は、その定めごとに、その定めに関する株主をそれぞれ種類株主とみなして、種類株主総会の制度が適用される。こうした定款の定めの新設または変更をする場合の定款変更の決議は、総株主の半数以上、かつ総株主の議決権の四分の三以上の賛成による必要がある（三〇九条四項）。

種類株式との違い

種類株式は株式自体に異なる内容を定めるものであるのに対して、属人的定めは文字通り属人的に特別に異なる定めをするものであって、株式自体が異なるのではない。このため、種類株式が譲渡されれば、譲受人も同じ種類株式を取得するが、属人的定めは当然に移転するわけではない。

利用方法

属人的定めのニーズは、①株式数によらずに株主全員に同額の配当をする場合、②オーナー株主に配当せず、その後継者の息子株主に多くの配当をする場合、③株式数によらないで株主一人に一議決権を与える場合、④同族会社で経営に関与していない株主の議決権をなくし、経営に携わる株主だけに議決権を認める場合などが考えられよう。ただし、濫用的な決議で属人的定めを設けた場合は、総会決議取消等で争われうる。

属人的定め

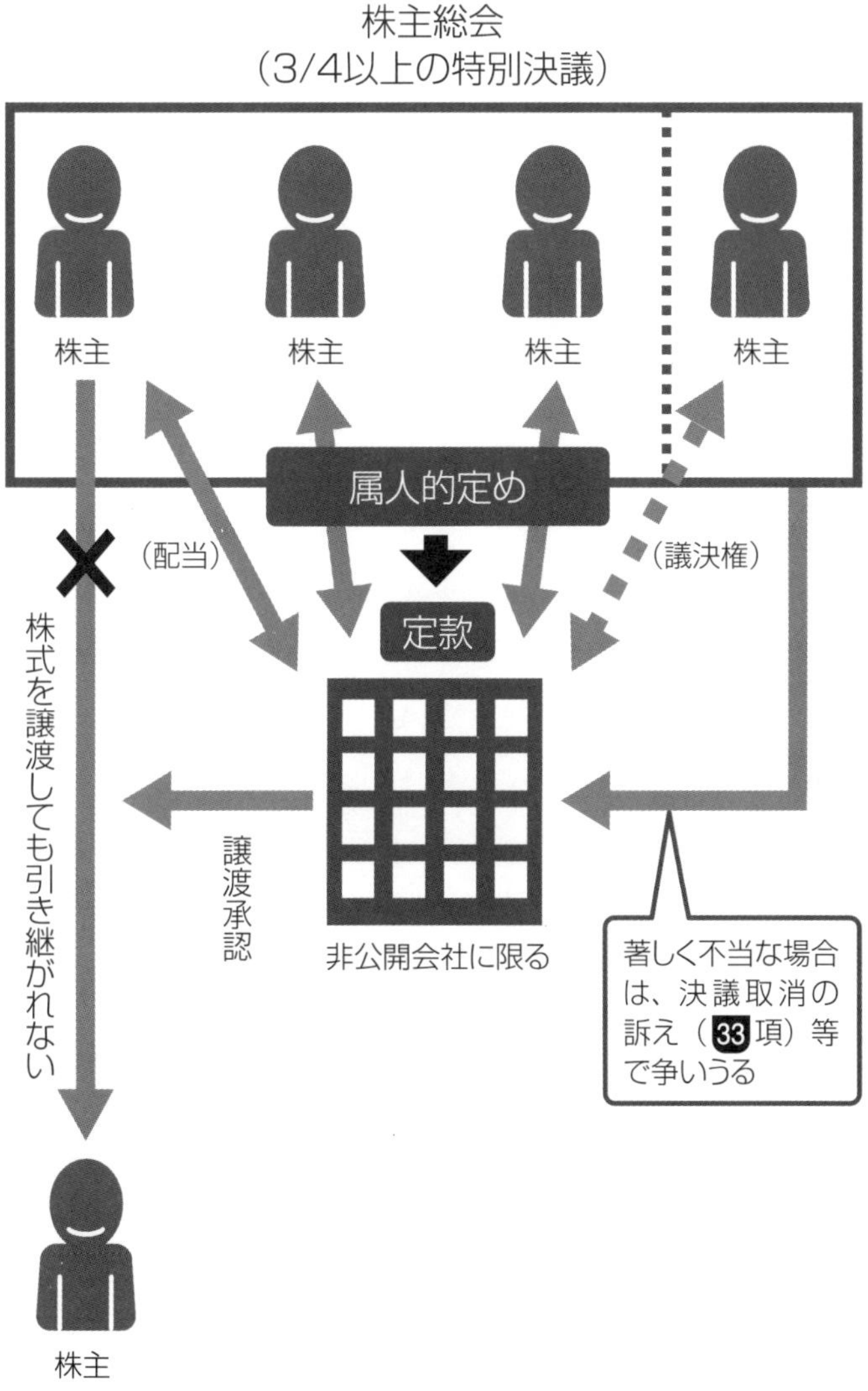

84

株式分割と株式併合

——株式の大きさを自在に変更

株式の流動性を高める株式分割

株式分割とは、株式を細分化して数を増やすことだ。株式分割をしても会社財産が増加するわけではない。一株あたりの価格は下がるはずだが、それだけ株式の取引はしやすくなって流動性が高まる。

株式分割をするには、株主総会または取締役会の決議が必要だが、株式分割後の一株あたりの純資産額が五万円以上でなければならないといった制限はなく、株式の大きさは自由だから、会社は原則として株式を自由に分割することができる。

会社が発行する株式の総数を株式分割の割合に応じて増加する定款変更は、株主総会の特別決議をしなくても、取締役会決議で行うことができる。ただし、二種類以上の株式を発行している会社では、株主総会における定款変更の決議が必要だ。

株式分割と類似の機能を果たす制度として**株式無償割当**という制度もある。この両者の比較は、左頁下表の通りである。

株主に不利な株式併合

株式の併合とは、株式分割とは反対に株式の単位を大きくすることだ。株式の大きさは自由だから、会社は原則として株式を自由に併合することもできる。株式数が減るだけで、会社財産や資本金額は変わらない。ただ、株式数が減れば、端数は切り捨てられ、株主の権利を害しうるので、株主総会の特別決議が必要だ。

株式の併合を行うための株主総会では、取締役が、株式の併合を必要とする理由を説明しなければならない（一八〇条三項）。また、株式の併合を行う

株式分割と株式併合

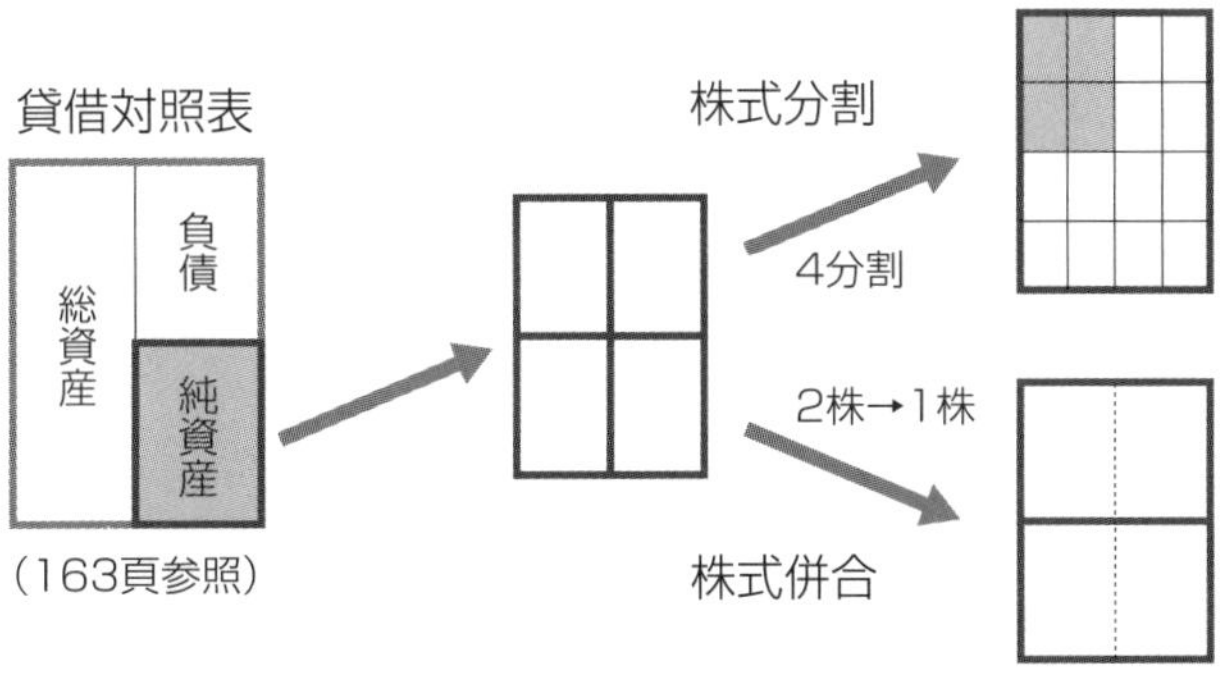

株式分割と株式無償割当

株式分割（183条）	株式無償割当（185条）
ある種類の株式について、一定の割合において一律にその数を増加させる＝株式の計数の変動	株主（当該株式の発行株式会社を除く）に対して、株式数に応じて一定の割合で、払込なしに、株式の発行又は自己株式の交付をする
決定機関は株主総会（取締役会設置会社は取締役会）（183条2項）	決定機関は株主総会（取締役会設置会社は取締役会）（186条3項）だが、定款で別段の定めを置ける（186条3項但書）
同一の種類の株式数が増加する（184条1項）	（同一又は）異種の株式を交付（187条）
自己株式の数も増加する	自己株式については割当が生じない
自己株式の交付は生じない	自己株式を交付できる
発行可能株式総数を株式分割の割合を乗じて得た数の範囲内で増加させる定款変更を株主総会によらずに行える（184条2項）＝業務執行機関の決定でなしうるということ（85項参照）	（規定なし）

会社が株券発行会社である場合には株券提出手続を要する。

平成二六年改正で、開示の強化（一八二条の二及び六）、株式併合により一株に満たない端数が生ずる場合における反対株主の株式買取請求権（一八二条の四）、差止請求の制度（一八二条の三）等が整備された。

85

単元株制度

一定数の株式がなければ議決権なし

一単元について一個の議決権

会社は、取引しやすい株式の大きさを決めることができる。しかし、一株を必要以上に小さくすると株主の数や議決権が増えて、その管理負担も増える。

そこで、定款によって一単元の株式の数（＝単元株式数）を適当に定め、一単元ごとに一個の議決権を与えるものとすることができる。数種の株式がある場合には、株式の種類ごとに一単元の株式の数を定める（一八八条）。これが「単元株制度」だ。

つまり、単元株制度は、株式の管理コスト節約の要請と株式の流動性を確保する要請のバランスを図るため、各会社で株主が一個の議決権を行使できる大きさを自由に定めうるようにするための制度である。

単元変更のための定款変更手続

単元株制度では、単元株式数が大きいと、それだけ多くの単元未満株が生じる。逆に単元株式数が小さいと、それだけ単元未満株は少なくなるので、単元株式数の引下げは、株主にとっては有利な変更だ。

そこで、一単元の株式の数を減少し、またはその数の定めを廃止する場合は、総会決議によらないで定款の変更ができる。逆に一単元の数を引き上げることは株主に不利なので、株主総会の特別決議が必要となる。

単元未満株主の権利

単元未満株主が有する権利については、配当請求権、残余財産分配請求権や買取請求権等の所定の権利以外であれば、定款で制限することができる。たとえば、単元未満株主の代表訴訟提訴権も定款で制限できる。また、株券発行会社であっても、

単元株制度と旧端株制度

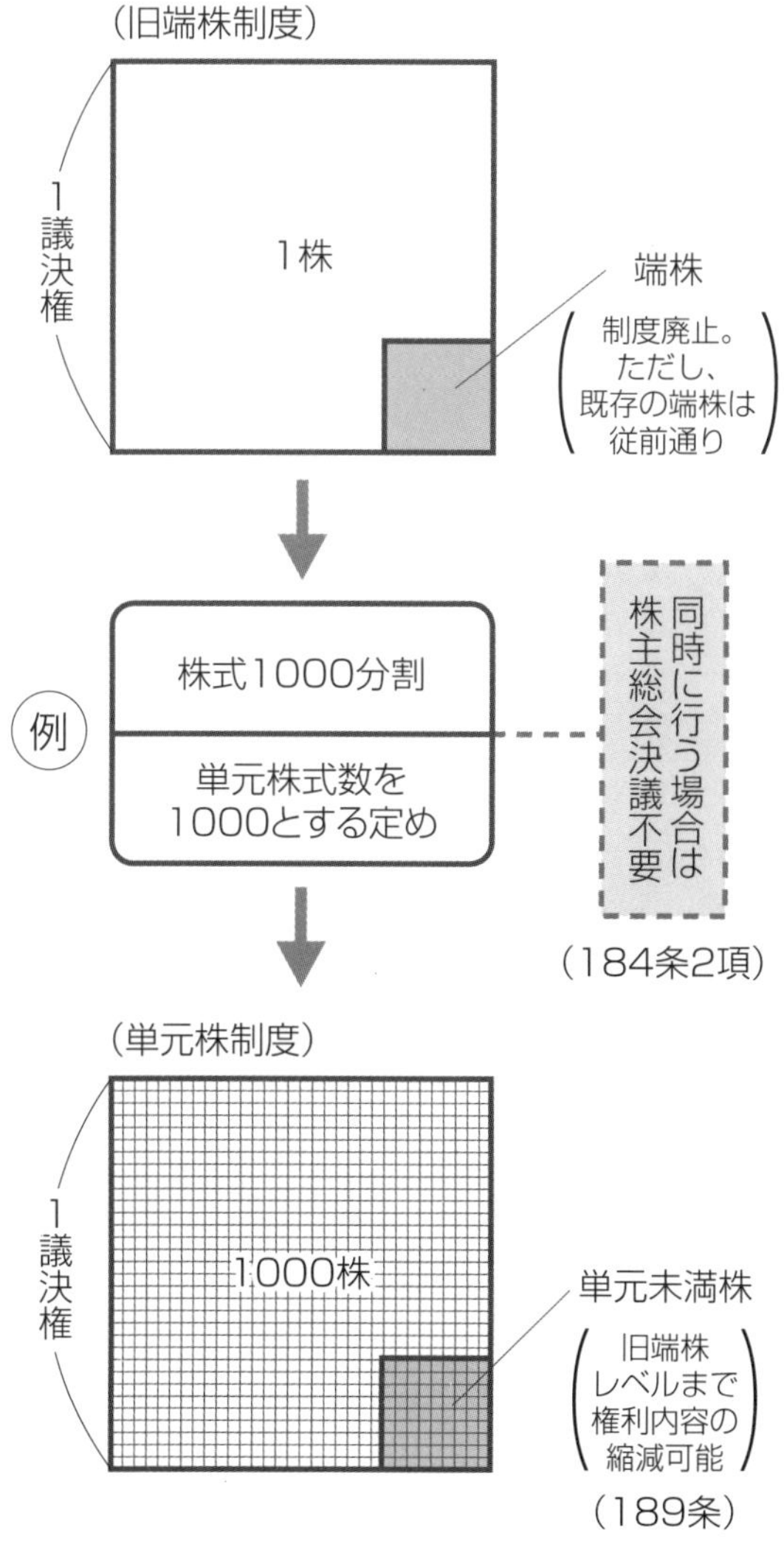

単元未満株式にかかる株券は発行しない旨を定款で定めることができる（一八九条三項）。

ただ、単元未満株主は、会社に対して自己の有する単元未満株を買い取るように請求できる（一九二条）。それとは逆に、単元未満株主が一単元の株式の数になるように株式を売り渡すように会社に請求できる「売渡請求制度」を定款で設けることもできる（一九四条）。

86 自己の株式の取得

——手続規制と財源規制がある

自己の株式を取得できる場合

　会社が「自己の株式」（＝自らが発行した株式で他者が保有する株式）を取得したり、「自己株式」（＝既に自己で保有する株式）を保有したりすることは、規制する必要がある。株主平等原則違反、株価操作・インサイダー取引、会社支配権の不当な維持に利用されるなどの懸念があるからだ。

　ただ、欧米では基本的に自己株式の保有を認める国もある。そこで、わが国の自社株の取得・保有も徐々に規制緩和され、一定の手続規制と財源規制等の下に自己の株式の取得・自己株式の保有が認められている。

　会社法は、自己の株式を取得できる場合を、左頁のように定めている。このうち、株主との合意によって自己の株式を取得する場合には、原則として株主総会による決議を必要とする（87項）。

　ただし、上場会社や委員会型の会社の場合、監査役会と会計監査人を設置する会社で取締役の任期が一年である場合等には、取締役会決議による取得が可能だ（97項）。また、親会社は取締役会の決議で、その子会社の有する自己の株式（子会社から見ると、親会社の株式）を買い受けることもできる（しかし、子会社は原則として親会社の株式を取得できない（108項））。

　これに対して、株主との合意によらない取得の場合は、株主総会の決議等なしに自己の株式の取得が認められ、それぞれの理由に基づく手続に従って、会社は自己の株式を取得できる。

財源規制

　自社株取得には目的の制限が

なく、取得財源も拡大され、数量規制が撤廃されている。

しかし、自己株式の取得価額の総額は、原則として分配可能額を超えることができず（97項）、事業年度末で資本の欠損が生じる恐れがあれば、自社株式の買受けに制約を受ける。

なお、自己株式には原則として、配当請求権、残余財産分配請求権、合併等の場合の株式割当等の自益権が認められない。

自己の株式を取得できる場合

株主との合意による取得の場合

（原則）自己の株式取得のための株主総会決議があった場合

（例外）取締役会の決議
①子会社からの取得（163条）
②上場会社の特例（165条2項）
③分配特則規定（97項）による（459条）

それ以外で取得する場合

①取得条項付株式で、会社が自己の株式を取得するための所定の事由が生じた場合
②譲渡制限株式に関して、株主から会社へ自己の株式を売り渡す請求があった場合
③取得請求権付株式の取得の請求があった場合
④全部取得条項付種類株式の全部取得の決議があった場合
⑤相続その他の一般承継に対する株式の売渡しの請求をした場合
⑥単元未満株式の買取請求があった場合
⑦所在不明株主に関する株式の競売に関する事項を定めた場合
⑧1株に満たない端数（いわゆる「端株」）が生じた場合（端株制度は廃止されている）
⑨他の会社（外国会社を含む）の事業の全部を譲り受ける場合にその他の会社が有する自己の株式を取得する場合（事業の「一部」の譲受けの場合は含まれない）
⑩合併後消滅する会社から自己の株式を承継する場合
⑪吸収分割をする会社から自己の株式を承継する場合
⑫その他会社法施行規則で定める場合

87

自己の株式の取得手続——株主総会決議に基づいて自己の株式を取得する

臨時総会でも決議可能

株式会社は、いつでも、所定の事項について株主総会の決議をすることによって自己の株式を取得できる。これは一般的に、株主との合意により自己の株式を会社が取得することを認めるものである。この株主総会は、定時株主総会である必要はなく、臨時株主総会でもかまわない。この株主総会の普通決議によって、取締役会（取締役会がない会社では取締役）に対して、自己の株式を取得できる権限が付与（授権）される。

すべての株主から申込みを受ける場合

株主総会によって、すべての株主に機会を与えて自己の株式を取得する場合、譲渡人となりうる株主全員に売却する機会が与えられるように、通知・公告が義務づけられており（一五八条）、ミニ株式公開買付けのような形となる。

株主からの申込株式数が取得株式数を超える場合、会社は按分比例で取得する必要がある。

特定の者から買い受ける場合

これに対して、特定の者から買い受ける場合には特別決議が必要とされる。そして、その特別決議をする場合には、原則として、他の株主に自分も売主に加えるように請求できる機会を与える必要がある。所定の例外にあてはまらない限り、株主は、自己を譲渡人となる株主に加えるように請求できるわけだ。

株主総会の決議に基づいて自己の株式を取得しようとする場合に、取得価額等をどのように決めるかだが、取締役会設置会社では、その都度、取締役会の決議によって所定の事項を定め

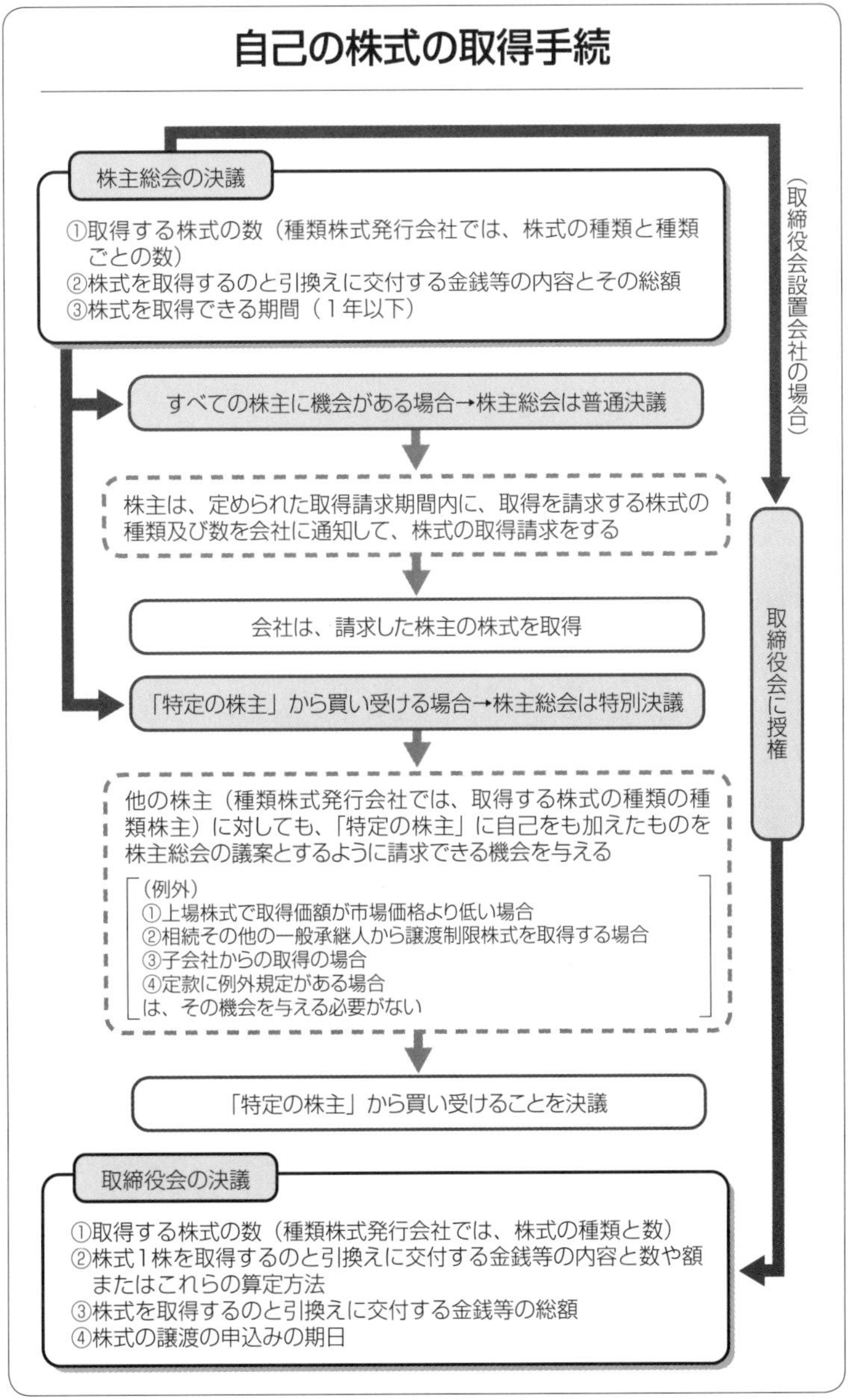

る。取締役会のない会社は、その都度、取締役がそれらについて定める。こうした自己の株式の取得条件は、その決定ごとに均等に定めなければならないほか、所定の財源規制がかかる。

88 募集株式の発行等

発行可能株式総数の範囲で発行する

募集株式の発行規制

募集株式とは、新たに発行される株式のほか、処分する自己株式を含んだものである。設立後の会社は、追加的に募集株式を発行して、資金調達を図ることができる。

会社は、あらかじめ発行できる株式の総数を「発行可能株式総数」として定める。

公開会社は、設立に際して実際に発行する株式数は、発行可能株式総数の四分の一以上でなければならず、会社成立後の局面でも、発行可能株式総数は、発行済株式総数の四倍を超えてはならない。それに対して、非公開会社は、そのような規制がない。

従って、発行可能株式総数を多めにしておくことで、いっきに株式を増加させることも可能だ。ベンチャー企業が急激に成長するケースでも、定款変更なしに機動的な株式発行が可能となる。

募集株式の発行等の手続

公開会社では、所有と経営の分離を前提に、機動的な資金調達を行うことは経営判断に委ねられる。そこで、公開会社では、原則として取締役会の決議で募集株式の発行等を行う。この場合、所定の期間内に株主に対して通知・公告等を行う必要がある。例外的に、第三者割当増資が引受人に**特に有利な金額**である場合には、株主総会の特別決議が必要とされる。また、**支配権の異動**を伴う発行等を行うことに一割以上の株主が反対した場合等には株主総会の過半数決議が必要とされる（ただし、事業継続のため緊急の必要がある場合は不要である）。

これに対して、非公開会社では、各株主が自己の株式保有率に高い関心を有しているので、募集株式の発行等をする場合には株主総会の特別決議を要するのが原則となる。ただし、例外的に株主総会が取締役会に発行を委任している場合、その範囲内で取締役会が発行できる。

取締役会設置会社における募集事項の決定機関

1　公開会社の場合
原則：取締役会。ただし、委員会型の会社は執行役や業務執行取締役への委任可能

(1) 株主割当→取締役会の決議（202条1項、3項3号）
・特に有利な金額でも株主総会決議は不要
・株主に対する通知は公告による代替不可

(2) 第三者割当
a.（例外1）特に有利な金額である場合
→株主総会の決議（199条2項）
*「特に有利な金額」ならば、株主総会で理由説明が必要（199条3項）
（例外2）支配権の異動を伴う場合（本文参照）
b. a.以外の場合
→取締役会の決議（201条1項）
＊201条3項の通知または4項の公告or金融商品取引法の届出が必要

(3) 公募（時価発行）→取締役会の決議（201条1項）

2　非公開会社の場合
原則：株主総会の特別決議

(1) 株主割当
①定款で取締役会に決定権を付与した場合
→取締役会の決議（202条1項、3項2号）
②付与していない場合
→株主総会の決議（202条1項、3項4号）

(2) 第三者割当
特に有利か否かにかかわらず、次の決定機関による。
①株主総会の決議で取締役会に募集事項の決定を委任した場合
→取締役会の決議（200条1項）
*「特に有利な金額」ならば、株主総会で理由説明が必要（200条2項）
②委任がない場合
→株主総会の決議（199条2項）
*「特に有利な金額」ならば、株主総会で理由説明が必要（199条3項）

89

現物出資とDES

現物出資による株式取得も可能

現物出資規制

株式会社は、募集株式の発行等において、金銭以外の財産を出資の目的とすることができる。自己株式の処分に際して現物財産が給付される場合も、新株発行と同様の取扱いがなされる。

この場合、その財産の内容や価額を定める必要があるが、募集事項の決定後、遅滞なく、原則として、現物出資財産の価額を調査させるため、裁判所に対し**検査役の選任**の申立てをしなければならない。ただし、募集株式の引受人に割り当てる株式の総数が発行済株式の総数の一〇分の一を超えない場合や、現物出資財産等の総額が五〇〇万円を超えない場合等、所定の場合には検査役が不要とされる。

ただ、会社と利害関係のない者が過失なく現物出資をして、事後的に責任を問われる場合、その出資者には出資の取消権もある。すなわち、現物出資財産を給付する募集株式の引受人に限り、裁判所の決定により現物出資財産の価額が変更された場合、その決定の確定後一週間以内に限って、その募集株式の引受けの申込みまたは募集株式の総数の引受けをする意思表示を取り消しうる（二〇七条八項）。

デット・エクイティ・スワップ

デット・エクイティ・スワップ（DES）とは、債務を株式にすることだ。これは中小企業の債務超過解消手段等にも利用できる。たとえば、債務超過の解消によって財務内容を改善したり、債務者である会社への現物出資で増資が可能となる。

具体的には、会社成立後の募集株式の発行等に際して、金銭債権をもって出資をすることによって行う。この場合、金銭債権を現物出資する形になる。しかし、会社法では、株式会社に対する金銭債権のうち弁済期が到来しているものを、その債権額以下で出資をする場合には、検査役の調査を不要としている。これによって、手続上はデット・エクイティ・スワップがやりやすくなっているが、税務上の影響等は別途チェックする必要がある。

デット・エクイティ・スワップ（Debt Equity Swap="DES"）

（貸借対照表におけるイメージ）

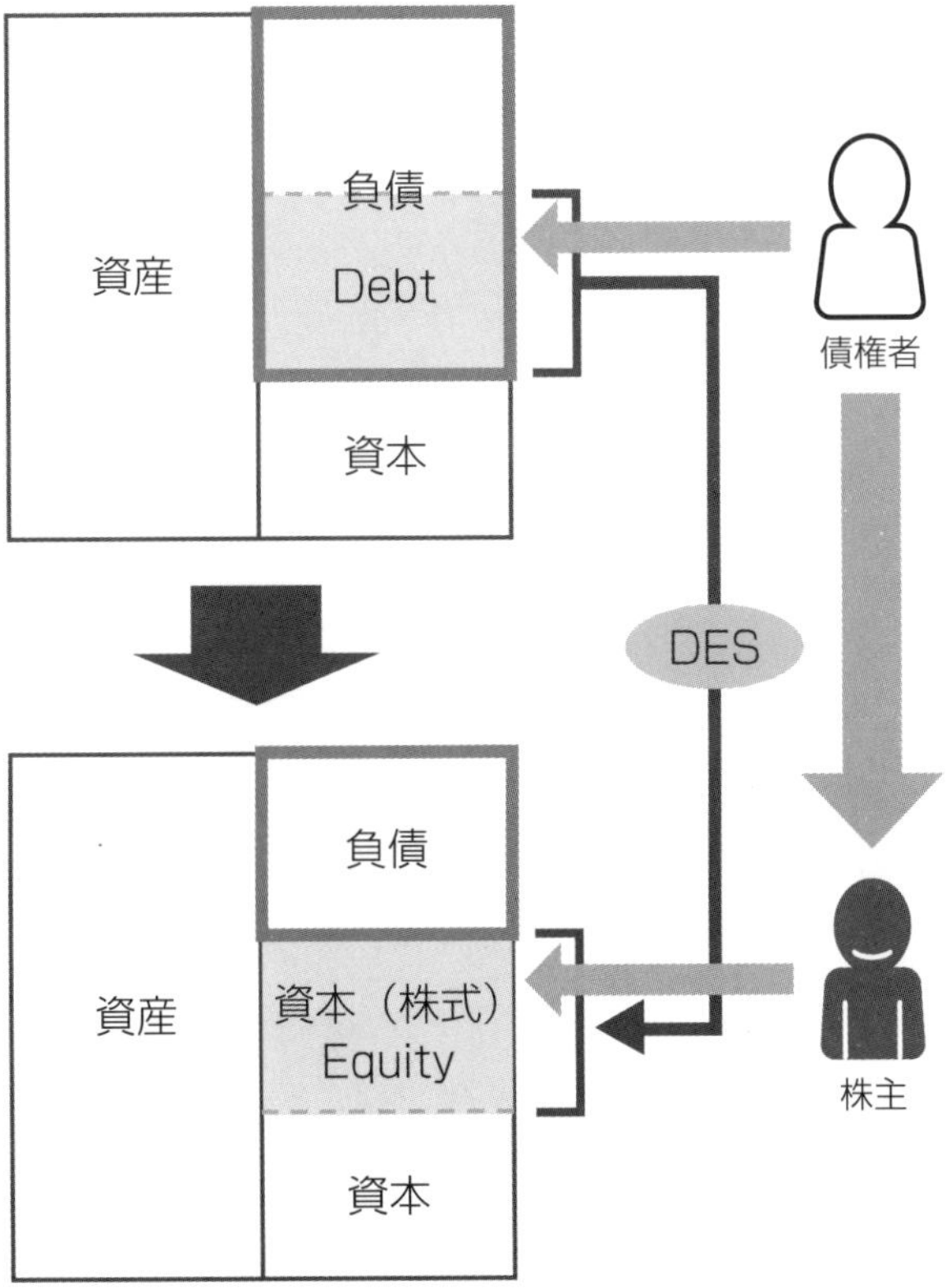

デット・エクイティ・スワップによって負債の一部を株式（資本）にすることで、たとえば債務超過を解消することができる

90

新株予約権のしくみ

——株価上昇を期待して発行する

基本的な内容

新株予約権とは、株式会社に対して行使することによって、その会社の株式の交付を受けることができる権利をいう。従って、新株予約権者は会社に対して権利行使をしたら株式を取得でき、会社は株式の交付義務を負うという債権である。行使価額を払い込めば新株予約権者は当然に株主になるから、新株予約権は形成権である。

新株予約権を取得した段階では、まだ株式を取得しておらず、配当などの株主の利益を受けることはできない。その予約権を行使して所定の払込みを完了して、はじめて株主となる。

基本的メカニズム

新株予約権が発行された場合、会社は新株予約権の権利行使がなされた段階で新株予約権者に対して新株を発行し、またはこれに代えて会社の有する自己株式を移転する義務を負う。

一個の新株予約権に何株もの株式を割り当てることもできる。たとえば、一個の新株予約権につき一〇〇株の株式を割り当てることもできる。そのため、発行決議では、新株予約権をいくつ発行するのか、またそれによって株式はいくつ発行するのか、それぞれの数を定める。

払込みがなされるタイミングは、新株予約権を発行する時点と新株予約権を行使する時点がありうる。もっとも、発行時点では無償とされ、払込みは行使時点だけという場合も多い。

なお本書では、前者の時点で新株予約権者が払い込むべき価額を「発行価額」と呼び、後者の時点で払い込むべき価額を「行使価額」と呼ぶことにする。

新株予約権の発行と行使

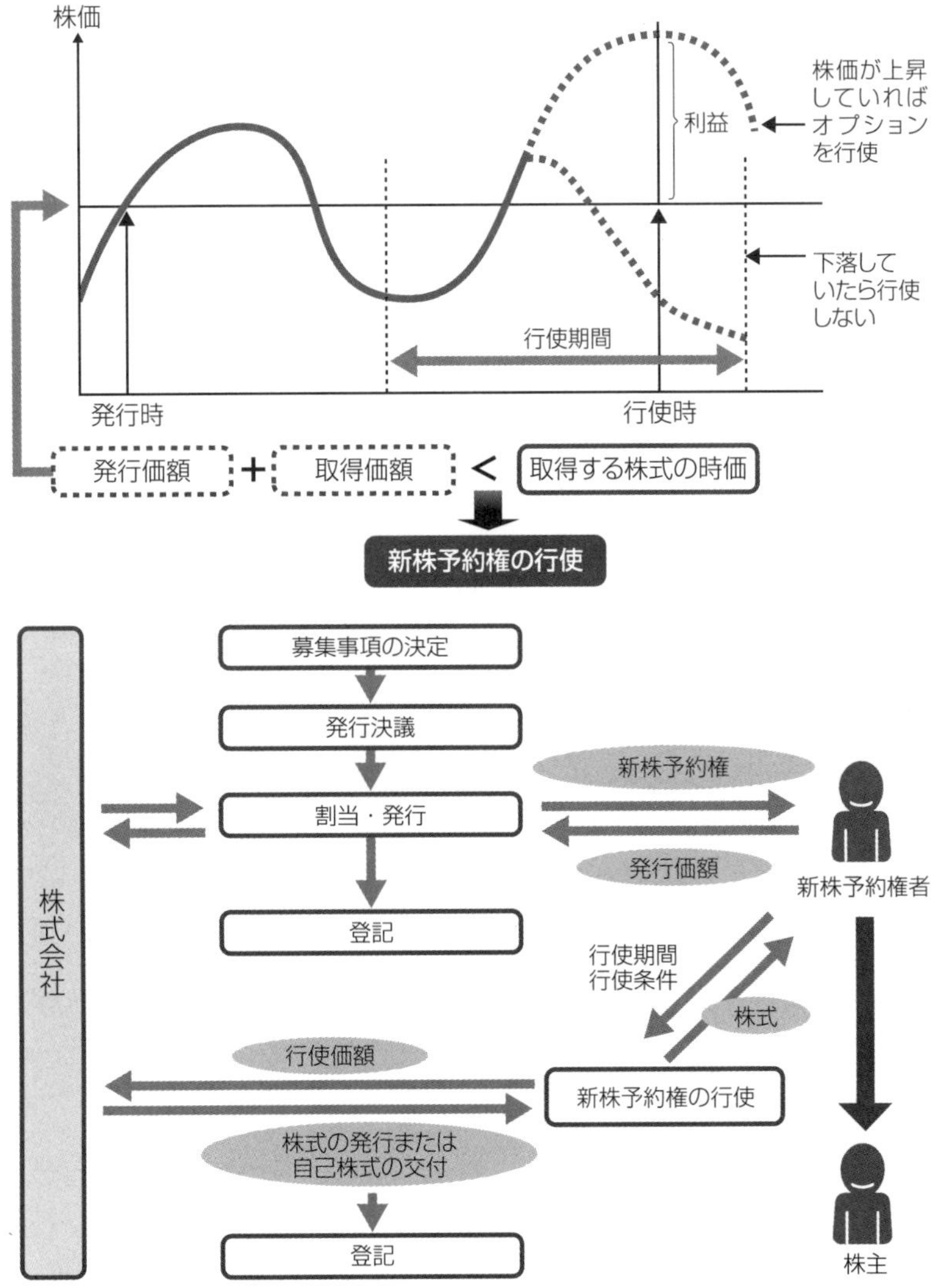

91

新株予約権の活用

ストック・オプションや資金調達等のため

多様な活用方法

新株予約権は、株主以外の者に対しても付与できる。株主以外の者とは、取締役、従業員のほか、出資者その他の者も含まれる。これによって、ベンチャーの出資者や各種アドバイザー、コンサルタント等にも新株予約権を付与できる。

新株予約権には、法律による付与の上限や権利行使期限もないので、投資家のニーズに合わせた設計が可能になり、資金調達が機動的にできる。

こうした新株予約権の利用目的としては、ストック・オプションのほか、資金調達手段、事業提携の強化や事業支援、研究支援（新株予約権を付与する代わりに研究支援などを受けるといった方法）、開業準備支援、事業再編・再建支援、敵対的買収に対する企業防衛策、ベンチャー企業や合弁企業での活用、株式公開前の資本政策などが考えられる。

ストック・オプションとは、会社が取締役や従業員等に対して、一定の権利行使期間内にあらかじめ定めた権利行使価額で、所定の株式を会社から買い受けることができる権利として説明される実務上の呼称だ。これは有能な人材を新規に獲得したり維持したりするために使われ、企業への帰属意識を高め、業績向上へのインセンティブになる。ベンチャー企業が上場を目指す場合には、特に大きな魅力となるし、上場会社役員等への報酬（71項）にも活用できる。

資金調達手段としては、新株予約権の発行価額や行使価額だけをあてにするのではなく、低利で融資を受ける代わりに、金融機関に新株予約権を付与するといった手法もある。

また、買収防衛目的の場合、著しく不公正な方法による発行は差止めの対象になるため、新株予約権の行使条件に工夫を加える等して、経営陣の保身目的との誤解を招かないように注意する必要がある。

新株予約権の活用

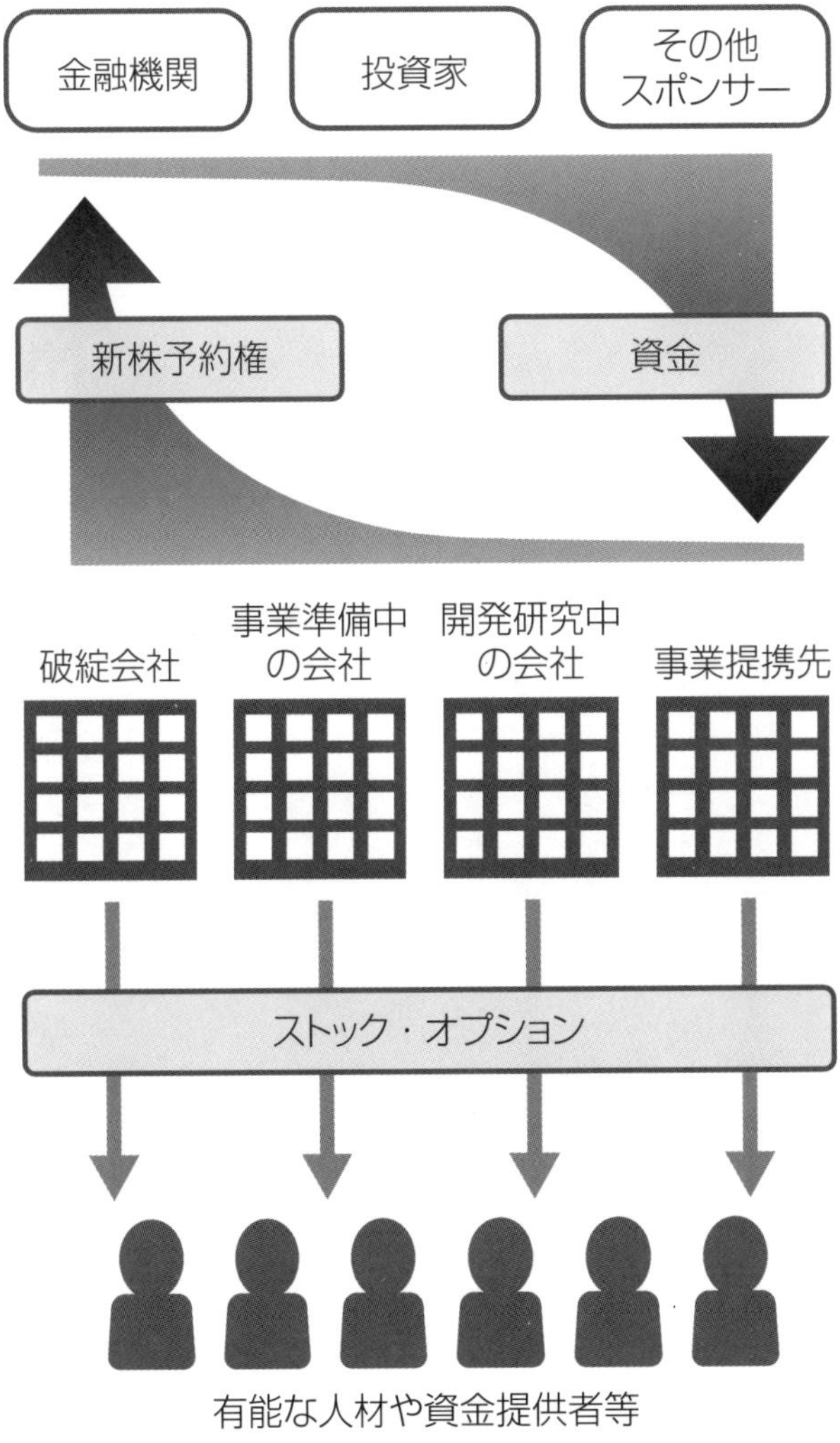

92

新株予約権の発行手続

――発行決議から登記まで

手続の概要

新株予約権の発行手続は、基本的に募集株式の発行等（88項）と同じような規律になっている。すなわち、非公開会社の場合には原則として株主総会の決議が必要だが、公開会社の場合には取締役会決議で発行できるのが原則である（二四〇条）。後者の場合には、割当日の二週間前までに株主への通知・公告が必要である（同条二項、三項）。

また、委員会型の会社では、取締役会から執行役又は定款等により取締役に委任ができる。

ただ、株主以外の第三者に特に有利な発行の場合には、株主総会の特別決議を要するし、種類株式会社の場合には種類株主総会の決議を要することもある。第三者に対して**特に有利な条件**で新株予約権を発行する場合は、それを必要とする理由を、株主総会で開示しなければならない。

募集に応じて新株予約権の引受けの申込みをした者に対して割り当てる新株予約権を、「募集新株予約権」という。この募集事項は、その募集ごとに均等に定める必要がある。

新株予約権証券は、必ずしも発行する必要はないが、新株予約権の内容として証券を発行するものと定めることができる。

新株予約権は、譲渡制限もできるが、譲渡が可能な場合もあり、会社が取得すると自己新株予約権となる。自己新株予約権の処分は、自己株式とは異なり、募集手続を要しない。

一年間有効な発行決議

いずれの発行決議についても、決議日から一年間にわたって効力を有し、その決議に基づく新株予約権の付与、割当が可能だ（二三九条三項）。そのため株主総会決議が必要でも、定時総会でこの特別決議を得ておけば、その年度内は機動的に新株予約権を発行できる。

　この範囲内で、新株予約権の引受けから払込み、新株予約権証券の発行、新株予約権原簿の作成、登記等の手続を進めればいい。

　なお、新株予約権を発行した場合には、その数や条件等の所定の事項を本店の所在地で二週間以内に登記する必要がある。

新株予約権の発行手続のイメージ

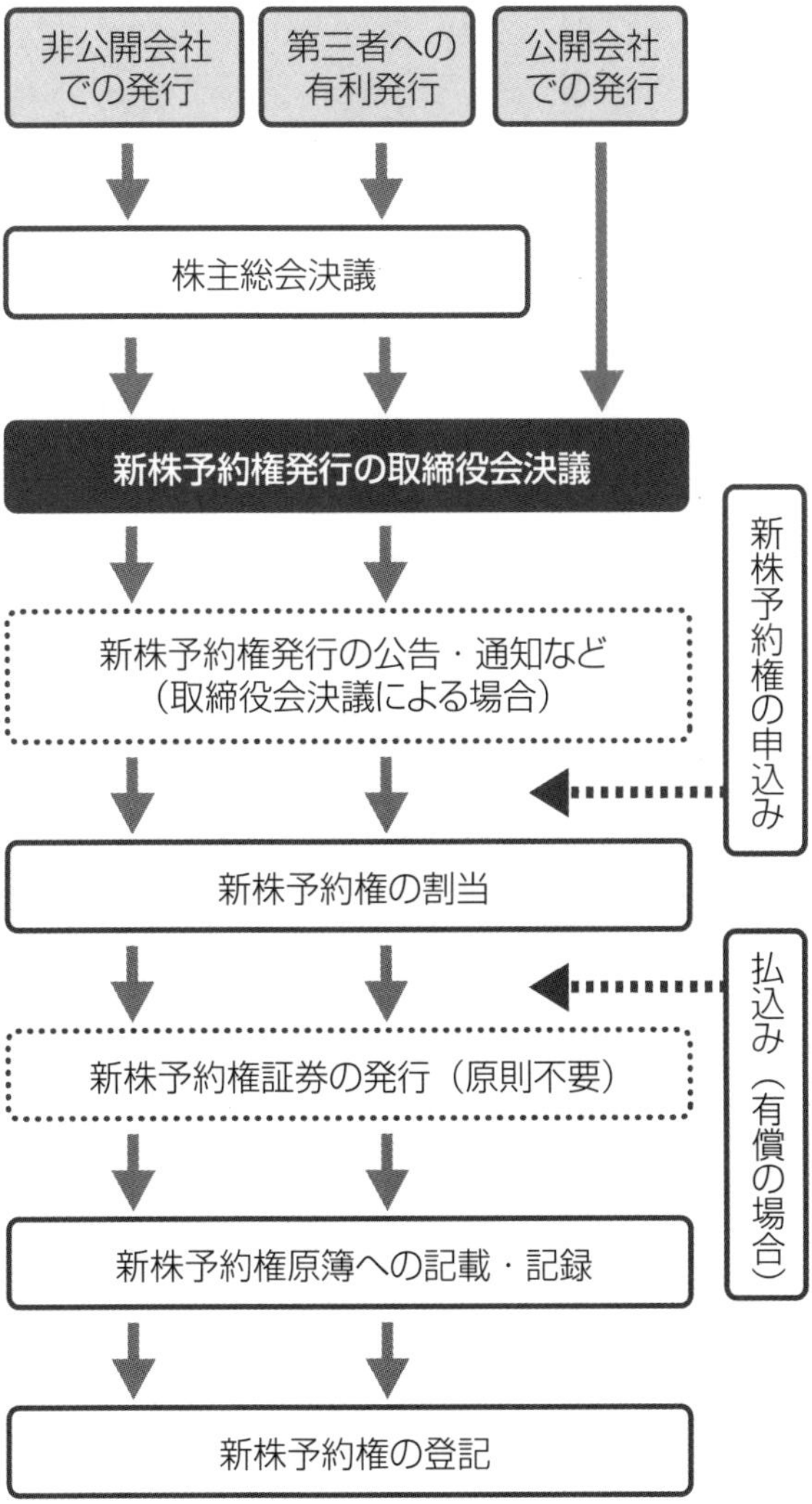

93

新株予約権の行使と消却

あらかじめ定めたルールに従って行使・消却

株式の取得までの手続

新株予約権は、①その行使に係る新株予約権の内容及び数と②新株予約権を行使する日を明らかにして、行使価額を払い込んで行使する。新株予約権証券があれば、それを添付する必要があるが、新株予約権証券を発行していない場合は、証券の添付は不要だ。

この行使時に、金銭以外で出資をする場合には、募集株式の発行等の場合と同じような現物出資規制（89項）がある。

新株予約権が行使されると、会社は、新株予約権者に対して新株を発行し、またはこれに代えて会社の有する自己株式を交付する義務を負う。自己株式をあてる場合、会社は自己株式を処分することになるが、取締役会決議や株主総会決議などをあらためて行う必要はない。

新株予約権が行使された時点で、会社は新株を発行するか、自己株式でまかなうかを選択でき、新株予約権者の側が選択することはできない。とはいえ、自己株式でまかなうには、自己株式を保有していることが必要であり、自己株式がなければ、新株を発行せざるをえない。

新株予約権が行使されると、発行済みの新株予約権や株式の数に変動が生じるので、その登記が必要となる。

しかし、権利行使がバラバラになされ、その都度、登記申請を要するのは煩瑣である。そこで、新株予約権の行使による変更の登記は、毎月末日ごとに、本店の所在地で当該末日から二週間内に行えばよい。

端数が生じる場合

新株予約権の行使で一株に満

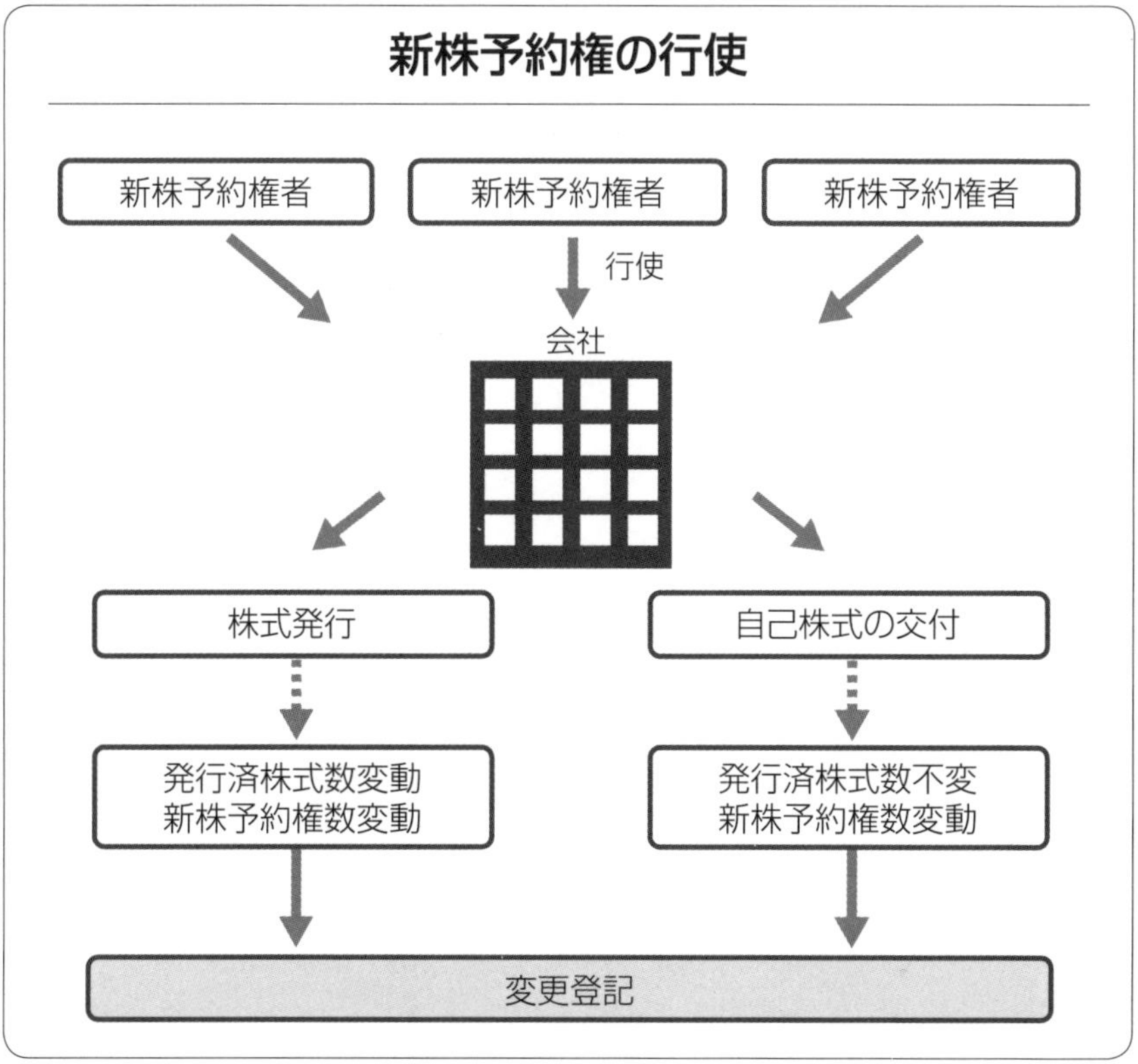

たない端数が生ずる場合や、新株予約権付社債の行使に際して償還金の一部を払込みにあてない場合の処理については、原則として端数等に相当する価額を金銭で償還する。その価額を償還しない取扱いも可能だが、そのためには、あらかじめその旨を定めておく必要がある。

新株予約権の消却

新株予約権の消却は、いったん会社がそれを取得した上で行われる。そこで、新株予約権を発行する際には、新株予約権を会社が取得できる事由を定めることができる。その条項が付いたものを**取得条項付新株予約権**という。その取得条項が定める事由が発生したら、新株予約権を会社が取得した上で消却できるというしくみだ。

94

ライツ・イシュー

――株式発行による希釈化を回避する資金調達方法

新株予約権無償割当

いわゆるライツ・イシューとは、株式発行による希釈化を回避する資金調達方法である。具体的には、新株予約権を無償で株主に割り当て、その株主がこれを行使するか、新株予約権を譲渡することが選択できる。

新株予約権における一株あたりの行使価額は募集株式の払込金額と一致するように定められるため、会社としては株式発行と同様の資金調達が可能となる。株主が申込みを要しない手続とするため、新株予約権の無償での株主割当（二四一条）ではなく、**新株予約権無償割当**（二七七条）の方法を用いる点がポイントだ。

割当通知の待機期間

ライツ・イシューでは、既存株主が希薄化を強制されないので、かねてから金融商品取引所等は、ライツ・イシューを勧奨してきた。そこで、平成二六年改正では、新株予約権無償割当に関する割当通知の待機期間が短縮化された。具体的には、株式会社が株主に対して割り当てた新株予約権の内容及び数等についての当該株主等に対する通知は、当該新株予約権無償割当の効力発生日後遅滞なくしなければならず（二七九条二項）、その行使期間の末日が当該通知の日から二週間を経過する日前に到来するときは、行使期間は当該通知の日から二週間を経過する日まで延長されたものとみなされる（同条三項）。

基準日の株主に無償割当が行われるが、新株予約権は金融商品取引所に上場して振替制度の対象とすることができ、そのほか金融商品取引法の規律に従う必要がある。

これが活用されるようになれば、将来的には取締役会決議による第三者割当を減らし、公募増資に絡むインサイダー取引の回避も期待できよう。

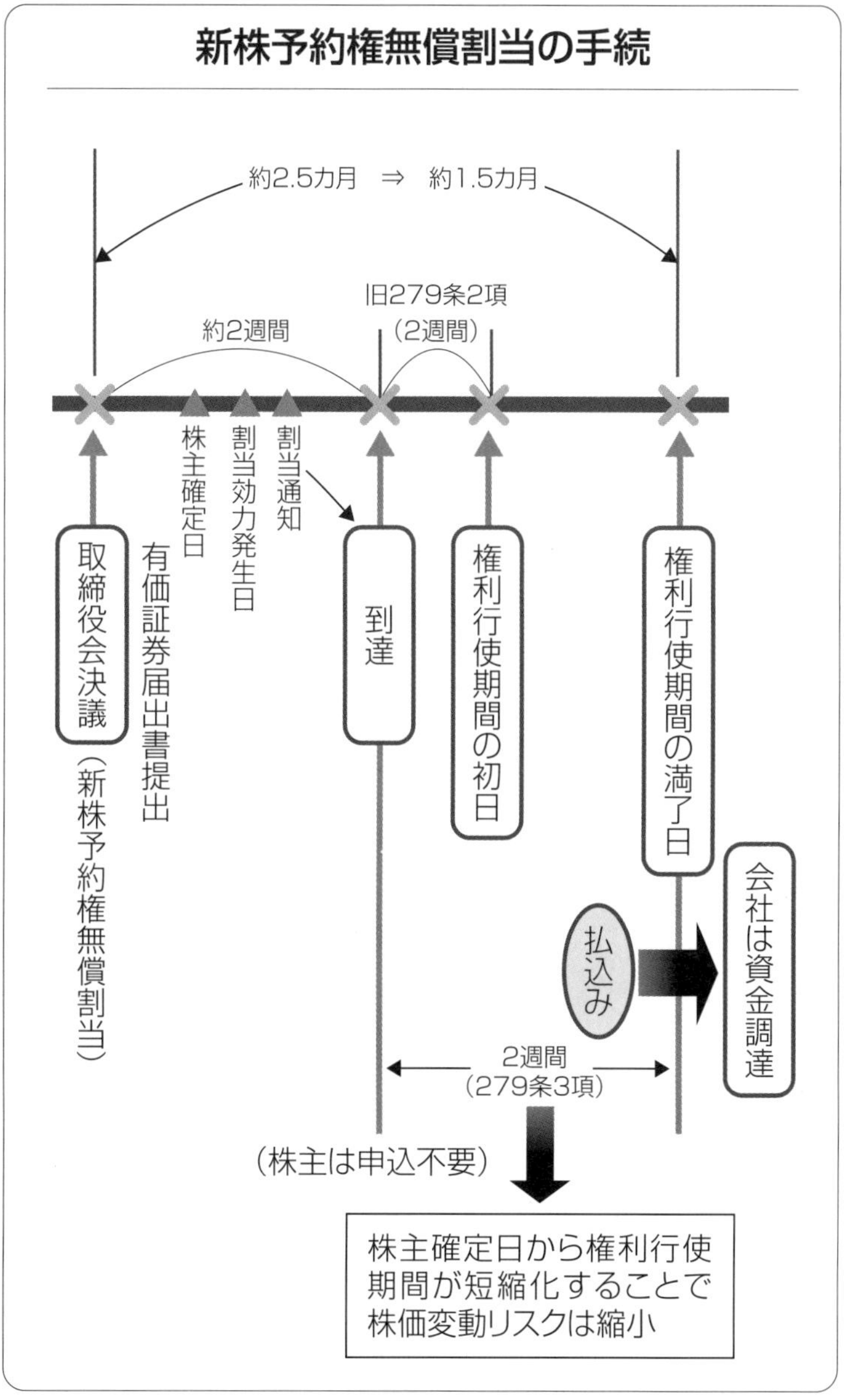

95

株式等をめぐる訴訟手続

事前の差し止めと事後の無効の訴え

株式の発行等の差止請求

会社法は、株式発行や自己株式の処分が実行される前ならば、募集株式の発行等の差止請求ができる。具体的には、①株式の発行や自己株式の処分が法令又は定款に違反している場合、または②それらが著しく不公正な方法により行われた場合に、その発行等により不利益を受ける恐れがある株主は差止請求ができる（二一〇条）。

公開会社では、株式の発行等の通知・公告から二週間で発行されるから、仮処分の手続を急いで取る必要がある。

株式の発行等の無効の訴え

株式の発行や自己株式の処分の手続に法令違反等があったとしても、株式の発行等がされた後では、その効力を覆すことが困難になる。会社法は、既になされた株式の発行や自己株式の処分を無効とするためには訴訟によらなければならないものと定めている（八二八条）。

その提訴ができるのは、その効力発生日から、公開会社の場合は六カ月以内、非公開会社の場合は一年以内に限られる。しかも、その無効とされる理由として認められる「無効原因」は、法定されておらず、裁判実務では、株式の取引安全等のため、かなり狭く解される。ただ、通知・公告等が欠けている上に、さらなる実質的な違法性がある場合等には無効原因が認められる。そのほか、新株発行等の不存在の確認の訴えもありうる。

なお、新株予約権の発行についても、同じような差止請求の制度（二四七条）とその発行無効の訴えの制度があり、その内容は募集株式の発行等の場合と

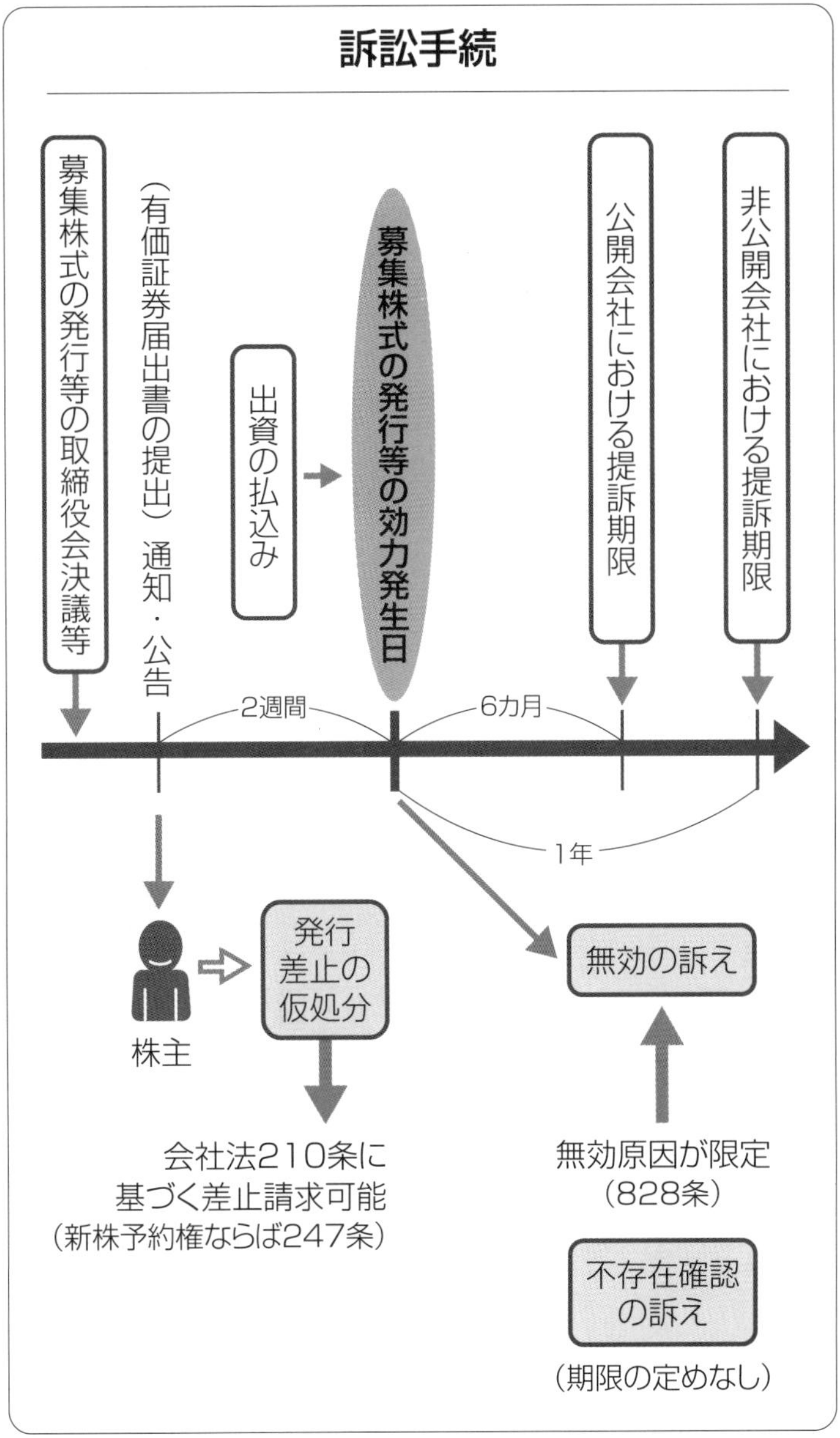

パラレルに設計されている。

株式の発行等に問題があった場合等には、取締役らの会社に対する責任（四二三条）のほか、不公正な払込金額で募集株式を引き受けた者や現物出資者（二一二条）、仮装引受人の責任（二一三条の二）、不実開示に基づく責任等を追及しうる。

COLUMN

普通株式と種類株式

会社法は、「種類株式発行会社」（二条一三号）とか、「種類株主総会」（二条一四号）を定義しているが、肝心の「種類株式」については定義がない。ただ、種類株式発行会社を「剰余金の配当その他の第百八条第一項各号に掲げる事項について内容の異なる二以上の種類の株式を発行する株式会社」と定義している。従って、種類株式とは、「剰余金の配当その他の第百八条第一項各号に掲げる事項（78項参照）について内容の異なる二以上の種類の株式」ということになる。

ところで、種類株式とは、欧米ではclasses of shares とかclassified stock などと呼ばれているもので、今までの考え方からすると、普通株式（common stock, ordinary share）という言葉に対応するものであったはずだ。そして、普通株式を基準にして種類株式が観念されていたわけだが、日本の定義ではそうした考え方はされないことになる。

そこで、一種類でも何らかの異なる株式を発行すると、この定義からすると、普通株式の方もそれは種類株式になってしまうと考えなければならないことになる。

あえていえば、一種類の元普通株式と一種類の種類株式という二種類の種類株式になるので、種類株式がある場合には普通株式はなくなり、元普通株式は別の種類の株式が発行された途端に種類株式に変わってしまうということなのだろう。

ちなみに、全部の株式について特別の定めというのは、一つの種類しか発行していないので、種類株式ではないという意味で、特別の定めのある「普通株式」ということになるとでも考えたらいいのだろう。

いずれにしても、会社法は、「普通株式」という言葉を使っていない。

第7章

株式会社の計算

96

株式会社の会計

会計基準の変化に対応した機動的な改定への期待

公正妥当な企業会計の慣行

株式会社の計算に関する規定は、株主や会社関係者に対する企業情報の**開示規制**と、分配可能額をいかに算出するかを定める**配当規制**の二つの要請を考慮する必要がある。

株式会社の会計は、**一般に公正妥当と認められる企業会計の慣行**に従う必要がある。株式会社は、法務省令で定めるところにより、適時に、正確な会計帳簿を作成しなければならない。

株式会社は、会計帳簿の閉鎖の時から一〇年間、その会計帳簿及びその事業に関する重要な資料を保存しなければならない（四三二条）。また、原則として総株主の議決権か発行済株式の三％以上を有する所定の株主は、会社の営業時間内にいつでも会計帳簿の閲覧や謄写等を請求することができる。ただし、株主は、その請求の理由を明らかにする必要があり、所定の場合には会社もこれを拒否できる。

計算書類等の作成

株式会社は、各事業年度に係る計算書類（貸借対照表、損益計算書、株主資本等変動計算書、及び個別注記表）及び事業報告並びにこれらの附属明細書を作成しなければならない。

株主及び債権者は、株式会社の営業時間内は、いつでも、各事業年度の計算書類と事業報告やその附属明細書の閲覧・謄写を請求できる（四四二条三項）。

財産の計算方法

会社の財産計算の方法に関しては、かつて資産評価について原価主義の原則が採用されていたが、広く時価主義が認められるようになり、市場価格がある金銭債権、社債、国債・地方債等の公債その他の債券、株式の評価にも時価主義が採用されるなど、会計のあり方も急速に変化している。これを法律で定めているのでは迅速なルールの改定ができないため、資産等の評価方法に関する詳細なルールは、会社計算規則といった法務省令等に定められている。

株式会社の会計

会計帳簿

↓

株式会社の計算書類

①貸借対照表（会社計算規則72条以下）（163頁参照）

②損益計算書（会社計算規則87条以下）

③株主資本等変動計算書（会社計算規則96条）
（期中に、何回でも剰余金の配当をしてもいいため、期中に株主資本がどのように動いたかを表示）

④個別注記表（会社計算規則97条以下）

＋それらの附属明細書

事業報告

＋その附属明細書

（以上、作成が必要）

＊利益処分または損失処理に関する議案はなく、次の項目は他の手続で対応

・剰余金の配当等（97項）

・純資産の部（旧「資本の部」）の計数の変動（100項）

・役員賞与等（361条等で処理＝原則として株主総会決議等による）（71項）

97

剰余金の配当規制

——合理的な横断的財源規制

分配可能額

会社の営利活動の結果として得られた利益は、株主に分配することができ、株主も何らかの配当を期待している。しかし、会社法は、剰余金の配当をすることができる限度を「分配可能額」として定めて規制している。

剰余金の配当、資本金及び準備金の減少に伴う払戻し、自己の株式の買受け等による株主に対する会社財産の払戻し、利益処分によるその他の金銭等の支払いといった事項は、いずれも実質的には会社財産をはき出すものだ。これらは共通したルールで計算するのが合理的だ。

そこで、会社法は、株主に対する会社財産の払戻しとして、横断的規制をしている。剰余金の配当規制は、その一つだ。

剰余金の配当手続

株式会社は、株主に対して、いつでも剰余金の配当をすることができる。この配当をしようとするときは、その都度、原則として、株主総会の決議が必要とされる。

ただし、委員会型の会社や監査役会設置会社の場合、会計監査人がいて、監査等委員以外の取締役の任期をその選任後一年以内の最終の決算期に関する定時総会の終結の時までとする会社では、定款で剰余金の配当等を取締役会の決議で決定できる旨を定めることができる等の例外がある（四五九条）。これは分配特則規定と呼ばれる。

現物配当も可能

株主に対して金銭以外の財産、すなわち現物で分配することも可能だが、原則として、株主総会の特別決議が必要となる。ただし、株主からの請求により、その財産に代えて金銭で配当するのであれば、特別決議を要しない。いずれの場合も、株主に平等に現物が分配されることが原則だ。そのため、各株主が受け取る現物につき端数が生ずる場合は、一株に満たない端数の処理に準じた適切な換金手続を用意する必要がある。

剰余金の配当規制

分配可能額（461条2項・会社計算規則158条）＝

＋「その他資本剰余金＋その他利益剰余金」（剰余金の額、461条2項1号）（163頁参照）
＋「決算期後に資本金・準備金の減少により剰余金を増加した額」（当期の資本及び準備金の減少差益の合計額）
（＋臨時計算書類の作成をした場合の、その期間の利益の額、461条2項2号）

－「資産としての実質がないもの、または、なくなったものの額」（最終の貸借対照表上の自己株式の価額（461条2項3号）、のれん（2分の1のみ）、繰延資産、有価証券、土地の評価損等（461条2項6号、会社計算規則158条）
－「決算期後に配当した額等」（決算期後の自己株式処分の対価等、461条2項4号）
（－臨時計算書類の作成をした場合の、その期間の損失の額、461条2項5号）

株主総会の決議

原則（454条1項、2項）

①配当財産の種類（その会社の株式等を除く）及び帳簿価額の総額
②株主に対する配当財産の割当てに関する事項
③その剰余金の配当がその効力を生ずる日
④その種類の株式の内容に応じて必要な所定の事項（剰余金の配当について内容の異なる二以上の種類の株式を発行している場合）

例外として特別決議（454条4項、309条2項10号）

現物配当の場合（金銭分配請求権を付与する場合を除く）

98

株式会社の資本金

——会社債権者保護等の目的

分配可能額の算定基準の一つ

資本金とは、会社が有する金銭や資産のことではない。資本金とは、会社財産を確保維持するために基準となる一定の金額のことだ。つまり、会社の業績が順調である場合には剰余金の配当ができるが、資本金が増加すればするだけ、剰余金の配当がしにくくなる。

ただし、資本金の額にかかわらず、純資産額が三〇〇万円未満の場合には、剰余金があっても株主に分配できないという配当規制がある。

資本金への組入基準

株式会社の資本金の額は、原則として、会社の設立または株式の発行に際して株主となる者が会社に対して払込みまたは給付（出資）をした財産の額とされる（例外は99項参照）。つまり、資本金に組み入れるべき額は、払込金額または給付した財産の金額を基準として算定されることになっている。

また、法定準備金の資本組入れについては、株主総会の普通決議を要する。なお、株主総会の普通決議によって、剰余金を資本金に組み入れることも認められている（100項）。

資本金は、新株発行や組織再編等をした場合に増加し、資本金の減少手続をした場合に減少する。株式会社では資本金が定められ、登記事項にもなる。ただ、それは、その時点における会社の資産に対する信頼ではなく、過去にあった出資の金額に対する信頼の基礎にすぎない。

最低資本金規制の廃止

会社法は、資本金の必要最低金額を定めていない。会社法は、新しい会社を作りやすくすることによって経済の活性化を図るため、規模の小さい株式会社も作ることが妨げられないように最低資本金規制を廃止した。最低資本金規制がなくなって資本金や準備金を減らして分配可能額を増やせることは、株主にとってはメリットでも、会社の債権者から見れば、体力を消耗するリスクや詐欺会社等の発生リスクを高める要因になりうることにも留意すべきだろう。

資本金の状況

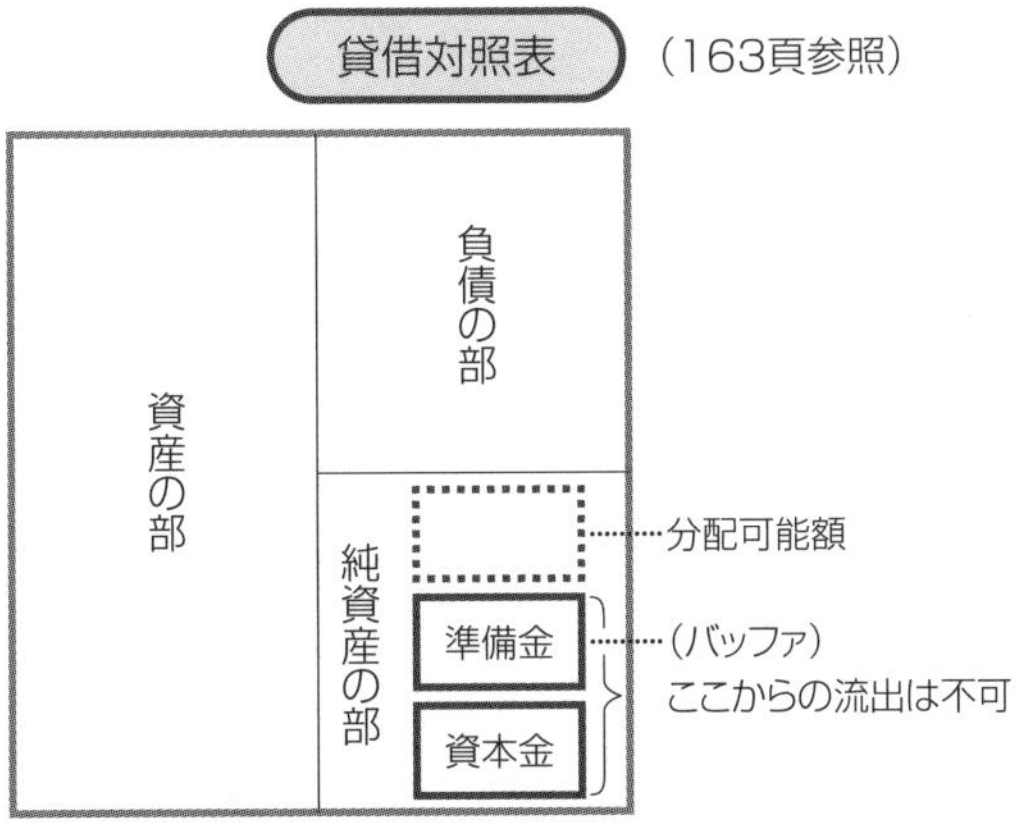

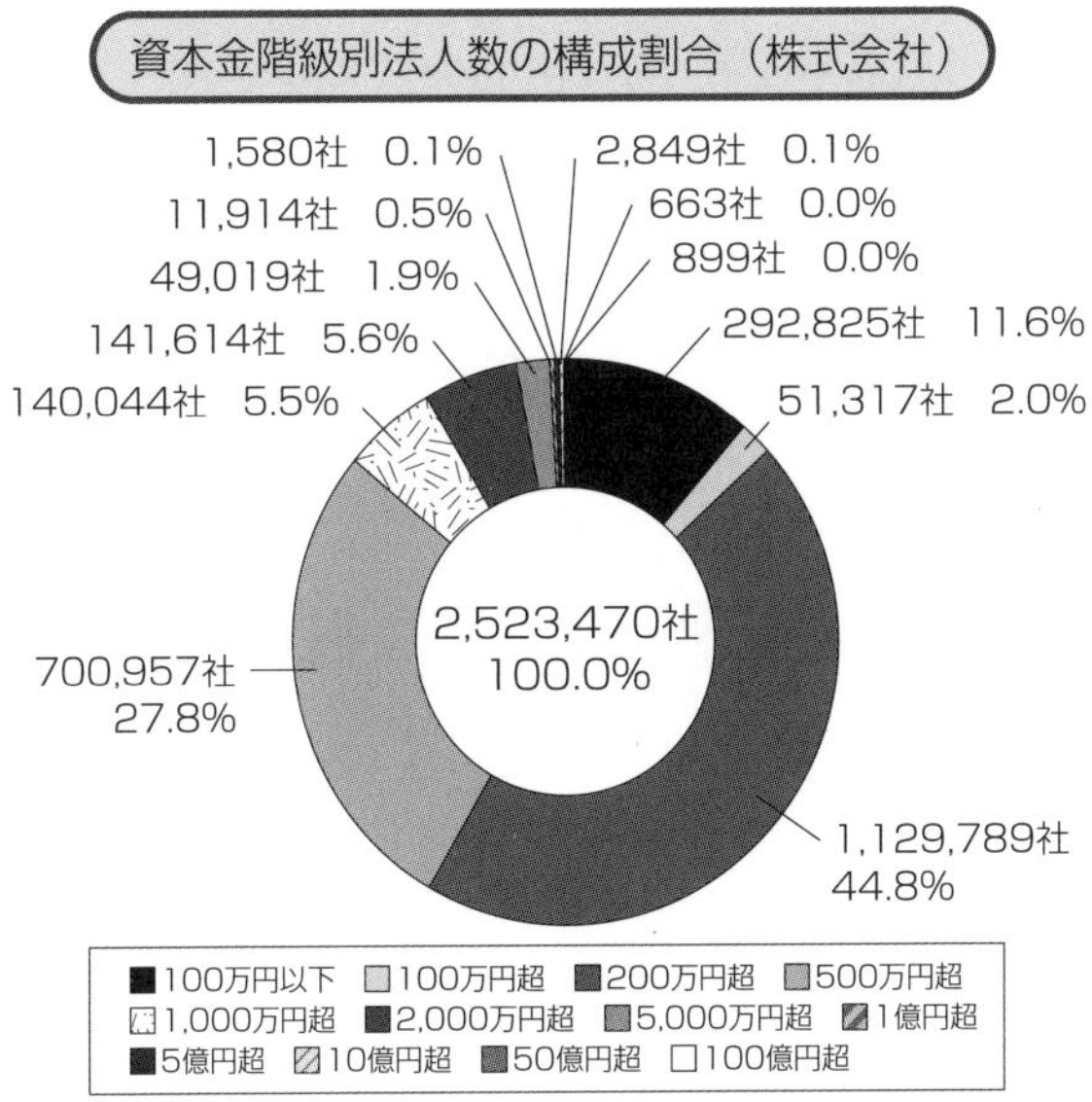

出所：国税庁「会社標本調査結果」（平成29年度）より作成

99 準備金

――会社が不調に転じたときに備えて積み立てる

積立基準

資本金の額を超える財産を、すぐに会社から流出させることを認めてしまうと、会社が不調になったときに対応できない恐れがある。そこで会社法は、資本金以外に一定の準備金を積むように定めており、準備金がバッファーとしての役割を果たすことが期待されている。

会社の設立又は株式の発行に際して、株主となる者が会社に対して払込み又は給付をした財産の額は、原則として資本金に組み入れるべき額とされる。ただし、この払込み又は給付にかかる額の半数を超えない額は、資本金として計上しないことができるが、資本金として計上しない額は、資本準備金として計上しなければならない（四四五条二項、三項）。

準備金の増加

会社法は、資本準備金と利益準備金を「準備金」と総称する。

資本準備金にも利益準備金にもその額に法定の上限はない。

株式会社は、剰余金の額を減らして、準備金の額を増加できる。この場合、減少する剰余金の額と準備金の額の増加の効力を生ずる日を定める必要がある。それらの決定は株主総会の決議によらなければならない。また、減少する剰余金の額は、準備金の額の増加がその効力を生ずる日における剰余金の額を超えてはならない。

さらに、剰余金の配当をする場合には、株式会社は、法務省令に従って、その剰余金の配当により減少する剰余金の額に一〇分の一を乗じて得た額を資本準備金または利益準備金として計上しなければならないのが原則だ（同条四項）。ただし、会社分割（106項）の人的分割に伴う場合は計上の必要がない。

このほか、合併、会社分割、株式交換又は株式移転に際して、資本金または準備金として計上すべき額は会社計算規則に定めがある。

もっとも、準備金は登記事項ではない。また、準備金の減少を欠損塡補のために行う場合には債権者保護手続も不要である。

準備金の積立て

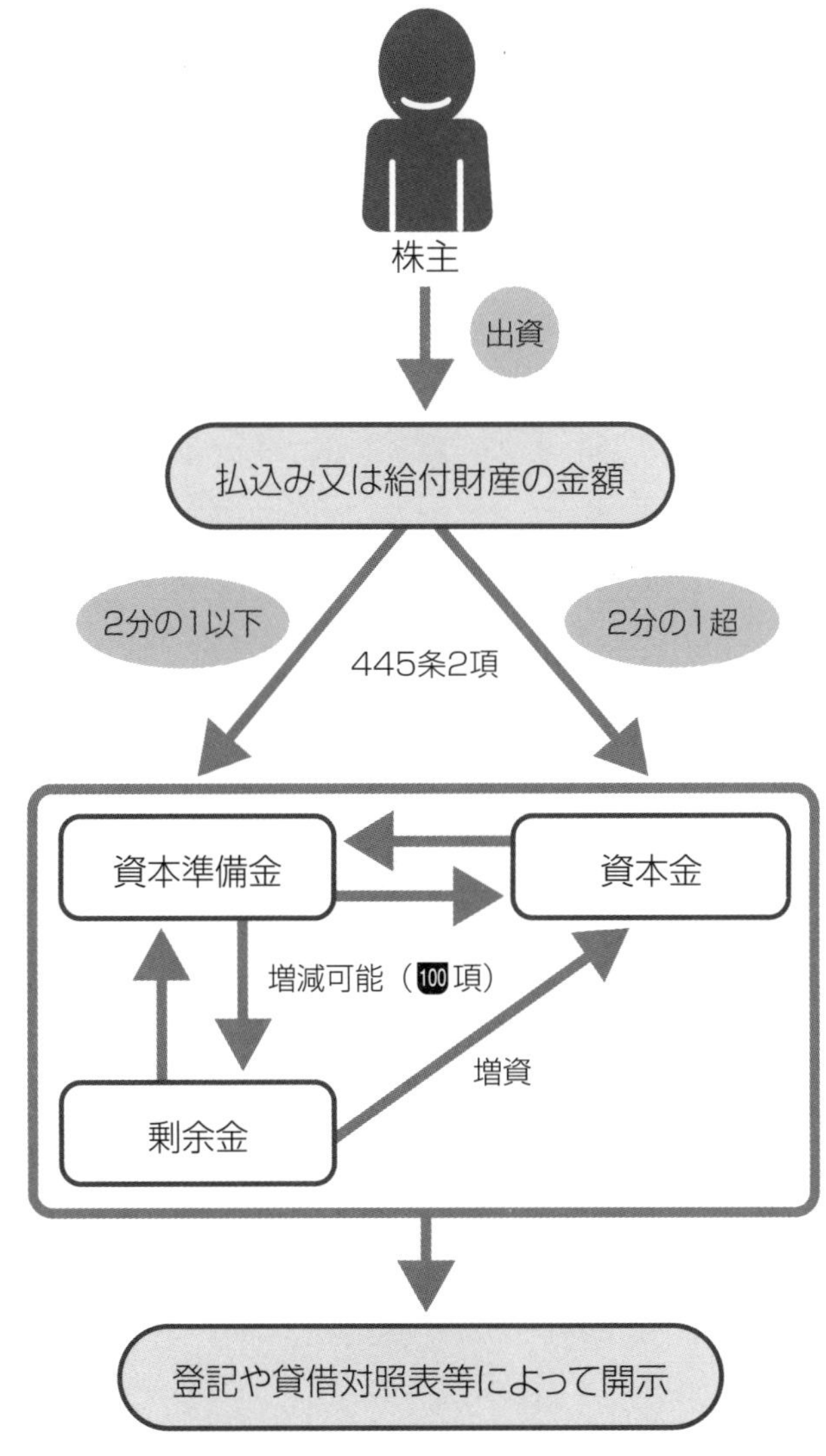

100

資本金・準備金の減少

資本金減少の活用で欠損の解消も可能

債権者保護の目的

資本金・準備金の規制は、元来、不当な配当による社外流出を防ぎ、債権者を保護するためのものだ。しかし、多くの倒産事例を見ても、資本金・準備金は必ずしも債権者を保護する制度として役に立ってはいない。

このため、会社法は、資本金や準備金の減少に関しても規制緩和を図り、会社の成立後に減少することができる資本金・準備金の額について制限を設けておらず、会社成立後に資本として表示することができる額も、設立当初における場合と同様に下限規制はない。

総会決議が必要

会社は、いつでも株主総会の決議によって資本金や準備金の額を減少するなどして、純資産の部の計数を変動させることができる。資本金を減少させて、準備金への計上も認められる。

ただし、資本金の減少をするには、株主総会の特別決議を得て、債権者保護手続（104項）を経るのが原則だ。資本金が減少すると事業規模が小さくなり、債権者の回収可能性を揺るがしうるからだ。

もっとも、定時総会における資本金の減少で、減少後になお分配可能な剰余金が生じない場合には、特別決議ではなく普通決議で足り、債権者保護手続も要しない。したがって、減少する資本金の総額を欠損塡補にあてる資本減少の決議をする場合は、普通決議でなしうる。それに対して、資本金の減少後になお分配可能な剰余金がある場合（97項）には、株主総会の特別決議が必要となる。

一方、準備金の減少をするに

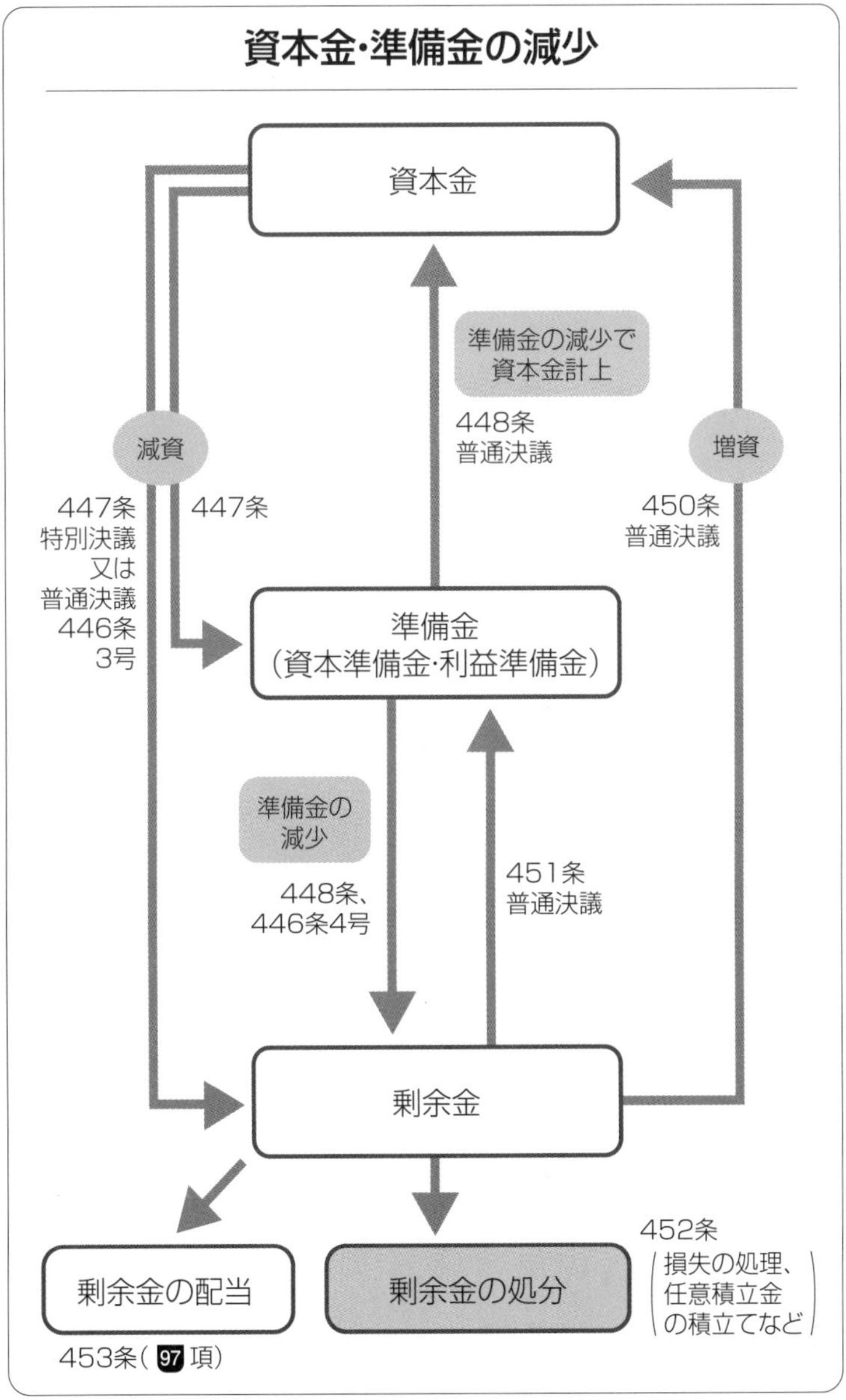

は、株主総会の普通決議が必要とされる。減少させた準備金は剰余金になるのが原則だが、総会決議によって、減少する準備金の額の全部又は一部を資本金とすることを定めることもできる。

101 連結計算書類

―グループ企業の情報開示

会計監査人設置会社で作成

大きな企業の中には、グループ企業を形成し、密接な経済的関係を構築しているものがある。こうした企業の実態を正しく理解するためには、グループ企業の実態も把握する必要がある。

そこで、連結経営が重視され、事業年度の末日に大会社であって金融商品取引法に基づいて有価証券報告書を提出しなければならない会社は、その事業年度に係る連結計算書類を作成する必要がある（四四四条三項）。

さらに、そうでない会社も会計監査人設置会社は、法務省令に従って、各事業年度に係る連結計算書類を作成できる。

ここにいう連結計算書類とは、会計監査人設置会社とその子会社からなる企業集団の財産と損益の状況を示すために必要かつ適当なものとして、会社計算規則で定めるものをいう。この連結計算書類は、電磁的記録でも作成できる（同条二項）。

監査と報告が必要

連結計算書類は、法務省令に従って、監査役（委員会型の会社では監査（等）委員会）と会計監査人の監査を受ける必要がある（同条四項）。これらは、株主総会で承認を得る必要はなく、報告で足りる。

もっとも、会計監査人設置会社が取締役会設置会社の場合、監査を受けた連結計算書類は、取締役会の承認を受ける必要がある（同条五項）。

会計監査人設置会社が取締役会設置会社である場合、取締役は、定時株主総会の招集の通知に際して、法務省令に従って、株主に対し、取締役会の承認を受けた連結計算書類を提供し、それを定時総会で報告する。

また、取締役会のない会計監査人設置会社では、所定の監査を受けた連結計算書類を定時株主総会に提出・提供し、それらの連結計算書類の内容と監査の結果を報告する（同条七項）。

会社法は連結計算書類の株主総会での開示しか定めない（同条六項）が、ＥＤＩＮＥＴ（七五頁参照）等で開示されていれば誰でもいつでも閲覧できる。

連結計算書類

連結計算書類の内容（会社計算規則61条）

①連結貸借対照表

②連結損益計算書

③連結株主資本等変動計算書

④連結注記表

連結の範囲（会社計算規則63条）

原則

すべての子会社を、連結の範囲に含めなければならない

例外

①財務及び事業の方針を決定する機関（株主総会その他これに準ずる機関をいう）に対する支配が一時的であると認められる子会社

②連結の範囲に含めることにより、当該株式会社の利害関係人の判断を著しく誤らせる恐れがあると認められる子会社

③連結の範囲に含めるべき子会社のうち、その資産、売上高等から見て、連結の範囲から除いてもその企業集団の財産及び損益の状況に関する合理的な判断を妨げない程度に重要性の乏しいものも、連結の範囲から除くことができる

102

決算公告

透明性の高い企業経営の要請

会社の規模で開示範囲が違う

株式会社では、取締役会のない会社でも決算公告が必要である。株式会社である以上、その規模や選択した機関設計のあり方にかかわらず、決算公告をさせて取引先などに情報を開示する機会を確保する必要があるからだ。ただ、損益計算書またはその要旨まで公告しなければならない会社の範囲は大会社に限られ、その他の会社は貸借対照表を開示すれば足りる。

もっとも、有価証券報告書を提出している会社であって、ＥＤＩＮＥＴ等でその報告書を開示している会社は、それとは別に決算公告をする必要はない。つまり、会社法による決算公告は、有価証券報告書を提出していない非上場会社の問題である。

電子公告・電磁的公示

決算公告は、電子公告による方法か電磁的方法による措置（電磁的公示）によって行うことができる。これにより、貸借対照表に記載・記録された情報を電磁的方法、すなわちウェブサイトを利用して開示できる。

これによって会社のコスト負担が軽減され、債権者だけでなく、これから会社と取引しようとする者も含めて、常に誰もが気軽にアクセスできるようになっている。

電子公告や電磁的公示によって開示する期間は、株主総会で承認を得た日から五年間とされ、途中でこの開示をやめることができない。また、これは要旨ではなく、全部を開示しなければならない。ただ、貸借対照表等が掲載されるホームページ・アドレスは、登記すべき事項とされている。この詳細は、本章末のコラム参照。

さらに、株式会社は、各事業年度の計算書類と事業報告等を定時株主総会の日の一週間（取締役会設置会社では二週間）前の日から、本店では五年間、支店では三年間、備え置かなければならない（四四二条一項、二項）。

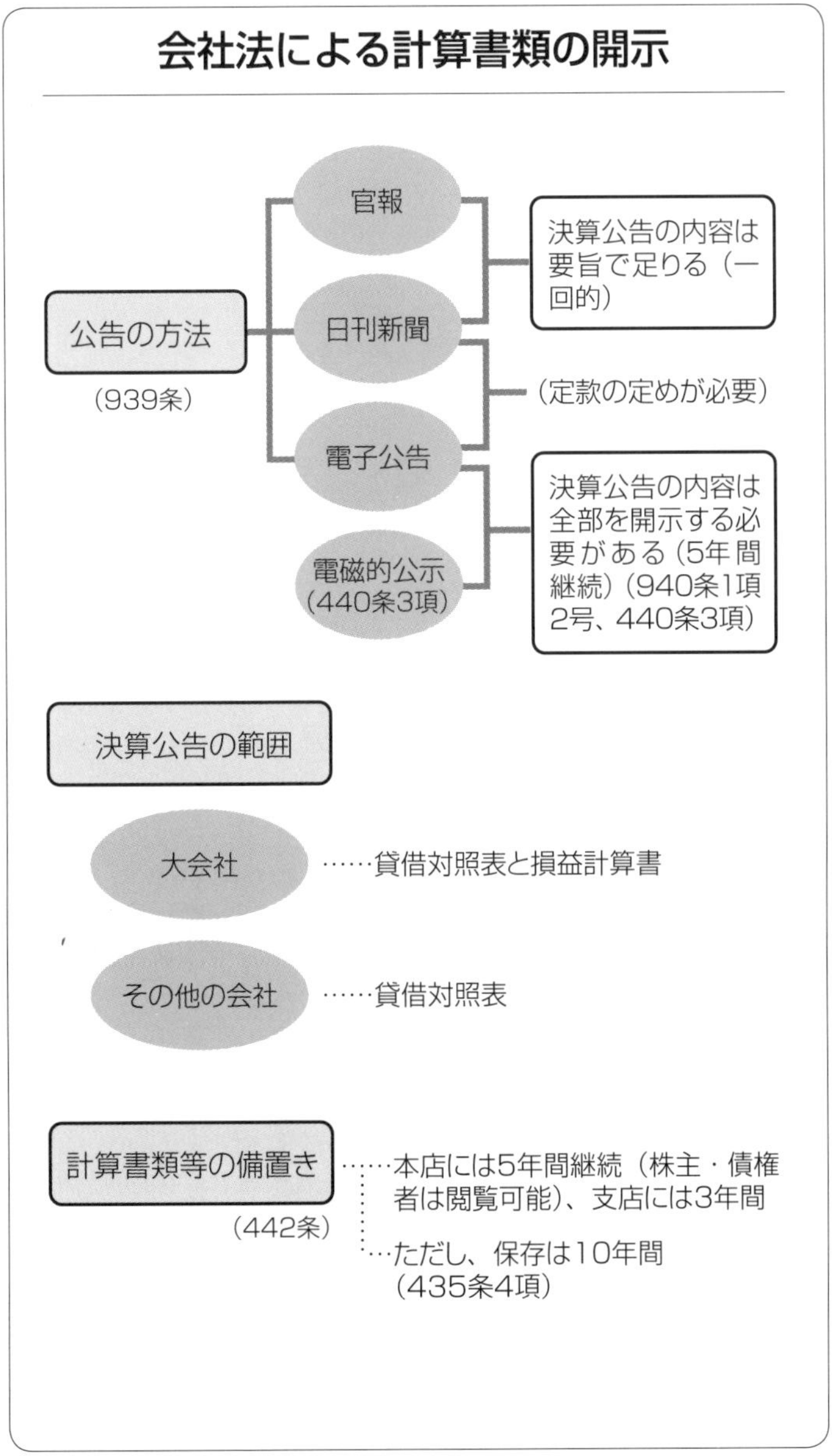

COLUMN

電子公告

電子公告とは、公告方法のうち、電磁的方法（電子情報処理組織を使用する方法その他の情報通信の技術を利用する方法であって法務省令で定めるもの）によって行うものだ。

ただし、この電子公告は、ウェブ開示（31項参照）が株主だけが閲覧できるようにすれば足りるのとは異なり、万人に対して閲覧可能な状態にする必要がある。すなわち、電子公告においては、不特定多数の一般の人々が、ウェブサイトで公告内容を知ることができるようになっていなければならない。

会社が電子公告を公告方法とする場合、本店所在地においては二週間以内に管轄登記所で所定の事項を登記する必要がある。また、会社が電子公告によって会社法に基づく公告をする場合は、その公告の区分に応じて、所定の日までの間、継続して電子公告をする必要がある。これにより、合併や資本減少等において会社がなすべき公告も、ウェブサイトに掲載する方法によって行える。

決算公告以外の会社法又は他の法律による公告を、電子公告によって行おうとする会社は、公告期間中、その公告の内容である情報が不特定多数の者が提供を受けることができる状態に置かれているかどうかについて、電子公告調査機関に対し、調査を行うことを求める必要がある（九四一条）。

調査機関は、公告期間中に定期的にウェブサイトを調査して正常に掲載されていたか、改ざんがされていないか等を判定し、その結果を記録する。

電子公告調査が終了したら、調査結果は電子公告を行った会社に対して通知されることになっている（九四六条）。

第8章

会社のリストラクチャリング

103

事業再編の選択肢

さまざまな再編メニューから企業のあり方を見直す

グローバル経済の進展

昔とは異なり、近時、わが国でも事業再編は活発化してきている。いわゆるM&Aとは「合併と買収」の意味で、経済のグローバル化は企業に事業活動の「選択と集中」を迫り、他方で、後継者不足に伴うM&Aや事業承継も活発化・日常化している。

事業再編の手法には、会社そのものを合併させたり分割させたりする方法のほか、株式の売買などによって会社の支配権を変える方法がある。

加えて、完全子会社の形に移行しやすくするため、株式交換・株式移転（107項）やキャッシュ・アウト（114項）等の少数株主を締め出すスクイーズ・アウトの手法も利用できる。

会社分割法制や簡易な事業再編に関する制度（112項）、略式組織再編（113項）のほか、資金調達方法の自由化に加えて、最低資本金制度の廃止により、事業再編は一層容易なものになったが、平成二六年改正と令和元年改正でM&Aはさらに充実・容易化が図られた。

もっとも、上場株式の取引等に関しては公開買付等について金融商品取引法の規制がある。

吸収型と新設型

組織再編には、吸収型と新設型といった類型がある。吸収型再編とは、吸収合併、吸収分割、株式交換であり、これらについては、①吸収合併存続会社、②吸収分割承継会社、③株式交換完全親会社といった「存続会社等」の手続と、①吸収合併で消滅する会社、②吸収分割される会社、③株式交換完全子会社といった「消滅株式会社等」で、それぞれの会社におけ

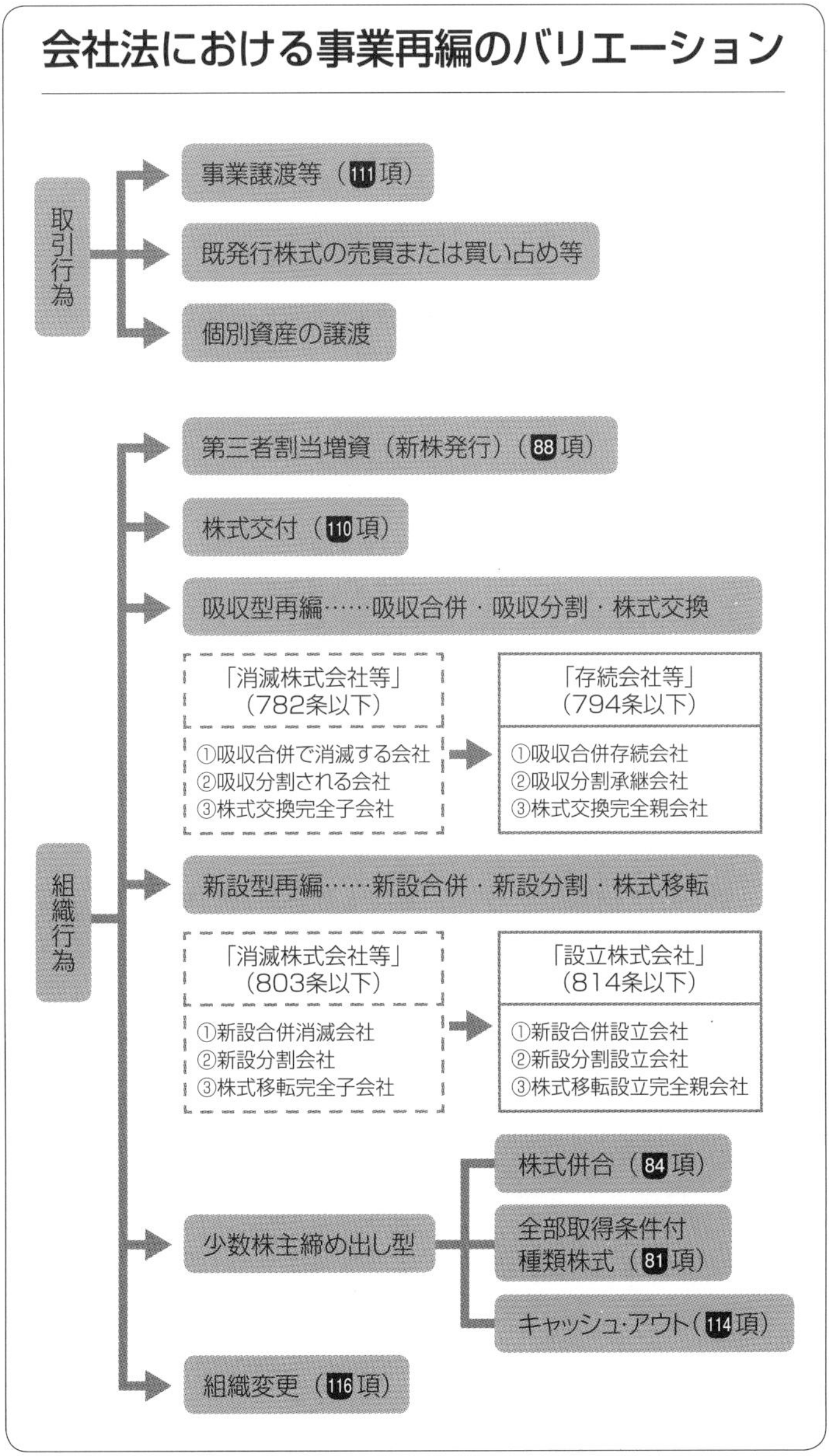

る手続が必要だ。これらについての効力発生日は、契約等において定めることができる。

これに対して、新設型再編とは、新設合併、新設分割、株式移転といった方法で新設会社が設立される。この場合は、吸収型とは異なり、新設された会社の登記日が効力発生日となる。

104

組織再編の手続

――同時並行的に進めることも可能

概ね共通する枠組み

組織行為としての再編の手続は、概ね①単独の場合は所定の計画を作成し、複数の会社が行う場合には所定の契約を締結し、②事前及び事後に所定の情報を開示して、必要に応じて③債権者異議手続を履行し、④株券や新株予約権証券等の提出にかかる公告・通知を行い、⑤反対株主等の株式や新株予約権等の買取請求の手続を取り、⑥株主総会（必要に応じて種類株主総会）の承認決議を効力発生日の前日までに行い、⑦必要な登記手続を取るといった流れとなる。これらの手続は並行して行うこともでき、効力発生日までは最短でも一カ月程度がかかる。

ただ、実際には、これらの手続を開始する前に契約交渉やデューディリジェンスが行われることがあり、その期間は法令で制限されていない。

債権者保護手続

債権者異議手続を必要とする場合、株式会社は、所定の事項を官報に公告し、かつ、知れている債権者には、原則として各別にこれを催告しなければならない。ただし、債権者が一定の期間内に異議を述べることができる期間は、一カ月を下ることができない。この期間内に異議を述べないと、承認したものとみなされ、その効力を争うことができなくなる。

もっとも、官報閲覧サービス等の導入で官報の公示機能が向上したため、官報に加えて、日刊新聞紙または電子的方法で公告した場合は、個別の催告は不要とされる。ただし、さらなる例外として、会社分割の場合の不法行為債権者に対しては、ト

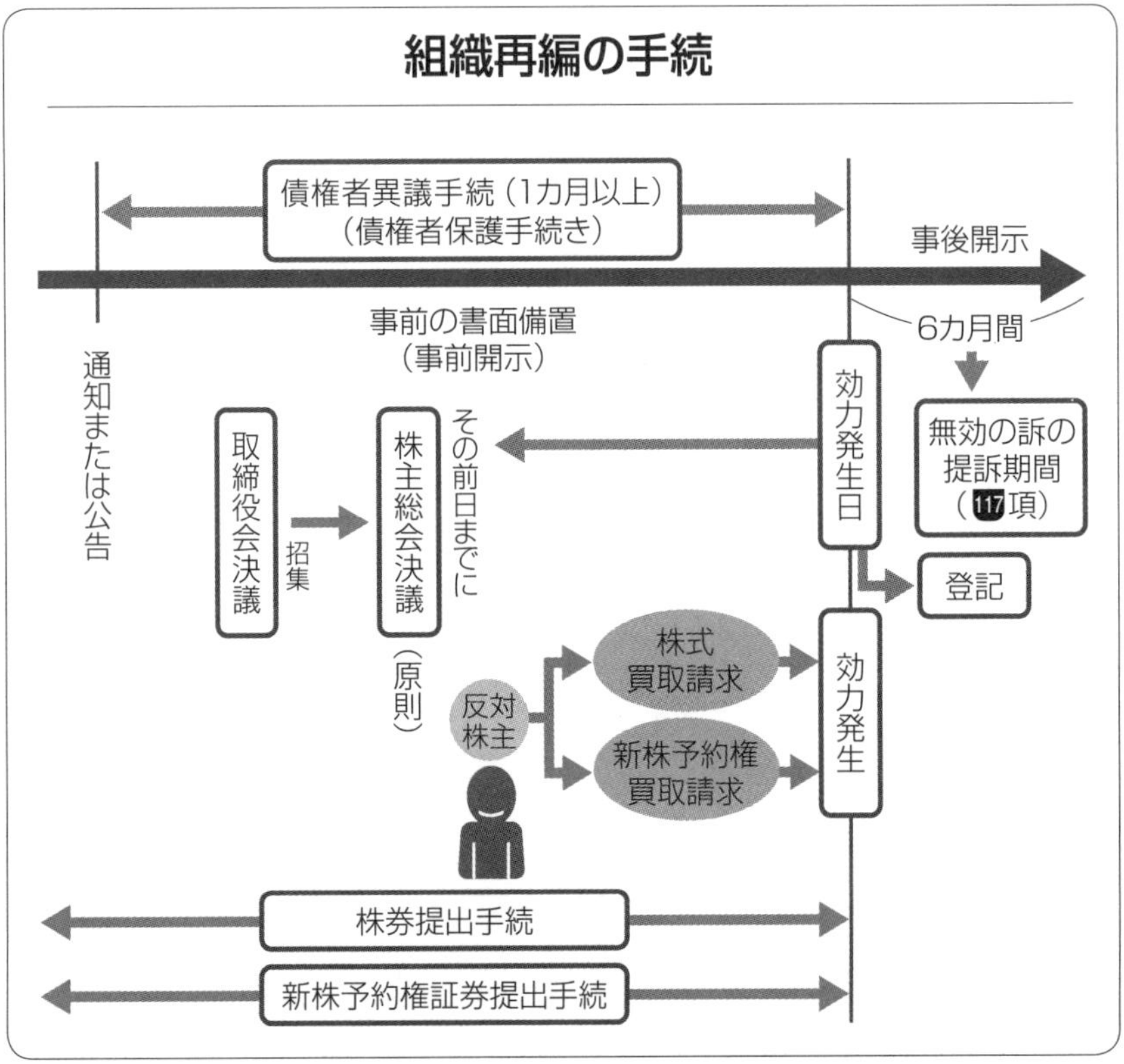

カゲの尻尾切りを防ぐため、個別の催告を省略できないものとされる。

債権者から異議が述べられた場合、会社は、その債権者に対し、弁済もしくは相当の担保を提供し、またはその債権者に弁済を受けさせることを目的として信託会社等に相当の財産を信託しなければならない。ただし、その組織再編をしてもその債権者を害する恐れがないときは、この限りでない。

産業競争力強化法による例外

産業競争力強化法に基づく認定を受ける等の特例が適用される場合には、株主総会の承認決議が不要とされる等、一部の手続を省略することができる。また、銀行法等の特別法で特例が設けられていることもある。

105 会社の合併

——二つ以上の会社の法人格が一つになる

吸収合併と新設合併

会社の合併とは、二つ以上の会社が契約して一部又は全部の会社が消滅して、その権利義務を存続会社又は新設会社に包括的に承継させるものだ。「吸収合併」と「新設合併」という二つの方式がある。

吸収合併では、一つの会社が存続するが、新設合併になると新しい会社が存続して古い会社は解散・消滅する。

すなわち吸収合併とは、会社が他の会社とする合併であって、合併により消滅する会社の権利義務の全部を、合併後存続する会社に承継させるものをいう（二条二七号）。

これに対して新設合併とは、複数の会社がする合併であって、合併により消滅する会社の権利義務の全部を、合併により設立する会社に承継させるものをいう。種類の異なる会社同士の合併もかなり自由にできるようになっており、合併によるさまざまな再編が可能となっている。

合併をする会社は、所定の事項について定めた合併契約を締結し、原則として株主総会での特別決議で承認を受けなければならない。ただし、大規模な会社が小さな会社を吸収合併する場合等は、簡易合併手続等（112 113項）があり、株主総会での承認は不要だ。

合併差損が生じる場合

差損が生じる吸収合併は、資本充実を害する恐れがあるが、関連企業の信用維持等、実務上のニーズがある。そこで、会社法は、株主総会で取締役に合併差損に関する説明義務を課し、債権者の利益は債権者異議手続で守り、反対株主には買取請求

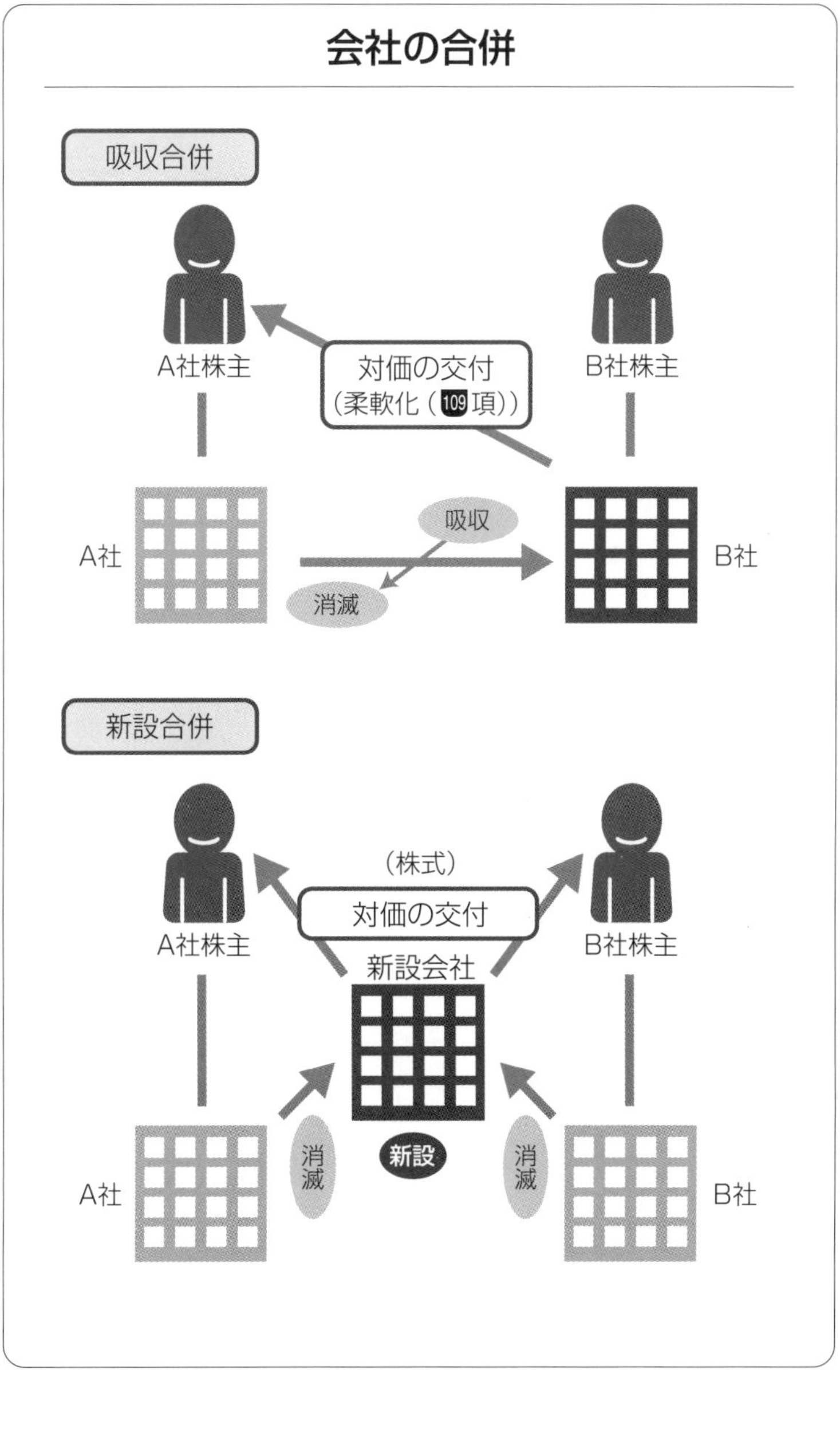

を認めることにより、差損が生じる合併も許容することにした。ただし、株主総会でのその説明をさせるため、規模が小さくても差損が生じる場合に簡易合併は認められない。

106

会社分割

中小規模の会社にも利用可能な制度

吸収分割と新設分割

合併に二つの方式があるのと同様に、会社分割の方法にも、既存の会社に承継させる「吸収分割」と、新しく設立する会社に事業に関する権利義務の全部又は一部を承継させる「新設分割」の二つがある。

「吸収分割」とは、株式会社又は合同会社がその事業に関して有する権利義務の全部又は一部を分割後、他の会社に承継させることをいう。「新設分割」とは、一つ又は複数の株式会社又は合同会社がその事業に関して有する権利義務の全部又は一部を、分割により設立する会社に承継させることをいう。いずれの場合も、承継させるものは事業でなく、権利義務の一部でも差し支えない。

会社分割法制は、中小規模の会社にも利用可能な制度だ。共同新設分割によって、複数の事業を合体させることもできる。株式会社だけでなく合同会社との間でも会社分割ができる。たとえば、合同会社が、その事業を設立する会社に承継させるため新設分割をしたり、合同会社と他の合同会社又は株式会社が、その一方の事業を他方に承継させるために吸収分割をしたりすることもできる。

会社分割の手続

会社分割においては、分割契約や計画等に従って、分割した会社の権利義務が包括的に承継される。こうした会社分割手続では株主や会社債権者の保護の一応の手当てもある。会社分割の手続としては、株主総会の特別決議と債権者保護手続などが重要だ。

しかし、簡易な分割の手続もある。その種類としては、簡易な新設分割のほか、分割する会社における簡易吸収分割、承継する会社における簡易吸収分割があり、インパクトが小さい側の会社における株主総会での特別決議が不要となる（112項）。

会社分割の方式

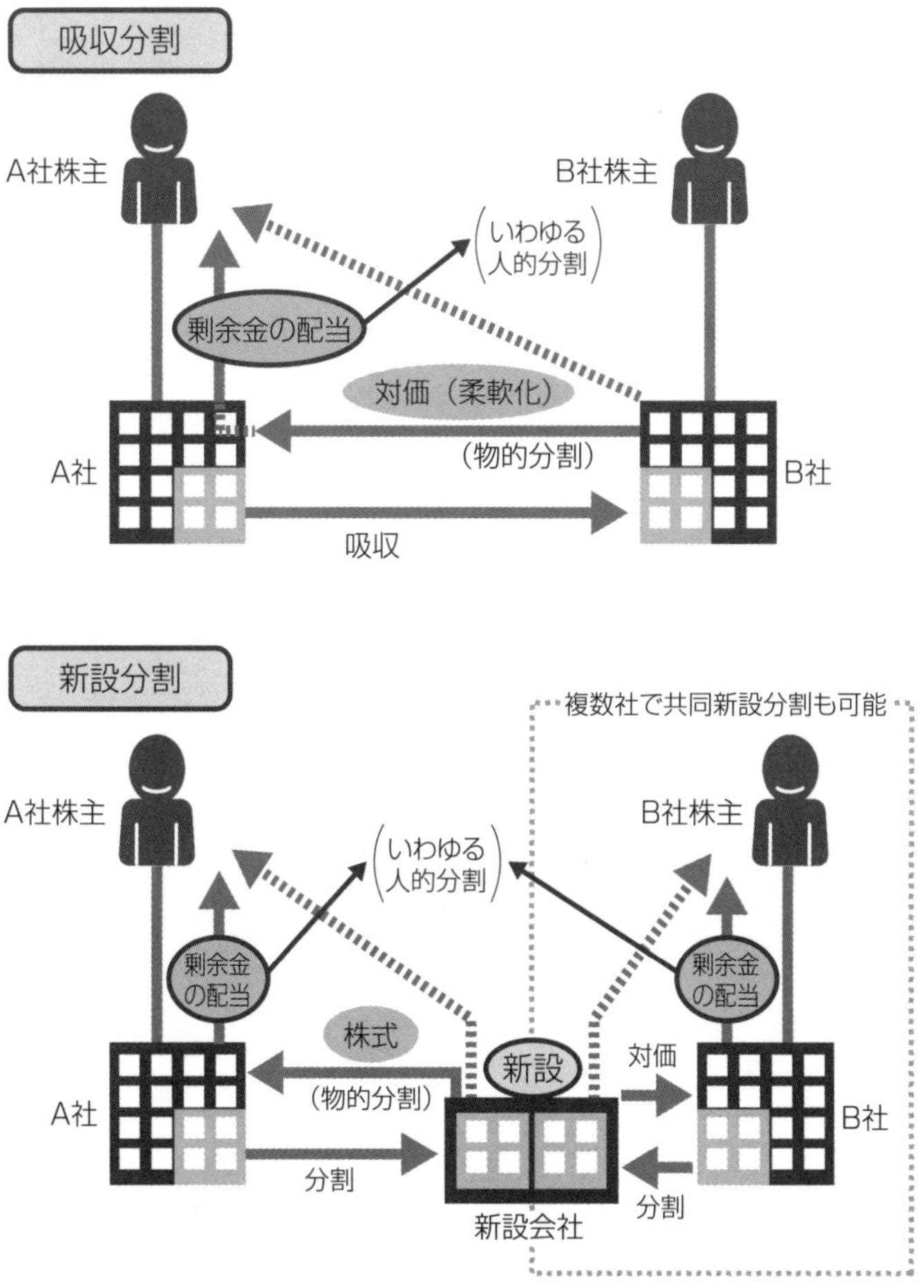

分割をした会社に株式等を割り当てる方法が物的分割、分割をした会社の株主に株式等を割り当てる方法が人的分割だが、人的分割は「物的分割＋剰余金の配当」となり、剰余金の配当はB社の株式等となる。

107

株式交換と株式移転

——完全親子会社の創設

一〇〇％子会社

会社は、その一方が他方の発行済株式の全部を有する場合、この会社を「完全親会社」といい、他方を「完全子会社」という。このような完全親子会社の関係を円滑に作れるように、株式交換・株式移転の制度がある。

株式交換

「株式交換」とは、株式会社がその発行済株式（株式会社が発行している株式）の全部を、他の株式会社又は合同会社に取得させることをいう。

これにより、完全子会社となる会社の株主の有する株式が、株式交換で完全親会社となる会社に移転する。このため、完全子会社となる会社の株主は、その完全親会社となる会社が株式交換に際して発行する株式等の対価の割当を受ける。

株式移転

これに対して「株式移転」とは、一つ又は複数の株式会社が、その発行済株式の全部を新たに設立する株式会社に取得させることをいう。

これにより、完全子会社となる会社の株主の有する株式が、株式移転によって設立する完全親会社に移転する。すると、その完全子会社となる会社の株主は、その完全親会社が株式移転に際して発行する株式等の対価の割当を受ける。こうして、子会社となる会社の株主は、その完全親会社の株主となる。

複数の会社で行う共同株式移転を行えば、持株会社を通じた企業統合もできる。

新株予約権の承継

完全親子会社ができても、子会社が新株予約権を発行していた場合、その新株予約権を行使されて子会社の株式を発行するのでは、完全親子会社関係が崩れてしまう。しかし、それでは不都合なので、新株予約権の発行決議で定めるなどの手続をとることで、完全子会社の発行する新株予約権に関する義務を完全親会社に引き継がせる方法がある（第8章コラム参照）。

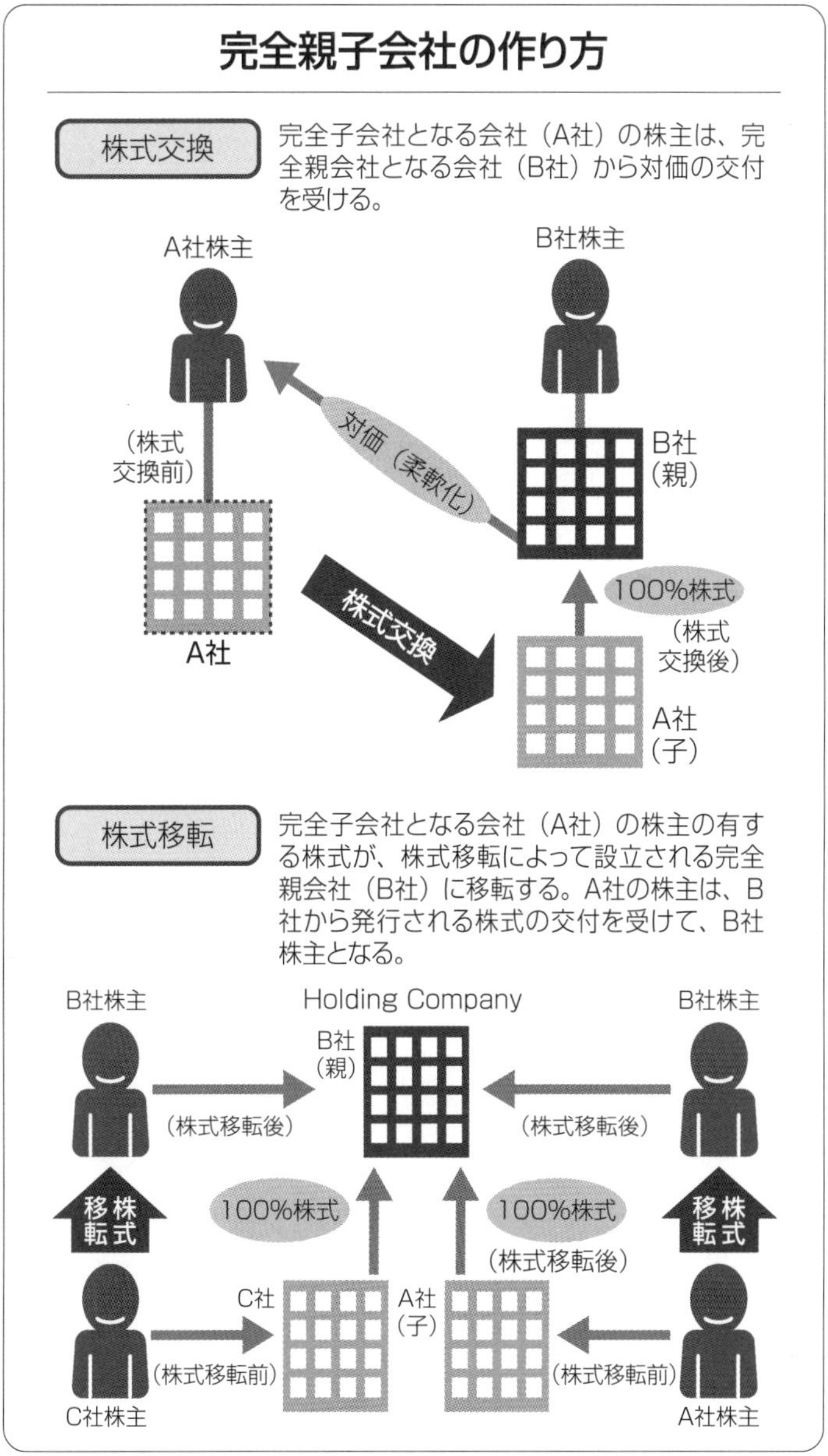

108

親子会社の規制

親会社と一体と見られることによる制限がある

実質判断基準

子会社とは、親会社からの一定の支配権が及びうると見られる法人等を意味するものであり、従前の議決権過半数のみの基準ではなく、会社法施行規則に詳細が定められている実質的な判断基準によって定められる。

これにより、親子会社の規制は、日本法に基づいて設立された会社について適用されるだけではなく、組合や外国会社が絡むケースも含まれる。すなわち、会社法でいう「子会社」には、株式会社・有限会社のみならず、親会社からの一定の支配権が及びうると見られる外国会社等を含む法人等が含められる。

子会社による親会社株式の取得

子会社は原則として親会社の株式を取得できない。従って、会社法では、株式会社が親会社である場合には、子会社である外国会社によって、その親会社の株式を取得することは原則として禁止される（一三五条一項）。

もっとも、例外的に、株式交換、株式移転、会社の分割、合併又は他の会社の事業全部の譲受けによる場合や、子会社が他の会社の組織再編行為により親会社株式の割当を受ける場合や、子会社が行う組織再編行為に際して親会社株式の割当をするために取得する場合、会社の権利の実行にあたって必要な場合等には、子会社による親会社株式の取得も認められる。こうしたルールのため、親子会社間の事業再編が妨げられることはない（同条二項）。

会社法で子会社に言及する定めをしているものとしては、社外取締役や社外監査役の定義、監査役の兼任規制、定款・計算書類等の閲覧・謄写請求権を行使することができる範囲等に見られる。その場合の子会社も、会社のみならず、親会社から一定の支配権が及びうる組合、外国会社等を含む法人等を含む。

親子会社の規制

①議決権の総数に対する自己（その子会社及び子法人等を含む）の計算において、所有している議決権の数の割合が**50%**を超えている場合（例外あり）

②他の会社等の議決権の総数に対する自己の計算において、所有している議決権の数の割合が**40%以上**である場合であって、次に掲げるいずれかの要件に該当する場合

イ 他の会社等の議決権の総数に対する自己所有等議決権数（次に掲げる議決権の数の合計数をいう。③でも同じ）の割合が**50%**を超えている

（1） 自己の計算において所有している議決権

（2） 自己と出資、人事、資金、技術、取引等において緊密な関係があることにより、自己の意思と同一の内容の議決権を行使すると認められる者が所有している議決権

（3） 自己の意思と同一の内容の議決権を行使することに同意している者が所有している議決権

ロ 他の会社等の取締役会その他これに準ずる機関の構成員の総数に対する、次に掲げる者（当該他の会社等の財務及び事業の方針の決定に関して影響を与えることができるものに限る）の数の割合が**50%**を超えている

（1） 自己の役員

（2） 自己の業務を執行する社員

（3） 自己の使用人

（4） （1）から（3）までに掲げる者であった者

ハ 自己が他の会社等の**重要な財務及び事業の方針の決定を支配する契約等**が存在する

ニ 他の会社等の資金調達額（貸借対照表の負債の部に計上されているもの）の総額に対する自己が行う融資（債務の保証及び担保の提供を含む）の額（自己と出資、人事、資金、技術、取引等において緊密な関係のある者が行う融資の額を含む）の割合が**50%**を超えている

ホ その他、自己が他の会社等の財務及び事業の方針の決定を支配していることが推測される事実が存在する

③他の会社等の議決権の総数に対する自己所有等議決権数の割合が50%を超えている場合（自己の計算において議決権を所有していない場合を含む）であって、前号ロからホまでに掲げるいずれかの要件に該当する場合

注：ただし、民事再生会社、会社更生会社、破産会社、その他これらの会社等に準ずる会社等で、有効な支配従属関係が存在しないと認められる場合は除かれる

出所：会社法施行規則第3条より作成

109

対価の柔軟化

―吸収型の組織再編における選択肢の拡大

株式以外の対価を許容

吸収型の組織再編においては、その「対価の柔軟化」が会社法で認められている。

たとえば、吸収合併の場合、消滅会社の株主に対して、存続会社の株式を交付せず、金銭その他の財産を交付することが認められる。同様に、吸収分割の場合にも、分割会社やその株主に対して、承継会社の株式を交付せず、金銭その他の財産を交付できる。さらに、株式交換の場合にも、完全子会社となる会社の株主に対して、完全親会社となる会社の株式を交付せず、金銭その他の財産を交付することができる。吸収合併、吸収分割及び株式交換の場合は同じような性質であるので、①消滅会社の株主、②分割会社もしくはその株主及び③完全子会社となる会社の株主のことを、まとめて「消滅会社の株主等」と呼ぶ。

いずれの場合にも、組織再編時に消滅会社の株主等に払う対価として、外国会社株を含めた親会社株や現金、債券などを渡すことなどが認められる。これらは組織再編における**対価の柔軟化**と呼ばれる。

こうして柔軟化された手法を用いる場合、消滅会社の株主等に対しては、交付する対価の割当てについての理由を記載した書面を開示する必要がある。

「三角合併」等が可能に

この制度では、外国の親会社が日本で設立した子会社に親会社株を移動すれば、その親会社株を対価として、日本子会社を別の日本法人と合併させる「三角合併」等が可能となる。

これにより、時価総額が大きい企業の合併や買収も容易にな

対価の柔軟化（A社株主が「消滅会社の株主等」）

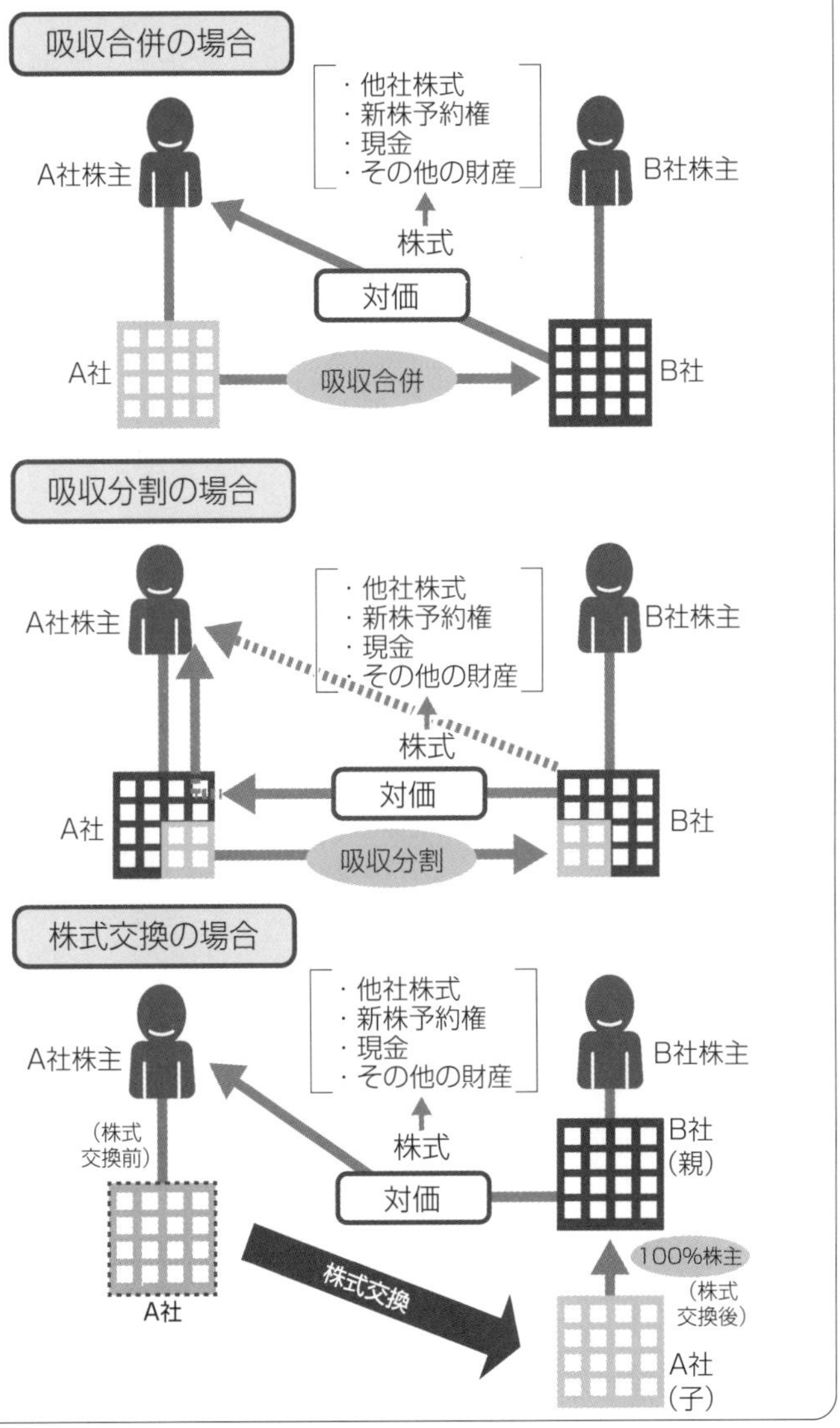

る。外国企業からみると、子会社経由ではない直接的な株式交換は認められなかったが、多額の現金を支払うことなしに日本の会社を傘下に収めることも可能だ。外国企業にも、自社株を用いて日本企業を完全子会社化する道があるわけだ。

110 株式交付

部分的な株式交換

過半数株式で支配権を獲得

株式交換の場合は、親会社が吸収する会社を完全子会社としなければならないが、会社を支配するのであれば、過半数の議決権を取得すれば十分である。そこで、一部の株式だけを親会社が取得して子会社を支配できるような組織再編の方法として、令和元年改正で株式交付の制度が導入された。

現物出資規制を受けない

株式交付とは、子会社となる会社の株式を譲り受け、当該株式の譲渡人に対して、その対価として親会社となる会社の株式を交付する制度である。従前は、親会社株式の発行又は処分の際に、子会社株式を対価として受け入れるのは現物出資になるため、検査役の調査等を要する等の現物出資規制（89項）を受ける点に難があった。令和元年改正で新たに導入された株式交付では、現物出資規制によらずに親会社の株式を交付することによって、子会社として傘下に入れて支配権を獲得できる。

株式交付は、株式交付親会社株式と株式交付子会社株式を交換するものであるから、「株式交換」と名付けたいところだが、既に株式交換という呼称は完全子会社に吸収する制度の呼称で使っているため、こちらは「株式交付」という名前となっており、名前だけからすると紛らわしいものとなってしまっている。

株式交付の対象となるのは日本の株式会社同士に限られる。その手続としては、株式交付親会社において他の組織再編と同様の組織行為に求められる事前・事後の開示等を要するが、会社から資産の流出はないので債権者保護手続を要しないのが原則である。しかし、株式交付の対価が親会社株式等以外で資産流出がありうる場合には債権者異議手続（104項）を要する。

なお、株式交付子会社となる会社においては、総会決議等の組織再編手続が不要だ。

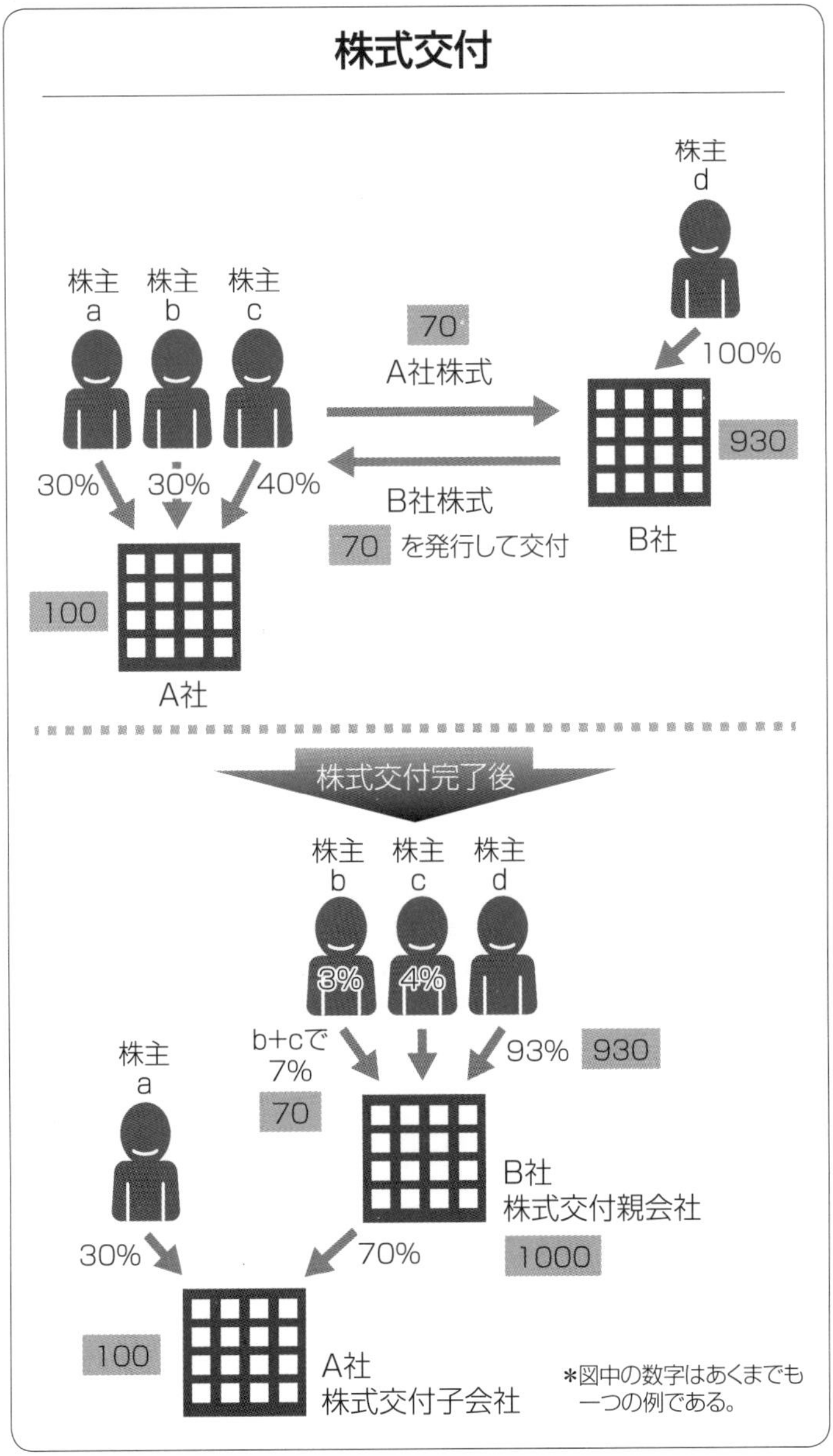

111

事業譲渡等

―競業避止義務を伴う規制

原則として株主総会の特別決議

株式会社が自社の事業の全部又は重要な一部や子会社の株式等を譲渡するには、その効力発生日の前日までに株主総会の特別決議が必要だ。最高裁判所は、ここでいう事業譲渡とは、一定の事業目的のために組織化された有機的な一体として機能する財産で、譲渡会社が譲渡の限度に応じて法律上当然に競業避止義務を負うようなものだとしている。

同様に、他の会社の事業の全部の譲受けをする場合や、事業の全部の賃貸、事業の全部の経営の委任、他人と事業上の損益の全部を共通にする契約その他これらに準ずる契約の締結、変更又は解約をする場合にも、株主総会の特別決議が必要とされる（四六七条一項四号）。

さらに、株式会社の設立後二年以内に、その成立前から存在する財産で事業のために継続して使用するものを取得する契約も、原則として株主総会の特別決議が必要だ。この契約は、会社設立から二年以内に現物で出資される性質から**事後設立**という（同項五号）。ただし、新設合併、新設分割、株式移転により設立された会社については、事後設立規制が課されない。

これらの事業譲渡等ではなく個別財産の譲渡であれば、それが重要な資産でも、総会決議は不要だが、取締役会設置会社では取締役会決議が必要だろう。

簡易な事業譲受け等

事業の全部譲受けに株主総会の特別決議が必要なのは、機能的には合併等に似ているためだ。ただし、その規模が小さい場合には、簡易な合併手続が認められ

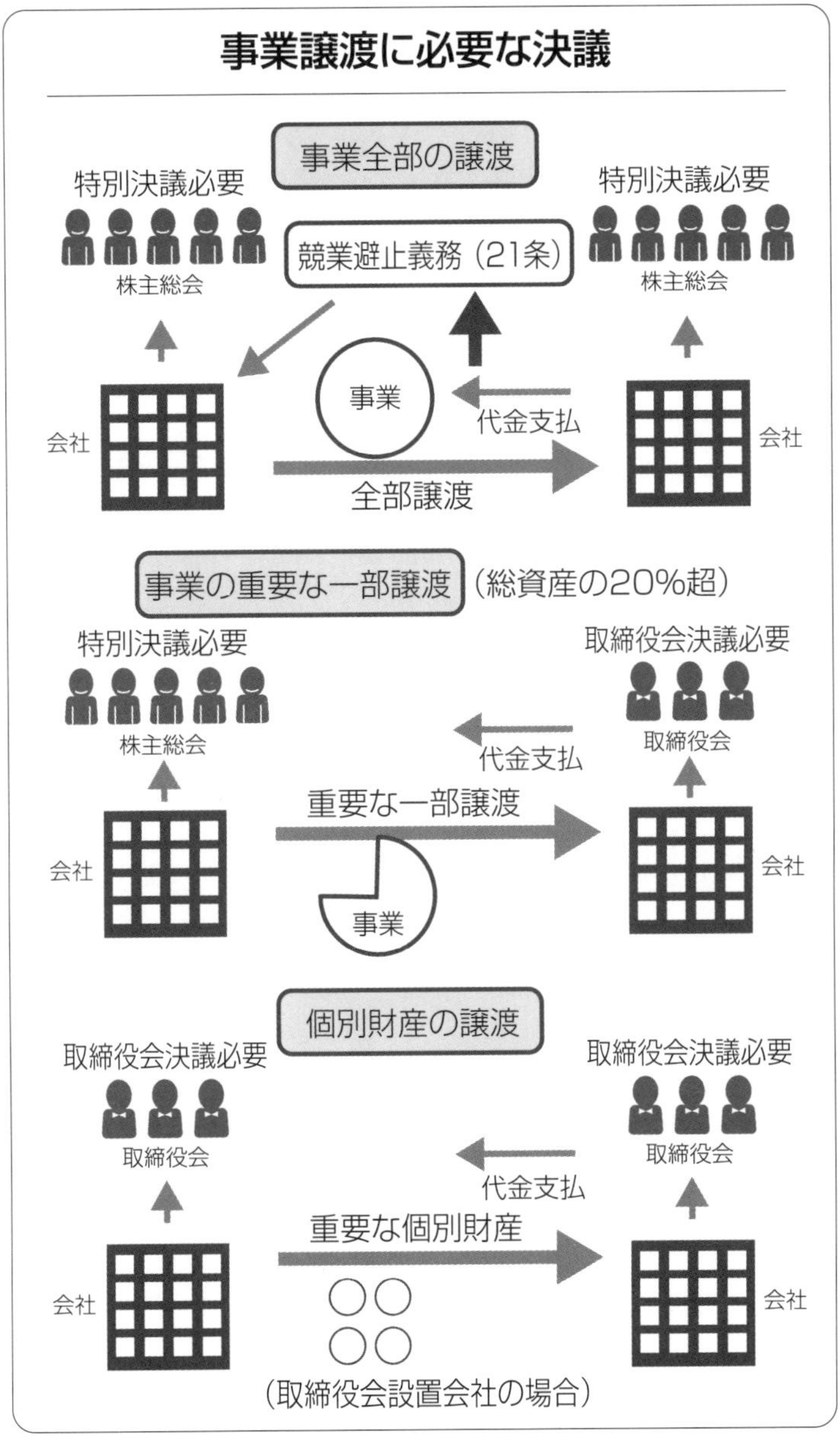

ているのと同様に、譲り受ける会社の株主総会の特別決議によることが不要な、簡易な事業譲受けの手続等も認められている。

事業全部の譲受けや事後設立の場合には、譲受財産等が純資産額に対する割合の合計が二〇%以下の場合には株主総会の決議が不要とされる。

112

簡易な事業再編

簡易な手続で事業再編ができるようにするため

小規模な事業再編

事業再編にあたって、受けるインパクトが比較的小さい場合には、特別決議を不要とする簡易な手続が認められている。

簡易事業再編となるか否かの判断のポイントは、受入側（買収側）の会社では純資産の部に着目して二〇%以下の変動しかない場合、また譲渡側（売却側）の会社では総資産の部に着目して二〇%以下の変動しかない場合に、その会社での株主総会特別決議が不要な簡易な手続を選択できる。その帰結を図解で個別に示すと左頁のようになる。

そのしくみ上、簡易な株式交換はあるが、簡易な株式移転という制度はない。

一方、事業全部の譲受けや事後設立における譲受会社等の場合のほか、平成二六年改正により、その子会社の株式又は持分の全部又は一部を譲渡する場合にも、同様の規律がある。

これらの制度を活用することによって、株主総会の特別決議を省略して、合併や会社分割等ができる。また、反対株主の株式買取請求権もない。

簡易な手続ができない場合

ただし、差損が生じる場合や、非公開会社で、その株式の発行または移転を伴う組織再編行為の場合、株主総会で所定の決議を要する等の例外がある。また、法務省令が定める所定の株主が簡易組織再編に対して反対の意思を通知した場合にも、簡易な手続による再編ができない。

なお、簡易事業再編が許される場合も、それが強制されるわけではなく、簡易によらない手続で実行することもできる。

多くの簡易な事業再編方法

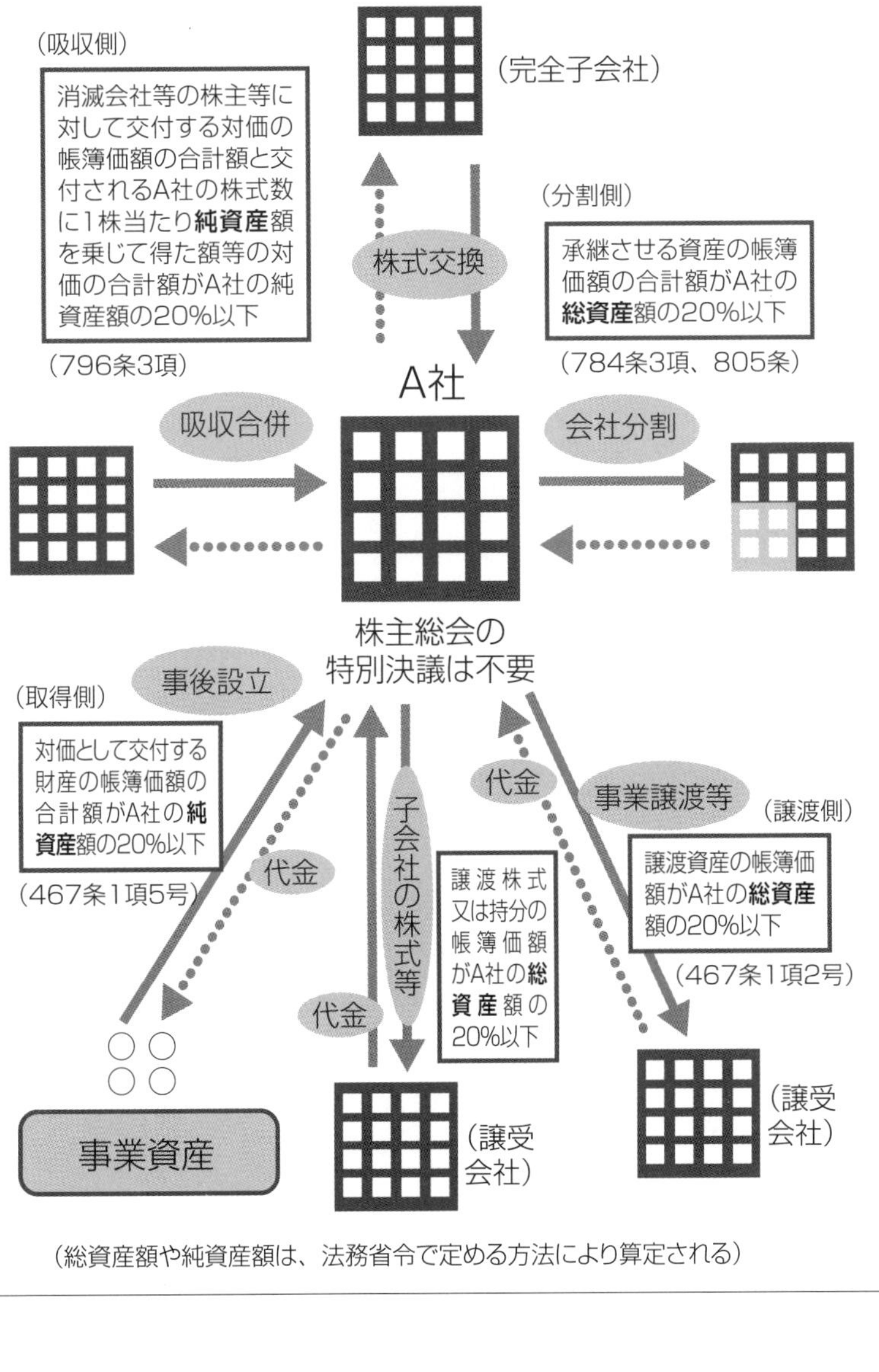

(総資産額や純資産額は、法務省令で定める方法により算定される)

113

略式組織再編

既に支配されている会社の特別決議を省略

特別支配会社

親会社が議決権の九割以上を保有する子会社の組織再編でも、子会社の株主総会での決議が必要だというのは、面倒なだけで、実質的な意味はあまりない。そこで、会社法では、「特別支配会社」を対象とした組織再編行為を行う場合には、「特別支配会社」となる被支配会社における株主総会の決議を要しない特別の手続がある。

ここで**特別支配会社**とは、ある株式会社の総株主の議決権の九割（または九割以上の割合をその株式会社の定款で定めた場合では、その割合）以上を他の会社とその他の会社が発行済株式の全部を有する株式会社、その他これに準ずるものとして法務省令で定める法人が有しているような会社をいう。

この特別の手続を、会社法は、「簡易組織再編」とは区別して、**略式組織再編**と呼ぶ。つまり、支配する会社が、他の株式会社（被支配会社）の総株主の議決権の九割以上を保有していると、特別支配会社として略式組織再編ができる。これにより、略式合併、略式分割、略式株式交換が可能となっている。

略式組織再編ができない場合

ただし、存続会社が非公開会社で、その非公開会社の株式の発行又は移転を伴う組織再編行為については、その非公開会社が特別支配会社である場合でも、その非公開会社においては株主総会の決議を要するものとする等の例外がある。

また、こうした手続を取りうることによって、株主総会の決議をすることを必要としない特別支配会社の株主は、その略式組織再編行為が法令や定款に違反しているとか、著しく不当な条件で行われることにより、その株主が不利益を受ける恐れがある場合は、その略式組織再編行為の差止めを請求できる。

組織再編がしやすくなる

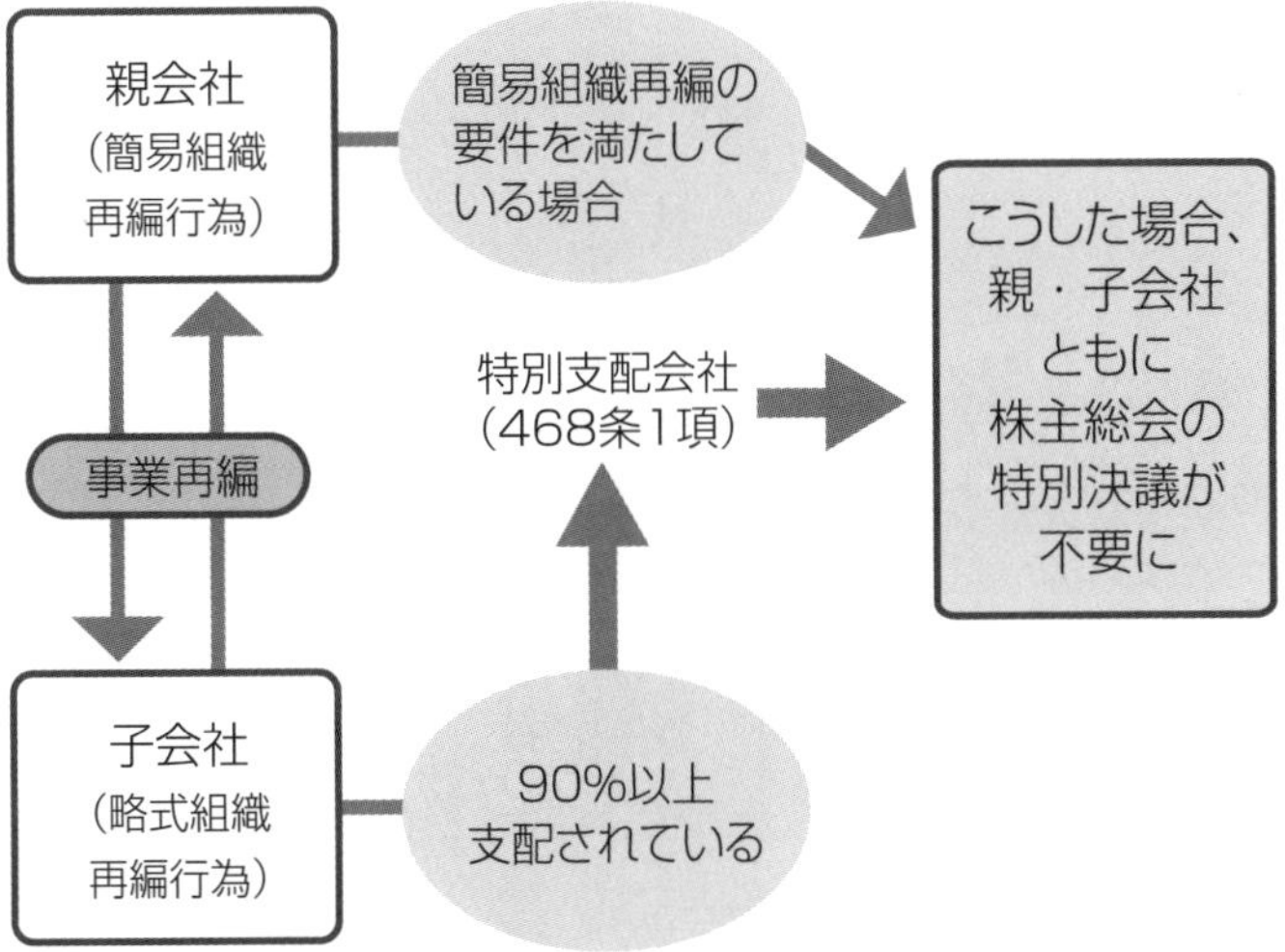

組織再編行為の差止めの可否

	組織再編一般	簡易組織再編	略式組織再編
法令・定款違反	新差止制度	×（360条）	従前からの差止制度
著しく不当	×（831条1項3号を介して争う方法）	×　？	従前からの差止制度

114

キャッシュ・アウト
——特別支配株主が少数株主から株式を買い取る

完全子会社化が目的

平成二六年改正で、特別支配株主による**株式等売渡請求制度**が新設された。これは、**キャッシュ・アウト**とも呼ばれる。これにより、株主に対して公正な対価を支払うことを条件として、株主総会の特別決議なしに完全子会社化ができる。

対象会社でも、完全子会社となるために株主総会決議を不要とする点で、略式組織再編（113項）のケースと規律の均衡が図られている。対象会社は、公開会社でも非公開会社でもよく、少数株主の締め出しにも使われる。

対象会社の承認は必要

特別支配株主は株式の売渡請求ができるだけでなく、これと併せて新株予約権売渡請求をすることもできる。

株式売渡請求は、所定の事項を明らかにして行う必要があり、売渡株主の有する売渡株式の数（売渡株式の種類ごとに異なる取扱いを行う旨の定めがある場合は各種類の売渡株式の数）に応じて金銭を交付する内容にする必要がある。特別支配株主は、対象会社に対して所定の事項を通知し、対象会社の承認を受けなければならない。

特別支配株主がその承認を受けた後は、取得日の前日までに対象会社の承諾を得ない限り、売渡株式等の全部について株式等売渡請求を撤回できない。

取締役会設置会社がこの承認をするか否かの決定をするには、取締役会の決議によらなければならず、この決定をしたときは、特別支配株主に対して当該決定の内容を通知する。対象会社の取締役会では、取締役に善管注意義務が課されていることから、**弁済の見込み**を含めて判断することが求められる。

少数株主保護の手段

法令違反や株主に不当な取扱いがなされた場合の救済手段として、事前には差止請求と価格決定申立権が認められる。後者については、株式等売渡請求があった場合には、売渡株主等は、取得日の二〇日前の日から取得日の前日までの間に、裁判所に対し、その有する売渡株式等の売買価格の決定の申立てができる。事後的救済として、取得の無効の訴えの制度もある。

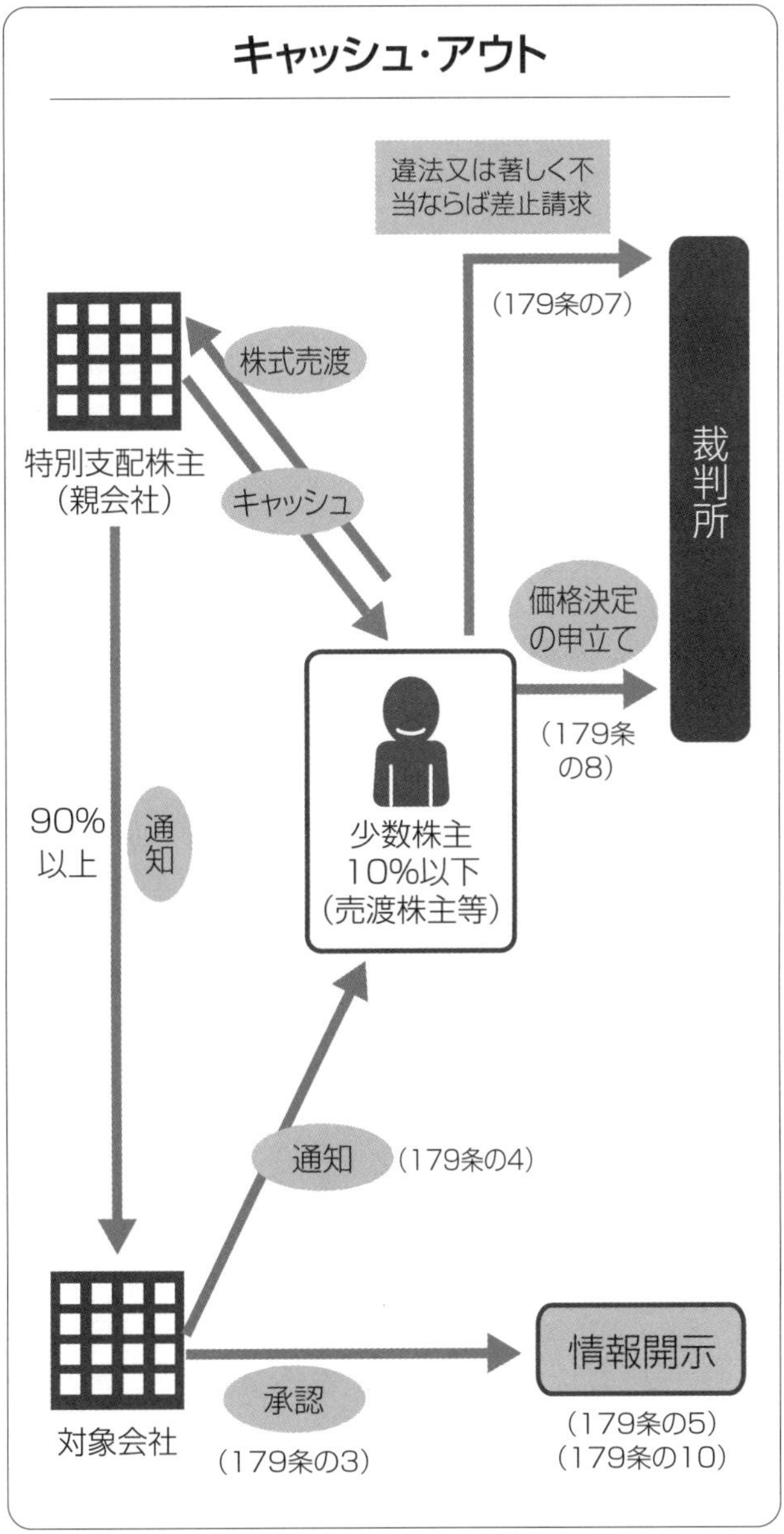

115

一人会社

社員が一人による特例もある

出資者が一人の会社

会社が「社団法人」というのであれば、複数のヒトが集まったものであることが想定されているはずだ。ここから、社員が一人しかいない会社、すなわち一人会社が認められないのではないかという疑問が生じる。

しかし、会社法は、このような考え方をせず、株式会社、合同会社、合名会社のいずれも「一人会社」を認めている。つまり、社員が一人の会社であってもよい。合名会社の社員が一人となった場合でも、会社は解散しない。

親会社がただ一人の株主で、一〇〇%の株式・持分を保有する完全子会社（107項）は、一人会社の典型例だ。従って、上場会社の子会社等、かなり規模の大きな一人会社もある。

特別の取扱い

株主が一人しかいないと、特別な取扱いが認められることもある。株主が一人であるために、株主間の利益を調整するような必要性がない。

たとえば、一人会社では、株主総会の決議なしになされた代表取締役に対する報酬の支給も適法だ。本来ならば、取締役の報酬は、取締役が自分たちで勝手に決められないように株主総会の決議が必要だ。ところが、一人会社では、正規の株主総会が開かれずに唯一の株主の意思で取締役の報酬額が決定されても、株主の利益は実質的に何も害されない。そのため、正規の株主総会の決議がなくとも、あったものと同視でき、取締役報酬を不当に利得したことにはならないといえる。

裁判例にも、唯一の実質的な

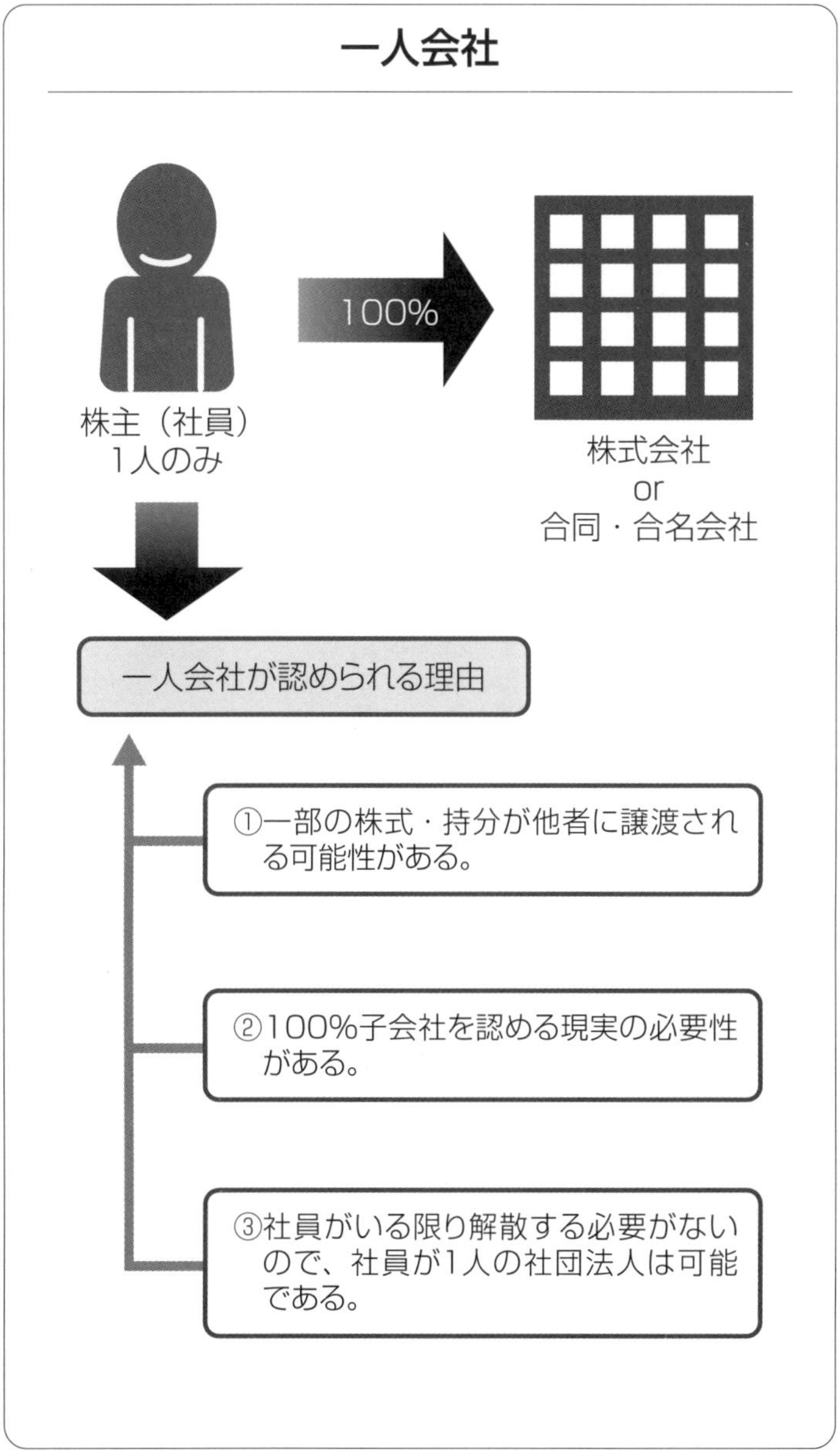

株主の意思によって取締役としての報酬額が決定されている以上、役員報酬を会社へ返す義務はないとしたケースがある。

このほかにも、一人会社は、株主全員の承認が認定しやすいので、総会決議があったものと同視して考えることのできるケースが多いだろう。

116

組織変更

法人格はそのままで会社の類型が変わる

組織変更となる場合

会社法は、「組織変更」を、その組織を変更することで、株式会社が合名会社、合資会社又は合同会社になること、及び合名会社、合資会社又は合同会社が株式会社になることをいうものと定めている。こうした組織変更を利用すれば、いったん会社を解散させてから新たに会社を設立させるよりも効率的な事業再編ができる。

なお、合名、合資、合同の三者間の変動は、定款変更による**他の持分会社への種類の変更に**すぎず、組織変更ではない。

組織変更の手続

組織変更をする株式会社は、組織変更計画備置開始日から効力発生日までの間、組織変更計画の内容等の事項を記載・記録した書面・電磁的記録をその本店に備え置かなければならない。

組織変更をする株式会社は、持分会社になると決算公告がなくなるので、債権者保護手続を取る必要があるが、効力発生日以降は持分会社となるので、事後開示が不要だ。

これに対して、持分会社が株式会社に組織変更する場合も、ほぼ同様の手続で、法定事項を定めた組織変更計画を作成し、債権者異議手続を要する。もっとも、事前の開示手続は法定されていないが、現実には債権者の不安を解消するための情報提示が必要かもしれない。

いずれの場合も、効力発生日の前日までに、総株主または総社員の同意を得る必要がある。

これらの手続に重大な瑕疵があった場合には、組織変更の無効の訴えの対象となる。

組織変更と他の持分会社への種類の変更

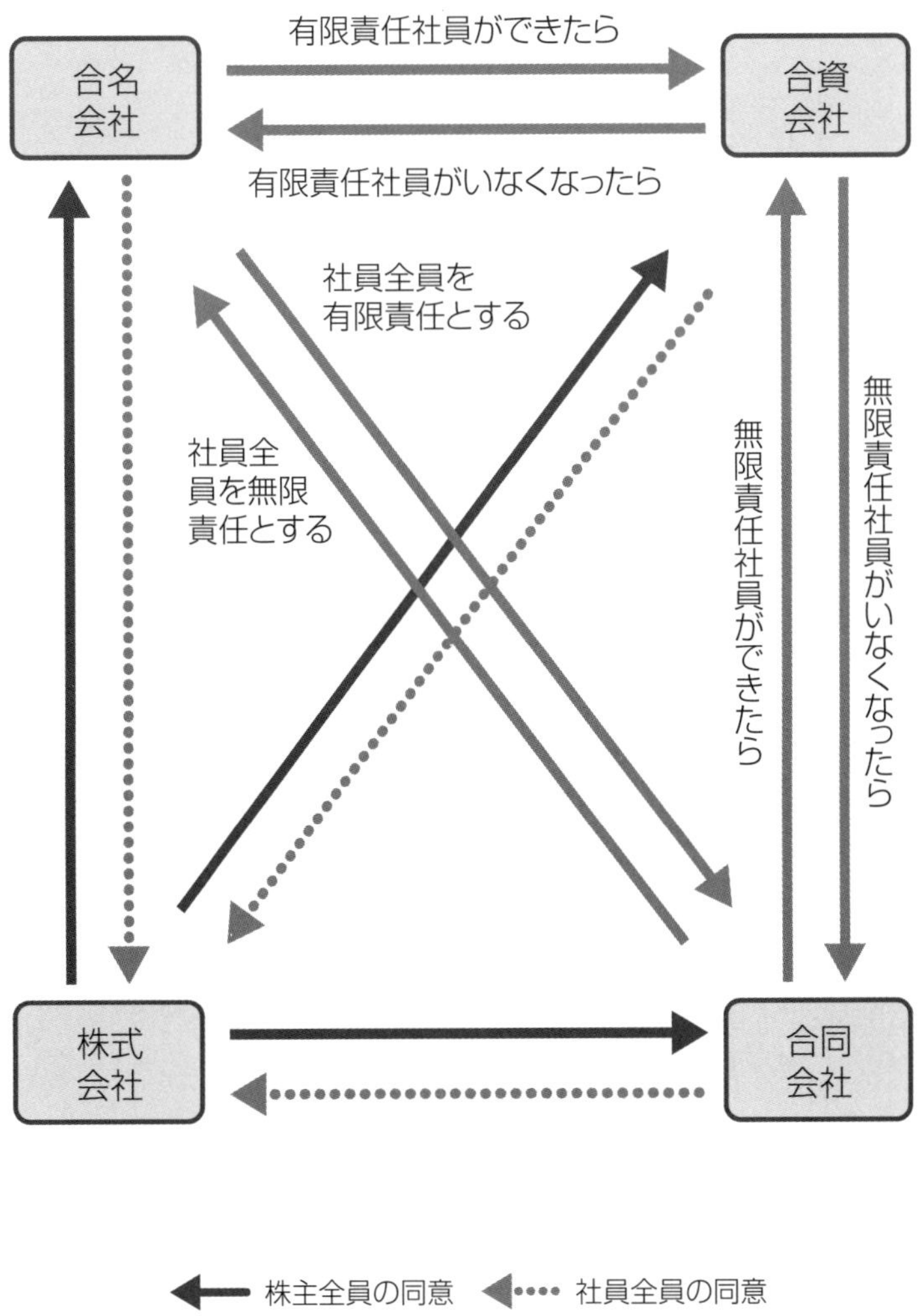

117

組織再編を争う方法

――組織再編行為は差止めか無効の訴えで争う

組織再編等の差止請求

平成二六年改正で、組織再編等が法令又は定款に違反する場合、消滅株式会社等の株主が不利益を受けるおそれがあるときは、その株主は当該組織再編等をやめることを請求することができる一般的な制度ができた。

組織再編の効力発生後では元に戻すのが大変だ。問題があれば、事前の差止めが望ましい。

無効の訴え

会社の組織変更や合併、会社分割、株式交換・株式移転の手続に重大な法令違反等があった場合には、それらの無効の訴えを提起することが考えられる。ただし、その無効の訴えを提起できるのは、組織再編行為の効力発生日から六カ月以内に限られている。

この訴えを起こせるのは、株主や取締役等の原告適格を有する者に限られ、存続会社・新設会社の本店の所在地を管轄する地方裁判所が専属管轄となる。悪意・重過失のある敗訴原告は損害賠償責任を負う定めがあり、悪意のある株主等には担保提供を命じる制度もある。これらの規律は、他の組織に関する無効の訴えと共通である。

組織再編の無効の訴えが安易に認められると、法的安定性を害するので、無効原因はかなり限定的に解される。

組織再編を無効とする判決が確定した場合には、その判決は第三者に対しても効力を有する（**対世効**）が、将来に向かってのみ効力（**将来効**）があり、遡及効はない。たとえば、合併が無効になると、新設会社が解散し、消滅会社が復活することになる。

濫用的会社分割等に対して

平成二六年改正で、濫用的な

組織再編を争う手続

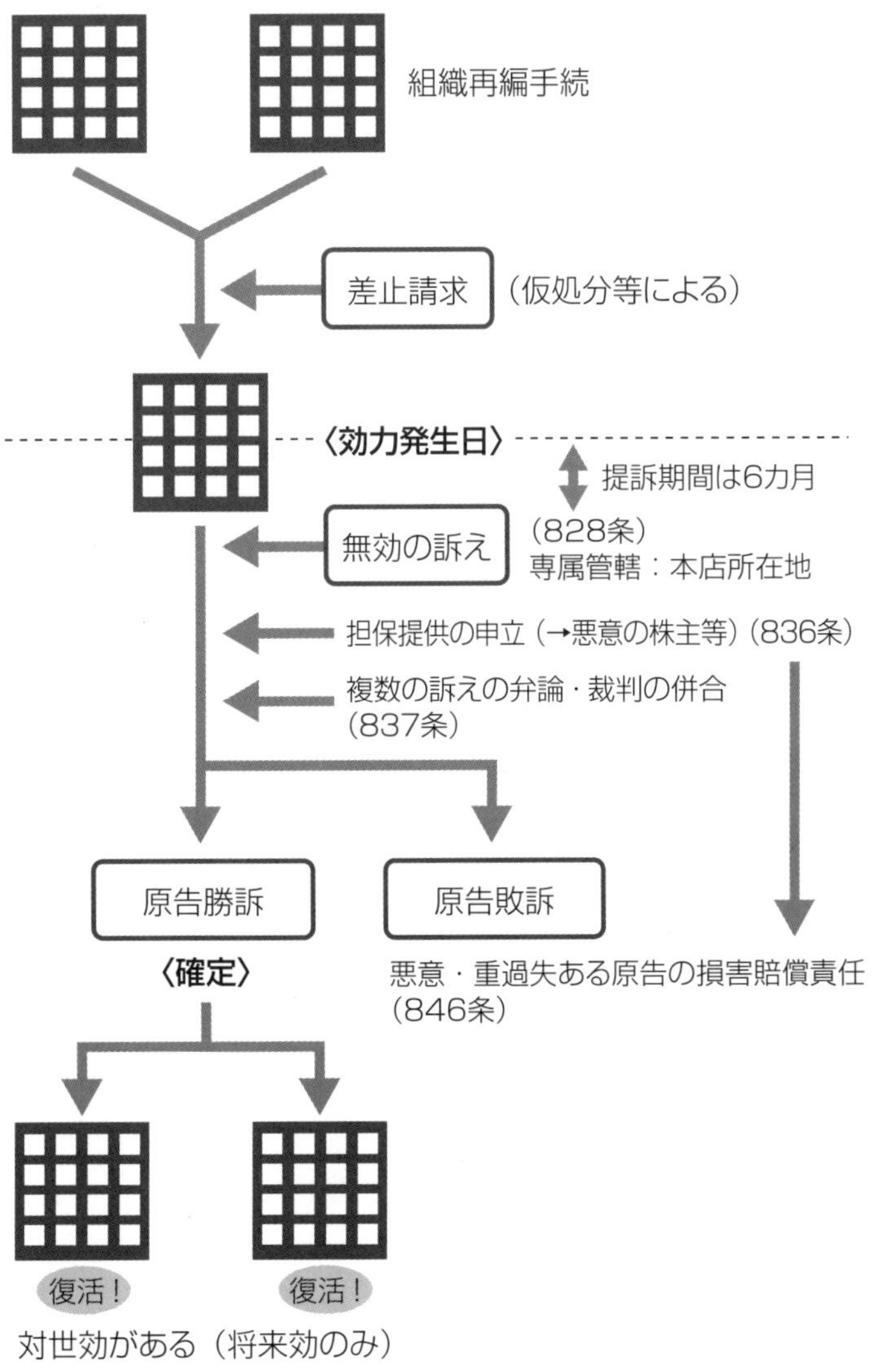

会社分割や事業譲渡に対しては、被害を受けた債権者が承継会社等に対して、承継した財産の価額を限度として請求できる制度も整備された。その内容は詐害行為取消権に準ずるものといえる。

118

敵対的買収防衛

支配権維持目的だけでは不公正

上場会社が対象

企業買収とは、会社の支配権を獲得することだ。上場会社の株式は、証券取引所で誰でも自由に買い取ることができる。議決権のある株式の過半数を制すれば、自力で取締役等の役員の選任・解任ができるので、現経営陣が反対しても、会社の経営権を奪い取れる。

ただし、金融商品取引法により、公開買付規制や大量保有報告書の制度があり、投資家の利益保護も図られ、買収者の恣意的な行動は規制されている。

企業買収

多くの企業買収は、現経営陣の取引によって成立する友好的なものであるが、経営陣が反対する中で強行される企業買収が敵対的買収と呼ばれる。この場合、敵対関係は、買収者と現経営陣の間にあり、株主や従業員と敵対するわけではない。もっとも、買収者の方針によっては、株主や従業員等の利益が害される結果となることもある。

株価が下落して割安になると、経営陣の刷新を口実に、買収のターゲットとなりやすい。

敵対的買収防衛策

現経営陣が敵対的な企業買収を阻止するため、買収者の持株割合を薄めるために、さまざまな対抗手段が取られる。伝統的には、第三者割当による大規模な新株発行が典型的だが、主要目的が経営陣の支配権維持目的である場合には、発行差止めの対象となる（95項）。そこで、新株予約権の発行やその無償割当、新株予約権社債等の発行、第三者割当ではなく公募による発行等、差し止められにくい手法が模索されている。

敵対的買収と買収防衛

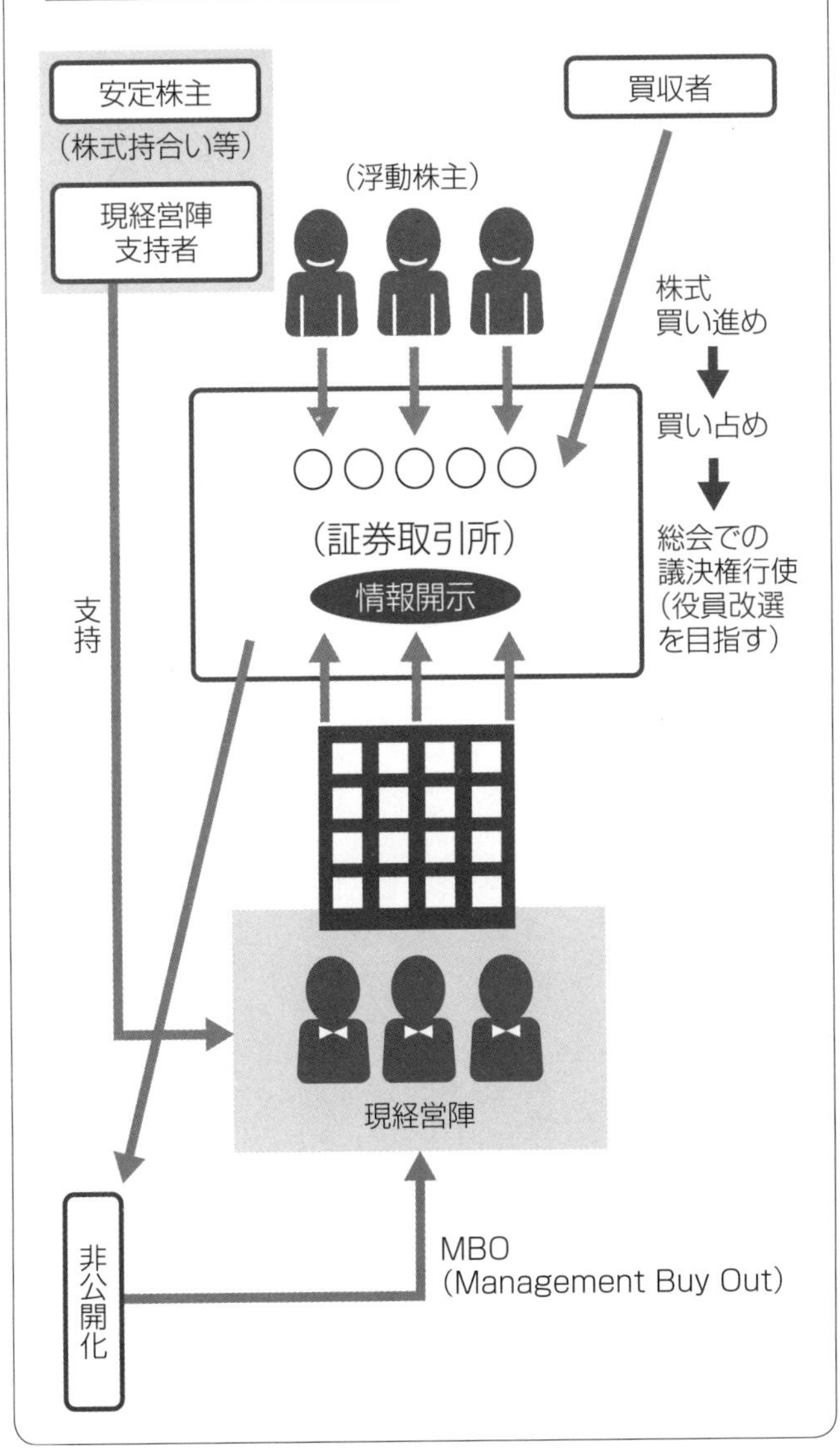

株式の非公開化

根本的な買収防衛策として、株式を非公開化する方法もある。上場をやめてしまえば、好ましくない株主による株式取得を認めない株式譲渡制限もできる。上場会社に対する厳しい規制を回避するために、少数株主を締め出して非公開化するケースもある。全部取得条項付種類株式（81項）を利用する等、いくつかの方法がある。

119

会社の倒産

――債権者を平等に扱うための法的倒産手続

清算型と再建型

会社が事業に失敗して倒産した場合、これを清算に向かわせるか、再建に向かわせるかの選択をする。また、法的倒産手続を利用するか、私的整理をするという選択もある。業績が傾いた会社は、早めに再建を図るべきだ。

法的倒産手続を利用する場合、清算型には、破産、会社法上の特別清算等といったものが用意されており、再建型には、会社更生と民事再生の手続が用意されている。再建型を選択した場合、うまくいけば会社は存続するが、再建に失敗すれば破産などの清算に移行しなければならないこともある。

会社が倒産した場合、会社債権者を平等に扱わなければならないので、法的倒産手続において配当する財産がありそうな場合や清算事務が必要な場合には、破産管財人等が選任される。しかし、破産した場合でも財産がほとんどない場合は、破産手続は廃止で終了する。

経営者の責任

会社の倒産に至る過程で、取締役等の役員ら経営者に会社に対する責任が生じている場合がある。会社が倒産して管財人が選任されると、会社財産の管理・処分権等は、代表取締役や取締役会ではなく、管財人に移るので、破産手続開始や会社更生開始決定等があった後は、管財人が役員らの会社に対する責任を追及できる。

ただ、特別清算の開始決定を受けた場合、私的な任意整理で倒産処理を行う場合等は、株主が代表訴訟で責任追及をなしうる可能性もある。

さらに、破産、会社更生、民事再生のいずれの場合にも、簡易な賠償請求権の査定の制度がある。その管財人等の申立てによって、裁判所で役員等の賠償責任額の査定が確定すると、それを否定するためには役員等の側が異議訴訟を起こして争わなければならない。

会社の倒産における役員等への責任追及

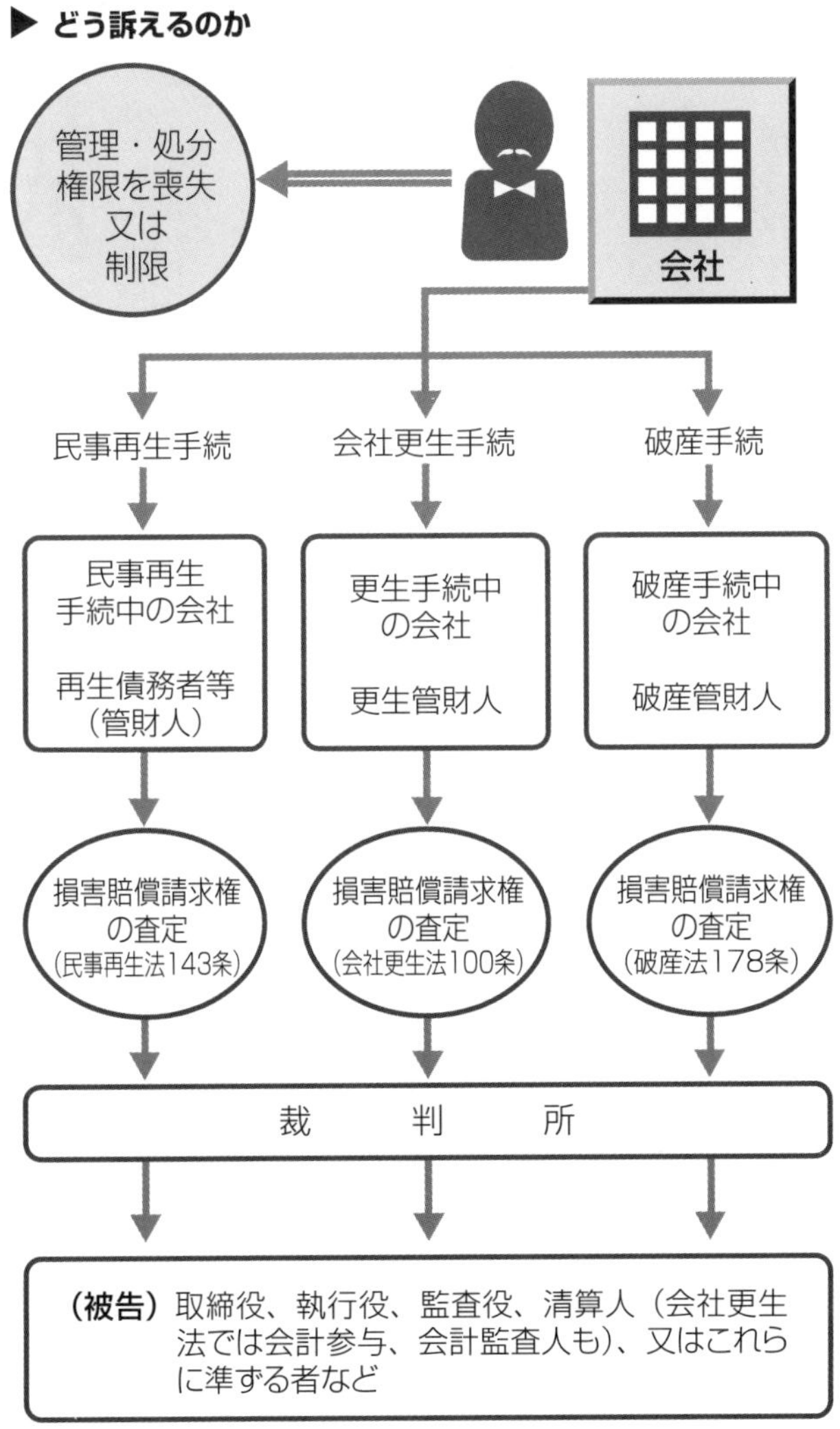

120 会社の解散

解散事由の発生で法人格消滅へ

清算の完了まで法人格は存続

会社の解散は、その法人格を消滅させる原因となるが、会社の法人格は解散によってすぐにはなくならず、清算手続に入らなければならない。

解散は株主の利益に重大な影響を与えるので、会社が解散したら、破産の場合を除き、取締役は遅滞なく株主に通知しなければならない。また、合併と破産の場合を除き、解散の登記をしなければならない。

解散事由として定められているのは、①定款で定めた存続期間の満了、②定款で定めた解散事由の発生、③株主総会の決議等、④合併で会社が消滅する場合、⑤破産手続開始の決定、⑥解散を命ずる裁判等である。

このうち、株主総会の決議で解散する場合は、特別決議が必要だ。また、解散を命ずる裁判には、所定の場合に公益を確保するために会社の存立を許すことができないと認めるときに命ずる「会社の解散命令」の制度と、やむを得ない事由がある場合の「会社の解散の訴え」（八三三条）による場合とがある。

もっとも、存続期間の満了その他定款に定めた事由の発生、又は株主総会の決議によって会社が解散した場合でも、株主総会の特別決議によって会社を継続することができる。

休眠会社のみなし解散

株式会社で、何らかの登記が最後にあった日から一二年を経過したものを休眠会社という。誰からも見向きもされず、長年放置されると、休眠会社になってしまう。法務大臣が休眠会社に対して二カ月以内に法務省令に従って本店所在地を管轄する

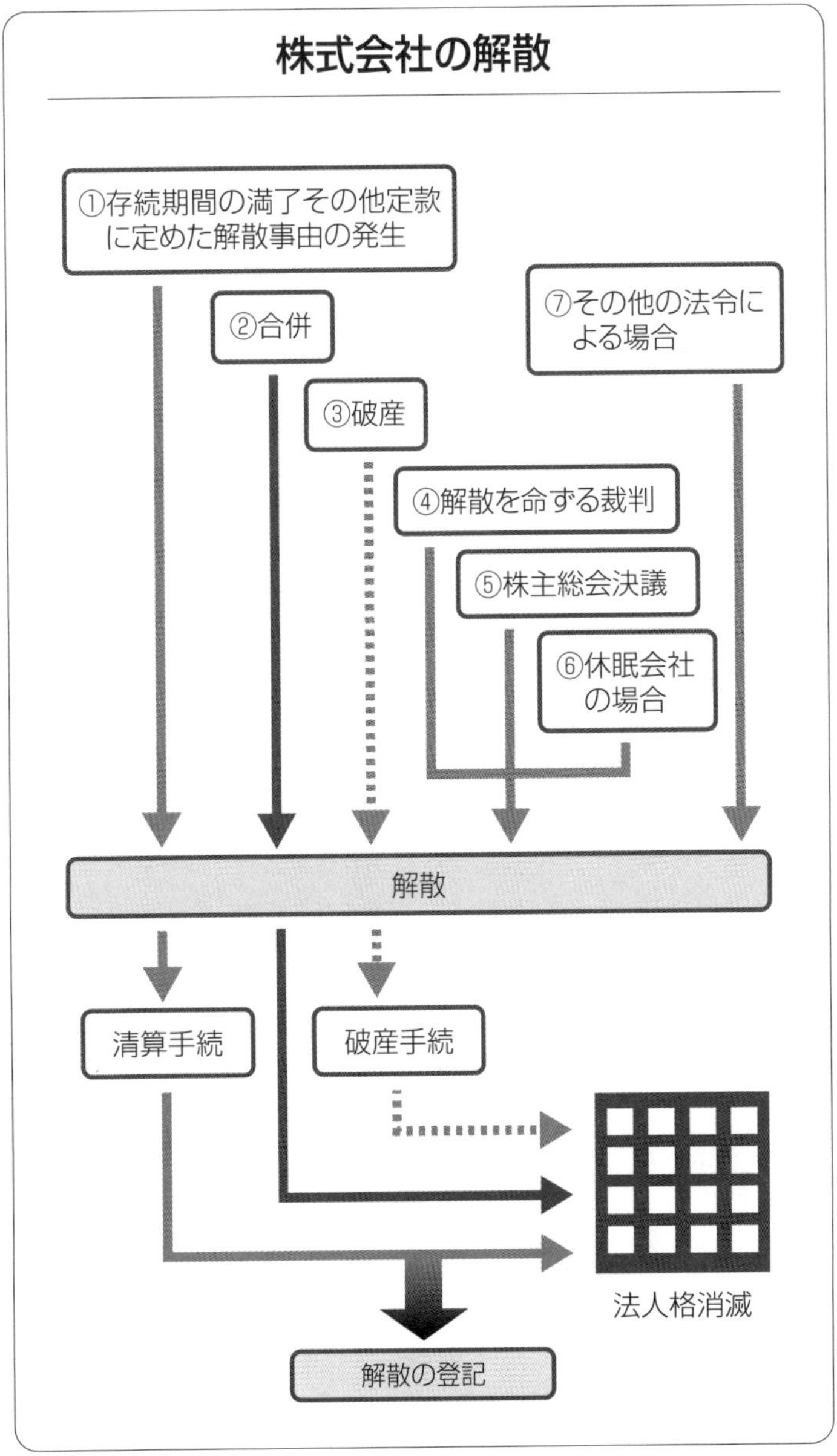

登記所に事業を廃止していない旨の届出をすべき旨を官報に公告した場合、その届出をしない

ときは、原則としてその二カ月の期間の満了の時に、解散したものとみなされる（四七二条）。

もっとも、特例有限会社にはこの定めが適用されず、解散とみなされる心配は当面ない。

121

会社の清算

解散の後に清算して法人格は消滅

清算中の会社

会社の法人格は、解散によってすぐに消滅してしまうわけではない。会社が解散した場合は、合併や破産の場合を除いて、清算手続に入り、原則として取締役がその清算人となって会社の法律関係の後始末をしなければならない。つまり、完全に法人格が消滅するには清算手続の完了が必要だ。このため、会社は解散後も清算の目的の範囲内で存続することになる。これを「清算中の会社」という。

清算中の会社は、営業を行わないので、取締役等はその地位を失うが、株主総会は存続し、清算人が清算事務を行う。

特別清算と通常清算

株式会社の清算には、「特別清算」と「通常清算」がある。

清算の遂行に著しい支障を来す事情があると認められる場合や、会社に債務超過の疑いがある場合、裁判所は、債権者・清算人、監査役、株主の申立てによるか、裁判所自らの職権で、会社に対して「特別清算の開始」を命ずることができる。

すなわち、特別清算は裁判所の命令によって開始され、債権者集会を開くなどの手続を進めるので、この清算人は破産管財人に似たような役割を果たすことになる。

特別清算の場合、清算人は、会社、株主と債権者に対して公平かつ誠実に清算事務を処理する義務を負い、必要に応じて監督委員が清算人を補助・監督するために選任される。特別清算の状態に入ると、破産や強制執行などが禁止され、中止・失効するなどの特別の取扱いがある。

これに対して、特別清算でな

いものが通常清算となる。

会社法は、通常清算について、清算人の氏名等の裁判所への届出や財産目録・貸借対照表の裁判所への提出の制度を廃止し、清算手続の簡易化が図られている。

通常清算の場合、①終わっていない会社の事務を完了させ、②資産の換価や債権を取り立て、③債務を弁済し、④残余財産があればそれを分配する。

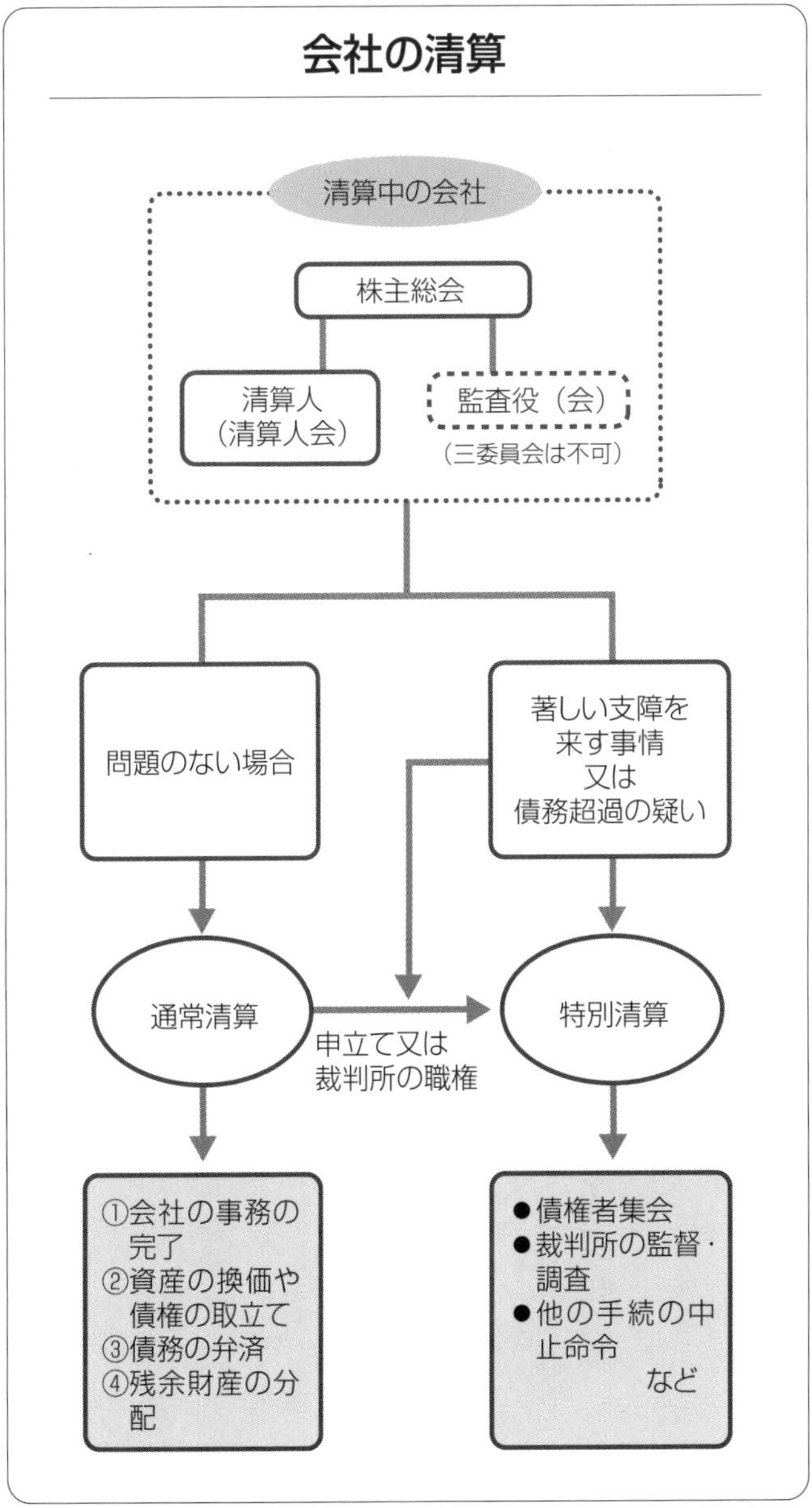

COLUMN

組織再編行為に伴う新株予約権の承継

組織再編において消滅する会社の新株予約権を、どのように取り扱うかが問題となる。会社法は、組織再編の場合における新株予約権を引き継がせる手続を整備している。

これにより、消滅会社や分割会社等が発行している新株予約権や新株予約権付社債を、存続会社等が代わって対応することに変える手続をとることができ、また新株予約権者はこれに不服があれば買取請求権を行使することもできることがある。ただし、これによって、組織再編行為に際して、買取請求権を行使することができる新株予約権者は、次のような権利を有するものとされる。

第一に、新株予約権の発行条項に承継の定めがある新株予約権について、その定めの内容に沿わない取扱いがされることになる新株予約権。

第二に、新株予約権の発行条項に承継に関する定めがない新株予約権で、組織再編行為によって他の株式会社に承継されることとなる新株予約権。

さらに、これらに該当する新株予約権が付された新株予約権付社債権者は、原則として、新株予約権と社債を分離することなく、その有する新株予約権付社債の買取りを請求できる。もっとも、この発行条項において、新株予約権のみの買取り、又は新株予約権もしくは新株予約権付社債のいずれかの買取りを請求することができる旨が定められているときには、その定めに従って買取請求権を行使できることになる。

ただし、投機的な買取請求がなされることを抑制するため、会社の同意がないと、買取請求は取下げを認めないものとされている。また、組織再編が中止されたら、買取請求も効力を失う。

第9章

持分会社その他の会社

122

三種類の持分会社

どこまでの責任を負うかによる区別

無限責任社員と有限責任社員

持分会社とは、合同会社、合資会社、合名会社の三種類の会社をいう。

合名会社は、無限責任社員だけからなる。合資会社は、無限責任社員と有限責任社員からなる。合名会社と合資会社には、無限責任社員が必ずおり、社員の中に有限責任社員がいるかどうかの違いしかない（124項）。

無限責任社員がいる持分会社では、必ずしも会社財産を確保する必要がなく、資本金を登記する必要もない。

これに対して、合同会社（126項）は有限責任社員だけからなる持分会社であり、資本金も登記事項となる。有限責任社員は、会社の債務について責任を負わない。持分会社の有限責任社員の出資は、全額払込制度が採用され、その限りにおいて責任を負うだけである（10項）。この場合、社員が出資できるものは、金銭その他の財産に限られる。

ただし、有限責任社員が自分を無限責任社員だと誤認させる行為をした場合等には、無限責任社員と同一の責任を負う等の例外的なルールもある（124項参照）。

法人社員や一人会社も可能

持分会社では、法人の社員も認められるし、合同・合名会社では一人会社も可能だ（115項）。会社は無限責任社員や有限責任社員のいずれにもなれるだけでなく、社員である法人が業務執行社員となることもできる。

業務執行社員が法人である場合には、その法人は、自然人を「職務執行者」として選任し、その氏名等を社員に通知する必

4タイプの会社

	株式会社	合同会社	合資会社	合名会社
資本金	登記事項		なし	
社員構成	1人以上で、有限責任社員のみ。上限なし		2人以上で、無限責任社員と有限責任社員	1人以上で、無限責任社員のみ
出資者の責任	有限責任		有限責任と無限責任	無限責任
設立手続	定款の認証が必要	定款の認証や出資金保管証明書は不要		
業務執行・代表機関	代表取締役、代表執行役、業務執行取締役　等	社員。業務執行社員を定めうる		
議決機関	株主総会			

要がある。

この職務執行者の氏名と住所は登記事項ともなる。職務執行者については、業務執行社員と同一の取扱いがなされ、株式会社の取締役のように競業避止義務（46項）や利益相反取引の承認を得る義務（45項）などを負う。

持分会社の種類の変更

これらの三つの持分会社は、相互に他の持分会社に変わることも可能である。異なった種類の持分会社への変更は、「組織変更」（116項）ではなく、定款変更による「他の持分会社への種類の変更」にすぎない。

この場合、社員の責任状況に応じて会社の種類を区別する。会社の種類に従って商号中に会社の種類を明示する必要がある（六条二項）（11項）。

123

持分会社の業務の執行

業務執行社員が数人いる場合は過半数で定める

その権限と義務

持分会社においては、無限責任社員でも、有限責任社員でも、定款に特に制限がない限り、会社の業務を執行する権利を有し、義務を負う。ただし、業務執行社員を定めることもできる。持分会社の業務を執行する社員を「業務執行社員」という。業務執行社員が数人いる場合は、会社の業務執行は過半数で決める（会議は不要）。他の社員は会社の業務執行や会社の代表ができないものの、一定の監視はできる。

会社法では、無限責任社員と業務執行社員が結びつけられておらず、合同会社の有限責任社員はもちろんのこと、合資会社における有限責任社員も業務執行社員になれる。

会社の代表権

業務を執行する社員は、持分会社を代表する。ただし、他に持分会社を代表する社員その他の代表者を定めることもできる。持分会社は、持分会社を代表する社員その他の代表者が職務を行う際に第三者に加えた損害を賠償する責任を負う（この責任は「有限」ではない）。

業務執行社員を定款で定めた場合、その業務執行社員の全員が退社したら、その定款の規定は無効となる。また、業務執行社員は、正当な事由がなければ辞任できない。業務執行社員は、正当な事由がある場合に限って、他の社員の一致によって解任できる。

代表訴訟類似の制度

業務を執行する社員は、持分会社に対して善管注意義務や忠実義務を負う。これは委任の規定に基づいて、株式会社の取締役が会社に対して負う義務と同様のものだ。また、社員が持分会社に対して社員の責任を追及する訴えの提起を請求し、持分会社が当該請求の日から六〇日以内に訴えを提起しない場合は、その請求をした社員は、持分会社を代表して訴えを提起することができるといった、代表訴訟類似の制度もある。

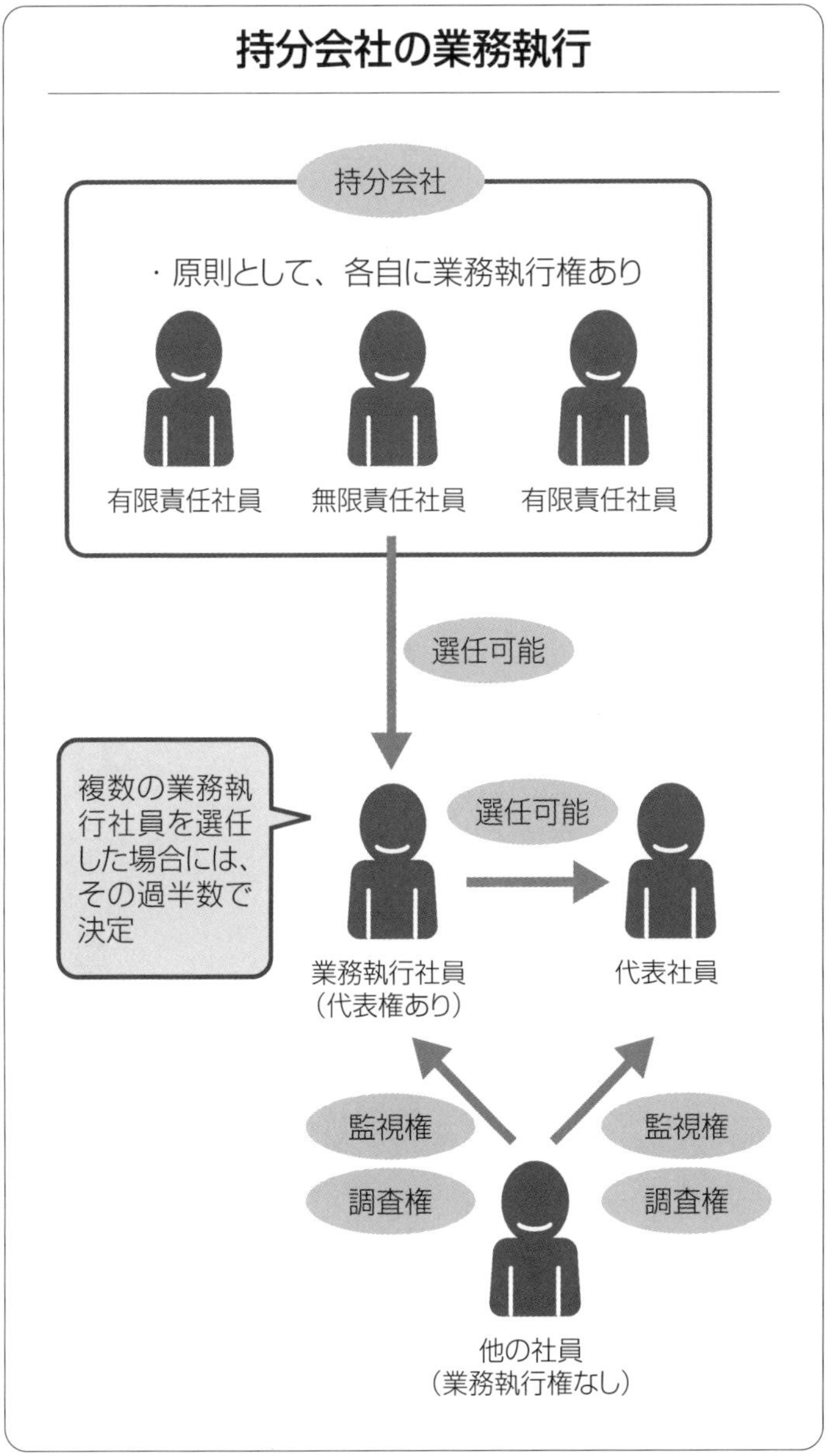

124

合名会社と合資会社

――無限責任社員のいる持分会社

合名会社

　合名会社の社員は全員が無限責任社員であるため、会社の債務については、会社債権者に対して直接に連帯して「無限責任」を負う。合名会社の各社員は、定款に別段の定めがない限り、会社の業務を執行する権利を有しており、また善管注意義務等の義務も負う。

　社員同士の関係は、民法の組合に関する定めが準用され、業務執行に関する意思決定は業務執行社員の過半数でなされる。ただ、定款の変更や会社の目的の範囲外の行為をするためには、社員全員の同意が必要となる。

合資会社の成立

　合資会社は、無限責任社員と有限責任社員からなる。

　合名会社で有限責任社員を加入させたり、その社員の一部を有限責任社員とする定款変更をすると合資会社となる。

　また、合同会社で無限責任社員を加入させたり、その社員の一部を無限責任社員とする定款変更をしても合資会社となる。

社員の責任

　いずれの会社の場合も、無限責任社員は会社の債務について無限責任を負う。無限責任社員がいる場合、株式会社や合同会社のような形で債権者保護を図る必要性がないので、利益の分配もかなり自由にできる。

　ただし、会社が債務を負っていても、債権者の権利行使を拒否できる理由があれば、社員もその理由を主張できるし、会社に弁済能力があり、かつ強制執行が容易であることを立証できれば社員は責任を免れることができる。

　それに対して、合資会社の有

合名会社と合資会社

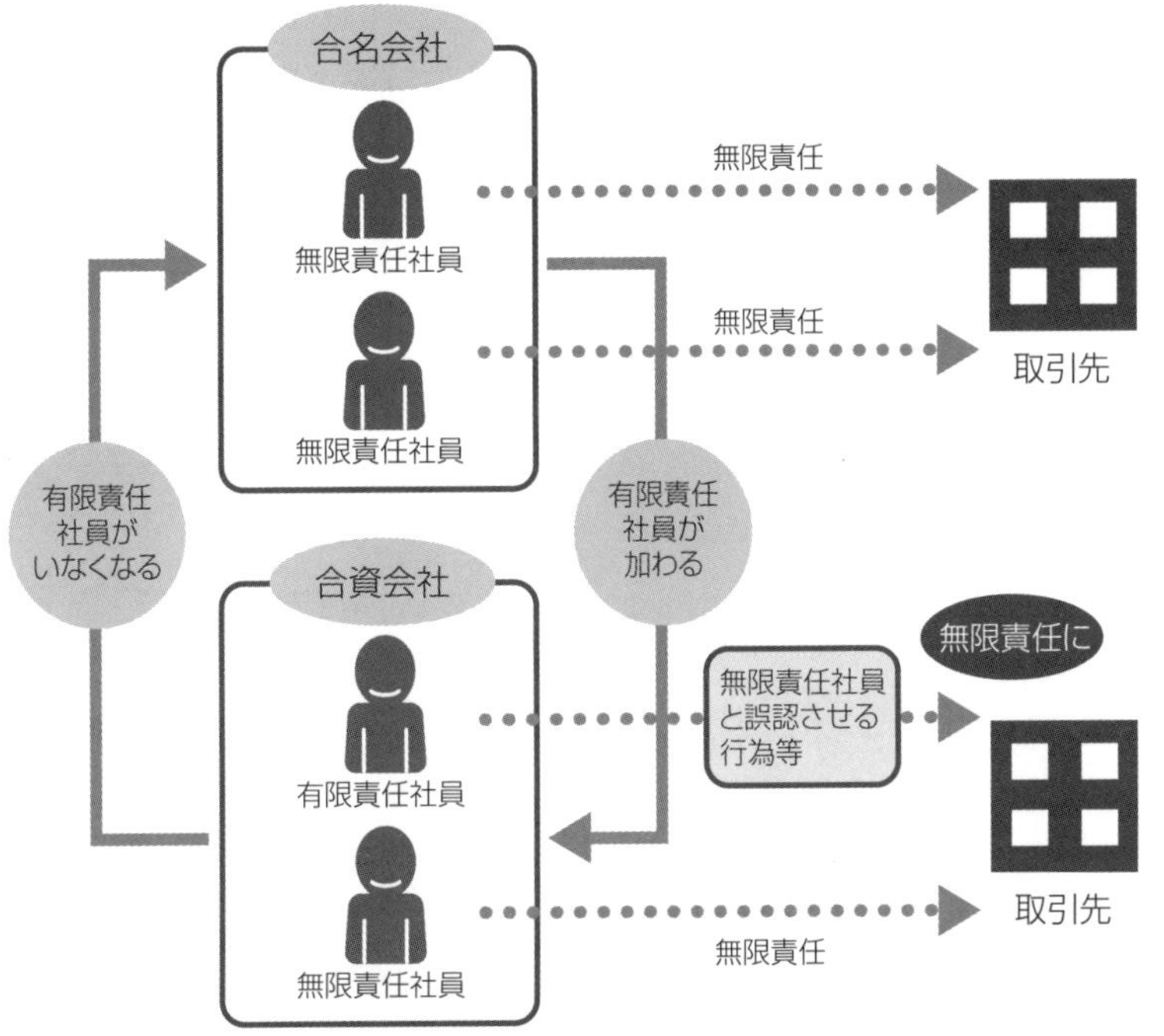

限責任社員は出資した金銭その他の財産の範囲で責任を負えば足り、それ以上の責任は負わない。また、有限責任社員は、金銭その他の財産だけしか、その出資の目的とすることができない。

誤認させた有限責任社員の責任

合資会社の有限責任社員が自己を無限責任社員と誤認させる行為をした場合、その有限責任社員は、誤認して会社と取引した者に対して、無限責任社員と同一の責任を負う（五八八条）。

合資会社の有限責任社員がその責任の限度を誤認させる行為をした場合も、その有限責任社員は、その誤認によって会社と取引をした者に対して、その誤認させた責任の範囲内で会社の債務を弁済する責任を負う。

125

合同会社と有限責任事業組合

出資者の有限責任による事業体の選択が可能

合同会社

合同会社は「有限責任社員」だけからなり、その内部関係では組合的な規律に服する。たとえば、社員の入社、持分の譲渡、会社成立後の定款変更は、原則として総社員の一致による。

合同会社は、米国のＬＬＣ（リミテッド・ライアビリティー・カンパニー＝有限責任会社）の日本版として導入された。合同会社は、株式会社と同様に出資者の責任を有限とするので、社員は会社の債務について責任を負う必要がない。これが「有限責任」という意味だ。

また、定款自治の範囲が広く、会社の運営方法は社員が自由に決めることができる。

有限責任事業組合

合同会社（ＬＬＣ）と似ているものに、「有限責任事業組合契約に関する法律」に基づく有限責任事業組合（ＬＬＰ）がある。ＬＬＰは、課税についてパススルーが認められ、組合レベルでの課税がなく、出資者は損失も通算できるメリットがある。

しかし、ＬＬＣには業務執行に関わらない社員がいてもよいが、ＬＬＰは租税回避目的で濫用されないように、共同事業性の確保が求められる。つまり、ＬＬＰでは重要な意思決定について全員一致によるほか、全出資者が何らかの業務執行に参加する必要がある。

両者の使い分け

いずれも、持分譲渡、入社・組合員の加入、定款・組合契約の変更は全員一致という組合的な規律になるため、当初出資者の権利が強く守られるだろう。

しかし、ＬＬＰは、組合契約を締結するので、必然的に最低

合同会社と有限責任事業組合

LLPの登記事項（LLP法57条）	合同会社（LLC）の設立登記事項（本店所在地）
①組合の名称 ②事業内容 ③所在地 ④組合員の氏名、名称、住所 ⑤組合の設立年月日 ⑥存続期間 ⑦組合員が法人の場合の職務執行者 ⑧組合契約で特に解散事由を定めたときはその事由 （出資金自体は登記事項でない）	①目的 ②商号 ③本店及び支店の所在場所 ④合同会社の存続期間又は解散の事由について定款の定めがあるときは、その定め ⑤資本金の額 ⑥合同会社の業務を執行する社員の氏名又は名称 ⑦合同会社を代表する社員の氏名又は名称・住所 ⑧合同会社を代表する社員が法人であるときは、その社員の職務を行うべき者の氏名及び住所 ⑨公告方法について定款の定めがあれば、その定め ⑩電子公告を公告方法とする定款の定めがあるときの必要事項 ⑪⑨の定款の定めがないときは、官報に掲載する方法を公告方法とする旨
課税はパススルーが認められる（LLPレベルでの課税なし）	課税はパススルーが認められない（LLCレベルでの課税あり）
共同事業性の確保（重要な意思決定について全員一致、全出資者が何らかの業務執行に参加する必要あり）	業務執行に関わらない社員がいてもよい

二人が必要であるのに対して、合同会社では一人会社も可能だ（115項）。また、ＬＬＰは法人格がないため、合併や組織変更を行えない。このため、将来、事業が拡大した際に株式会社に移行して、ＩＰＯで上場益を得ようとするケースではＬＬＣが適していると考えられる。

126

合同会社の活用

有限責任社員のみからなり柔軟な経営が可能

緩やかな組合的規律

合同会社は、有限責任社員のみによる会社形態であり、社員が一人でもいいし、法人も社員になることができる。しかし株式会社とは異なり、計算書類の公告義務もなく、純資産額三〇〇万円という配当規制は合同会社にない。また、現物出資規制も合同会社にはない。

合同会社についても、債権者の保護のための制度がないわけではない。ただ、資本金額を基準とした配当規制であるとか、計算書類の開示制度として五年以内のものに限り開示を求めうる（六二五条）等といった程度である。

合同会社は、内部規律を定款によって非常に自由に設計できる。出資価額の比率によらない多様な利益配分も可能であり、あまり規制を受けない企業体であることがメリットだ。

こうしたメリットを活かして、たとえば、高い技術を持っている社員に厚く配当することもできる。また、柔軟な経営が可能な有限責任の法人が必要だという、ベンチャー企業等からの要請にも対応できよう。そのため、合同会社は、少人数のベンチャー企業育成や、出資余力がない技術者が産学連携のベンチャー企業に参加する際などに向いていると指摘されている。

このほか、資産を証券化、流動化するための特定目的会社（ＳＰＣ）等においても、合同会社を利用するニーズがあるだろう。

近時は、大規模な消費者向け事業でも、規制が弱い合同会社が利用されるようになっている。

合同会社の運営

①合同会社の成立後の定款変更	原則として社員全員の一致
②登記事項（125項）	合同会社の社員の氏名又は名称及び出資の価額は、登記事項ではない
③合同会社成立後の社員の入社や持分の譲渡の承認	原則として社員全員の一致 持分譲渡の自由なし （585条）
④合同会社の社員の出資	全額払込制度
⑤各社員の責任	有限責任の原則
⑥社員の出資	金銭その他の財産に限られる
⑦業務執行	合同会社の社員は、原則として、業務を執行する権限を有する。ただし、定款又は社員全員の同意によって、社員の一部を合同会社の業務を執行する社員（＝業務執行社員）として定めることができる

社員の退社

合同会社の各社員は、やむを得ない事由があるときは、定款の定めにかかわらず、退社（＝社員としての資格を消滅させること）ができる。

また、合同会社については、解散を命じる裁判や社員の除名等をする制度がある。合同会社の社員が退社するときは、原則として、その持分の払戻しを受けることができる。

127

特例有限会社

新たに設立できないが既存の有限会社は存続できる

法的性質は株式会社

会社法の下では、新たな有限会社が設立できない。「有限会社法」という名前の法律も廃止されている。しかし既存の有限会社は、そのまま存続することも認められている。

ただ、有限会社が残るといっても、会社法は有限会社のことを定めていない。法律的には、有限会社も会社法に定める「株式会社」として取り扱われる。

しかし、有限会社は、会社法とは別に成立した「会社法の施行に伴う関係法律の整備等に関する法律」（本書では「整備法」という）により、「特例有限会社」として存続することができる。「特例有限会社」として存続するには、「有限会社」という名前を含む商号のままにしておくだけでよい。

この場合、特別に従前と同じ形を維持できる。すなわち、特例有限会社については旧来の有限会社の実質的なルールが引き継がれる。ただ、特例有限会社は株式会社ではなく、取締役会を置くことができない。

株式会社としてのメリットを活用する可能性がなく、むしろ株式会社として運営することに伴うコスト負担を避けたいのであれば、有限会社の名称で事業を続けるのが無難であろう。その場合、定款や登記の取扱いについては多くの「みなし規定」が設けられている。

名実ともに株式会社になる場合

一方、今までの有限会社は、組織変更の手続を取ることなく、株式会社の名前に変えて、株式会社としてのさまざまなメリットを享受することもできる。

すなわち、有限会社の名前が

入った会社名を商号変更の手続（このためには定款の変更が必要）だけで株式会社の名前の入った商号に変更し、名実ともに株式会社になれる。

ただし、株式会社としての新しい定款を整備し、有限会社の解散の登記と新しい株式会社の設立登記をする必要がある。

株式会社になれば、異なる種類株式の発行や新しい組織再編等のメリットを享受できる。

特例有限会社と取締役会のない非公開会社

	特例有限会社	取締役会のない非公開会社
取締役の任期	定める必要なし	10年以下の任期は必要 （改選時の登記必要）
休眠会社のみなし解散	対象にならず	対象となる（120項）
決算公告	義務なし	義務あり（102項）
大会社の規制	なし （会計監査人や監査役等の設置が不要）	あり （会計監査人や監査役等の設置が必要）
その他	整備法により、持分は株式として取り扱うみなし規定で対応	会社法の適用
共通事項	会社更生法の適用を受ける 社債が発行できる 取締役会のない会社となる	

128

外国会社

外国法に準拠して設立された会社その他の外国の団体

日本の代表者を登記

外国会社が日本で継続して取引するには、必ずしも日本に営業所を置かなくてもよいが、日本における代表者を定めて、その登記をしなければならない。

外国の企業が、日本に会社を設立せずに、支店を置く場合が外国会社となる。

外国会社の日本における代表者は、その外国会社の日本における業務に関する一切の裁判上または裁判外の行為をする権限を有する。この権限に制限を加えても、善意の第三者に対抗することができない。

外国会社にも、日本の会社と同様に貸借対照表の公告義務がある（八一九条）。

日本から撤退する場合の規制

外国会社の日本におけるすべての代表者が退任しようとするときは、債権者に対して、その退任に異議があれば一定の期間内に述べるべき旨を官報で公告し、会社債権者には各別に催告しなければならない。また代表者の退任は、それらの債権者保護手続が終了した後に登記をして、はじめてその効力が生じる。

外国会社が財産を清算する場合、裁判所は利害関係人の申立てや職権で、日本にある会社財産の全部について清算の開始を命じることができる。

また、日本で取引を継続することをやめた場合も、裁判所は利害関係人の申立てまたは職権で、日本にある会社財産の全部について清算の開始を命じることができる（八二二条）。

さらに、外国会社に不正行為など所定の事由がある場合は、法務大臣や株主、債権者その他の利害関係人の請求で、取引継

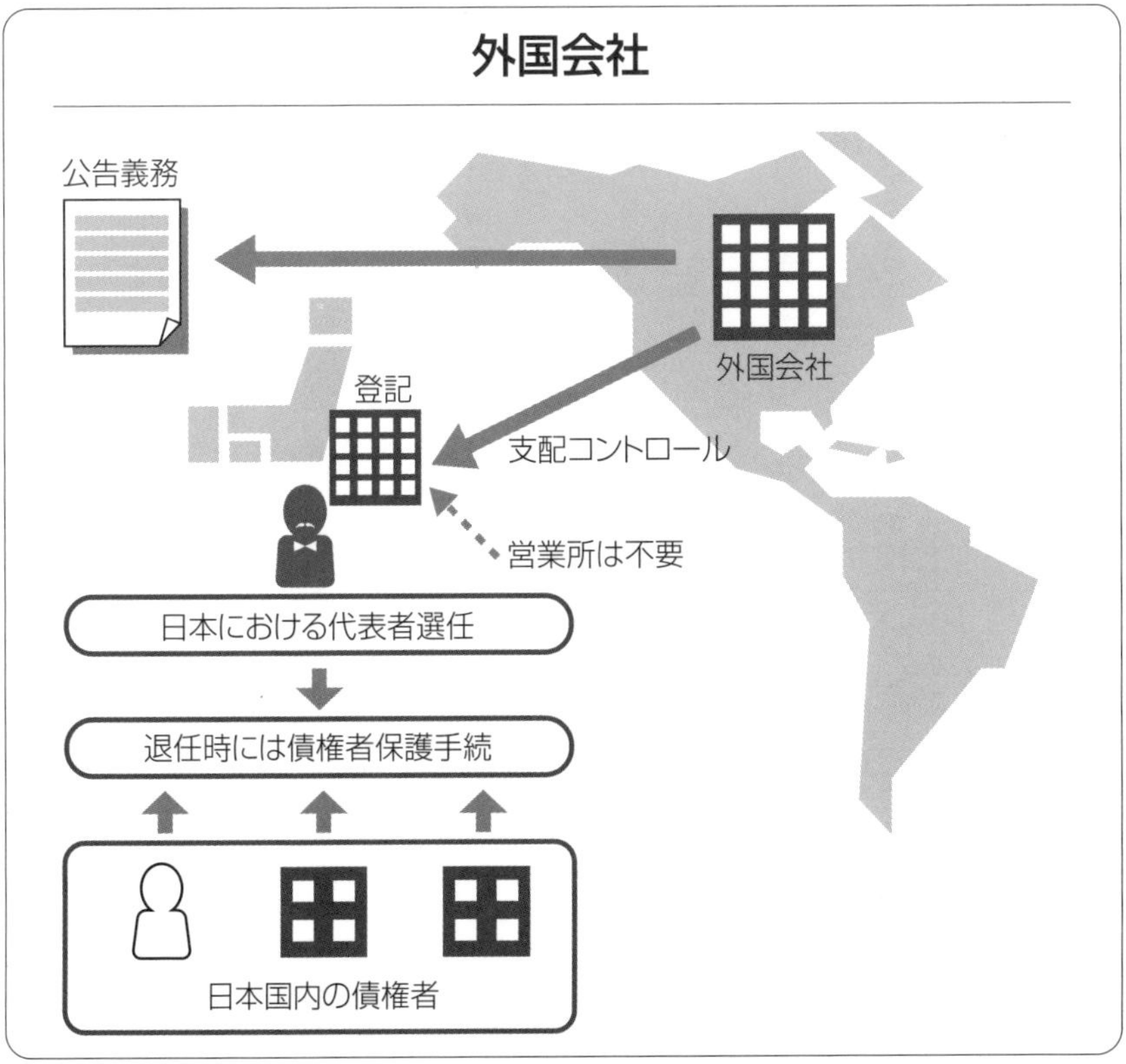

続中止命令や営業所閉鎖命令も出せる（八二七条）。

擬似外国会社

外国法に基づいて設立された会社であっても、日本に本店を設け、または日本において事業を行うことを主たる目的とする会社を「擬似外国会社」という。

会社法は、擬似外国会社は、日本国内において取引を継続して行うことができないものと定め、これに違反して取引を行った者は、その取引について、その擬似外国会社と連帯して責任を負う（八二一条）。

これにより、日本国内の債権者や消費者の保護も図ることができ、他方、資産の流動化等の新しい金融手法においても、外国法に基づいて設立された会社を利用しやすくしている。

COLUMN

構造改革をリードする企業改革

日本の構造改革が叫ばれて久しい。しかし、岩盤規制に阻まれ、改革は遅々として進んでいないのではないかといった、いらだちのような批判の声も聞こえてくる。

そうした中で、企業改革は比較的進んでいる方かもしれない。マーケットや経済の動きが改革を求めている以上、この改革の流れを止めることはできない。

経済のグローバル化の影響をまともに受ける経済界では、改革を先送りにする余裕はない。そうした強い危機感が、会社法制定に結実した。内部統制の制度化、電子化や企業情報開示の推進、各種の事業再編法制の整備、直接金融を積極的に活用できるような新株予約権、種類株式等の株式・社債制度、社外取締役を採り入れたアメリカ型の委員会型の会社など、新しい制度が整備された。これらが適切に活用されれば、日本の企業社会に大きな変化をもたらすに違いない。

しかし、いくら立派な法制度ができても、それを人々が十分に活用しなければ、改革は進まない。また、多くの人々が制度の趣旨を正しく理解しなければ、望ましい運用は期待できない。

社内弁護士を採用する企業も大幅に増えており、企業法務の高度化は、多くの企業にとって数多くの課題をつきつけている（拙著『経営力アップのための企業法務入門』（東洋経済新報社）参照）。その帰趨がこれからの日本社会の方向性を占う大きな試金石となる。

度重なる会社法改正によって、今後の企業社会がどのように変貌していくのかが注目される。

【著者紹介】

浜辺陽一郎（はまべ　よういちろう）

弁護士、青山学院大学法学部教授。1984年司法試験合格、翌年慶應義塾大学法学部卒業。1987年弁護士登録（第二東京弁護士会所属）、1995年米国ニューヨーク州弁護士登録。都内の渉外法律事務所等を経て、弁護士法人早稲田大学リーガル・クリニックにおいて企業法務を中心とした弁護士業務に携わる。日本経営倫理学会、日本内部統制研究学会等の役員・委員等も務める。主な著書に『経営力アップのための企業法務入門』『図解　コンプライアンス経営（第5版）』『執行役員制度（第5版）』『スピード解説　民法〈債権法〉改正がわかる本』『弁護士が多いと何がよいのか』（以上、東洋経済新報社）、『現代国際ビジネス法』（日本加除出版）、『図解でわかる新民法（債権法）』（清文社）、『会社法はこれでいいのか』（平凡社新書）、『コンプライアンスの考え方』（中公新書）、『コンプライアンスの実践知識』（PHPビジネス新書）などがある。

令和元年改正対応

図解　新会社法のしくみ（第4版）

2020年5月7日　第1刷発行
2023年7月4日　第3刷発行

著　者――浜辺陽一郎
発行者――田北浩章
発行所――東洋経済新報社
〒103-8345　東京都中央区日本橋本石町 1-2-1
電話＝東洋経済コールセンター　03(6386)1040
https://toyokeizai.net/

装　丁…………山田英春
ＤＴＰ…………アイランドコレクション
印刷・製本……丸井工文社
編集協力………小林茂樹

ISBN 978-4-492-09330-6